"法律实践研究丛书"
由杭州师范大学资助出版

法律实践研究丛书 | 总主编 郝铁川

警察日记

牛爱菊 著

图书在版编目(CIP)数据

警察日记/牛爱菊著. —北京:北京大学出版社,2019.7
ISBN 978-7-301-30480-8

Ⅰ. ①警… Ⅱ. ①牛… Ⅲ. ①法律—中国—普及读物 Ⅳ. ①D920.5

中国版本图书馆 CIP 数据核字(2019)第 080709 号

书　　　名	警察日记 JINGCHA RIJI
著作责任者	牛爱菊　著
责任编辑	孙维玲
标准书号	ISBN 978-7-301-30480-8
出版发行	北京大学出版社
地　　　址	北京市海淀区成府路 205 号　100871
网　　　址	http://www.pup.cn　新浪微博：@北京大学出版社
电子信箱	sdyy_2005@126.com
电　　　话	邮购部 010-62752015　发行部 010-62750672 编辑部 021-62071998
印　刷　者	河北博文科技印务有限公司
经　销　者	新华书店 880 毫米×1230 毫米　A5　9.5 印张　230 千字 2019 年 7 月第 1 版　2025 年 7 月第 5 次印刷
定　　　价	39.00 元

未经许可，不得以任何方式复制或抄袭本书之部分或全部内容。
版权所有，侵权必究
举报电话: 010-62752024　电子信箱: fd@pup.pku.edu.cn
图书如有印装质量问题，请与出版部联系，电话: 010-62756370

"法律实践研究丛书"总序

郝铁川

我长期从事法制史、法理、宪法、行政法等理论法学的研究,自感缺陷很突出,那就是对应用法学,特别是司法实践没有应有的探索和深入的了解。历史上的著名法学家几乎都有过司法实践的经历,这说明如想提出法学方面的真知灼见,必须对法律的运行实践有切身的了解。几十年来,我一直努力弥补自己在司法实践方面的缺陷。

我不做律师,但经常要求有关教务部门为我安排去为司法实践部门的法学硕士研究生班授课,了解他们在基层一线遇到的困惑、难题,要求他们对我课堂讲授的观点提出批评,在课程结束时试卷中必有一道题是"对郝铁川课堂讲授的三个观点进行批评,不得赞扬",以此发现实务部门的人和我这个学院派的思维差别。

1995—2000年我担任《法学》杂志主编期间,专门开设过司法实践研究栏目,有意识地与司法实践部门的专家保持密切的联系,熟悉他们的思维方式,并定期邀请全国各地司法机关的院长、检察长、研究室主任、庭长等为《法学》撰写文章,提供值得学界研究探讨的问题和角度。值得一提的是,当时我们经常举办一些新型疑难复杂案件的研讨会,邀请司法实务界、学界人士开会探讨并形成论文,这类文章一直很受欢迎,大家公认《法学》是理论界最关注司法实践活动的刊物之一。

我在香港工作期间,有空就跑到法庭旁听,研究香港法院判例。

我招收博士生时,在同等条件下,总是优先考虑来自司法实践部门的考生。

总之,多年来,我一直寻找不同的机会去熟悉司法实践。我信奉"理论是灰色的,而生命(活)之树常青"这句话。当我看到很多学者撰写、出版的学术性理论著作时,就产生了要编一套来自司法实践部门的法官、检察官、警察、律师等撰写的有关法律实际运行的丛书的想法,这一想法得到了好朋友——杭州师范大学法学院李安教授的大力支持。于是,我就从中部挑选一个法官撰写《法官日记》,从西部挑选一个律师撰写《律师日记》,从东部挑选一个检察官撰写《检察官日记》。先出这三本,如果社会效果不错的话,再接着干下去。

我很期盼这套书能够为法学院的本科生和研究生带来益处,能使他们了解我国不同地区的法律是怎样运行的,他们毕业后会遇到什么样的法律职业环境,从而在理论联系实践方面有所收获。西方国家许多法学院的教授都有丰富的司法实践经验,不像我们这里,大学教师制度存在先天的理论脱离实践的缺陷,绝大多数的教授都是从校门到校门。

感谢北京大学出版社和王业龙主任、孙维玲编辑,经过严格审批之后,接纳了这套丛书。

2017 年 7 月 8 日于沪上

目录

缘起：凡是过往，皆为序章 // 001

第一篇　人在征途

尴尬的第一次抓人 // 005
警察要有一颗强大的心 // 011
案中案 // 014
假警情的背后 // 019
查办"艳照门" // 024
与非洲毒贩赛跑 // 029
疯狂的拳击手 // 032
三个"小姐" // 036
"楼凤"的眼泪 // 040
变态狂，哪里藏 // 044
抢夺犯竟是恋足癖 // 048
揪出一个偷窥狂 // 052
前女友来敲诈 // 055

感情骗子都穿着真爱的外衣　// 059

一掷千金买不来爱情　// 066

爱情，多少罪恶假汝之名　// 071

情人节的真假情侣　// 075

当"艳遇"遇上"仙人跳"　// 079

陌陌上约来的牢狱之灾　// 083

大妈，我来给您做个局　// 088

警察叔叔的车你也敢偷　// 092

男扮女装的偷车贼　// 096

警匪零距离　// 101

笨贼一箩筐　// 104

零口供　// 110

第二篇　情在心中

缘分　// 115

我被醉酒姑娘打了一个耳光　// 125

救助弃婴记　// 129

母亲与110　// 133

今天我休息　// 136

雨夜出更　// 139

带血的彩信　// 142

冬夜里的玫瑰花　// 145

我拿什么拯救你　// 149

她一不留神"被小三"　// 156

"劝降" // 160

好险的 110 // 164

寻亲 // 169

谢谢你帮我找回清白 // 173

"绑匪"打来电话 // 177

咱警察都是"活雷锋" // 182

一句话的事儿 // 188

遭遇"保护伞" // 191

警察不是万能的 // 195

警之于先 // 198

第三篇 你在身旁

麦子和稗子 // 207

给自己当一回警察 // 210

徒手夺刀的"霸王花" // 215

我的警花闺蜜们 // 220

派出所里的爱情故事 // 225

最美的祝福 // 229

猛哥二三事 // 232

我们的"党代表" // 236

狡猾的"猎人" // 239

打毒探长 // 243

我们师徒俩 // 248

我有一个警察妈妈 // 254

那一天 // 257

这个警察很有爱 // 260

他叫自己"孙猴儿" // 264

警花不是"女人花" // 267

我那些辞职的警察朋友们 // 269

我那些殉职负伤的战友们 // 272

第四篇　负重前行

她用吸毒表达爱 // 279

第三只眼 // 283

幸运的老张 // 290

身处泥沼，仰望星空（代后记） // 297

缘起：凡是过往，皆为序章

2005年9月1日，初秋灿烂的阳光撒在中国人民公安大学礼堂尖尖的屋顶上，给这座庄严的礼堂镶上一道柔和的金边，我们二十个研究生同学怀揣"就业报到证"，站在这座邓小平同志亲自题名的礼堂前，听到北京市公安局政治部领导亲切热情的声音："同学们，不，同志们，北京市公安局欢迎你们！从今天开始，你们就是首都4万名警察队伍中的一员了！"

我和身边的同学相视而笑，心中充满雀跃的欢喜，这是又一个崭新的起点，生命中一段全新的旅程即将开始，我们将又一次踏上未知的征程，迎接风风雨雨的洗礼。

三年前的这一天，我告别那个工作和生活了三年的江南小镇，拉着行李箱走出北京西客站，踏入这座青青校园。离开校园三年，我又重新回到"象牙塔"中学习，只为圆一个未完成的梦。

十年前高考时，我就在提前批次录取的志愿中填报了中国人民公安大学，并且我的高考成绩在当时河南省报考中国人民公安大学的考生中名列第一。然而，生活总不会让人轻轻松松就得偿所愿，当年的我终因视力不过关而与梦想擦肩而过。

得不到的永远在骚动，心理学对于这种"未完成情结"有个说法，叫"未竟事件"。那个让你魂牵梦绕的，那个让你多年都无法释怀的，那个在很久以前发生但至今仍旧影响着你的决策和行为的曾经没有完成的事件，就是你的"未竟事件"，你会不由自主地想要将它完成，给它画上一个圆满的句号。在我已经从古都西安的一所政法院校毕业，顺利考到"鱼米之乡"的江南，成为一名身穿工商制服的普通基层公务员之后，当年的"未竟事件"却仍常常在我的潜意识里徘徊，催促我将它完成。好吧，那就重整旗鼓继续上路吧，年轻时不折腾，啥时候折腾？

凡是过往，皆为序章。生活不会辜负每一个努力的人，在金色的初秋，当二十八岁的我用激动的双手将闪闪发亮的警号别在胸前时，我又想起十年前高考后的那个夏天，那个十八岁的农家少女撇着嘴走出面试教室，在回乡的长途车上默默哭了一路：为了准备这次面试，母亲一夜未睡，戴着老花镜在缝纫机前为她赶制新装；为了准备这次面试，她穿上姐姐送的新皮鞋，和父亲从长途车站走到面试地点，两只脚后跟都磨出了血泡……长途车在乡间公路上颠簸，泪水打湿了她的新衬衣，她觉得自己很失败，完全不知怎么去面对家人殷切的目光。

人生路那么长，不走到最后，谁也不知道结局会怎样。金色的阳光打在我胸前的不锈钢警号上，反射出耀眼的光芒，我终于完成了十年前的"未竟事件"，弥补了生命中的遗憾，成为一名真正的警察。这个不年轻的新警察，怀着欣喜和忐忑，掀开自己生命中的新篇章，踏上漫漫从警路。

第一篇
人在征途

尴尬的第一次抓人

理想很丰满,现实很骨感。许多怀揣警察梦的少年都是被影视剧误导而赋予这个职业太多的光环。我想象中的警察,像电视剧《重案六组》里面的那样,每天忙着用头脑和智慧破案,打击犯罪,除暴安良,工作节奏忙碌又紧张,像超人一样;特殊的职业带给他们超出常人的成就感和价值感,并赋予他们特别的人生意义。然而,到分局报到第一天,现实就给我泼了一盆冷水,将我这个迷信警匪剧的新警学员从头到脚浇了个透心凉——我被分配到某治安派出所做内勤,主要工作就是登记全国各地的来京上访人员。

我就像一颗螺丝钉,每天按照既定的流程机械地完成单一的工作任务,不需要冒着生命危险去抓捕违法犯罪分子,也不需要耗尽精神破案;甚至完全不需要思考,每一天都在重复昨天的工作,像从复印机里复印出来的。

日子一天天过去,我的激情渐渐被机器一样单调重复的工作消耗殆尽,我开始对当初的梦想产生怀疑:难道这就是我从儿时就心心念念为之魂牵梦萦的警察工作?怎么与想象中相差十万八千里?

没多久,一个上一年分来的研究生师兄辞职了,这对我造成很大的震动。他临走前那无奈的苦笑在我脑海中定格成永恒的画面:"师妹,你继续坚持吧,我要放弃了,这不是我理想中的警察工作。"

我呆呆地望着他,愕然无语。

我们几个一起分来的同学,私下里也开始互相吐槽:天天跟机器人一样站岗巡逻,怎么能叫真正的警察?学刑侦的小陈想去刑警队,学治安的小同想去综合派出所,学刑诉法的娜娜想去预审处……反正,就是没有一个人想继续留在这儿,天天看上访人员一张张冷漠、麻木的脸,听他们像祥林嫂一样机械重复地哭诉却什么事情也做不了,只能做一颗庞大国家机器上的螺丝钉,当一台不用动脑子的巡逻机器。

这样的日子过了半年,组织终于听到我们内心的呼声,将我们打散并重新安置:小陈真的去了刑警支队,小同去了一个综合派出所,娜娜去了预审处……而我和另一个研究生同学,被借调到分局机关写材料。"我们看过你发表的论文,笔头子不错。好好写,公安局最缺你这样能写的人!"领导的激励给了我努力的动力,我又燃起激情,像加满了油的小火车一样驶向下一站。

政工简报、工作总结、领导讲话、事迹材料、调研文章……我每天从早到晚埋头于电脑前,闭门造车,炮制出一篇又一篇的文字材料,日复一日,无论冬夏。这样过了两年半,我又开始怀疑人生了。这虚头巴脑、空中楼阁似的工作,仍然不是我想象中的警察工作啊!也许每个人年轻的时候,都曾经困惑过、迷茫过,但只要我们不放弃努力、不停止追寻,我们的日子就没有白过,我们的青春就没有被辜负。

2008年北京奥运会结束后,我找领导谈起我的困惑,我刚说个开头,还没来得及细诉苦水,领导就用他那犀利的眼神看着我,意味深长地说道:"小牛,我知道你是想正式调到机关来,对吧?基层派出所是太苦太累了,你这研究生在派出所确实也有点儿大材小用。可是,你要知道,机关没有编制啊!按照规定,机关的警力不能超过分局全部警力的20%,可你看,现在都已经快40%了,严重超编,党委已经决定,马上要开始新一轮的警力下沉!"

从警多年后,我发现,机关警力下沉是公安局每隔几年必经的轮回：每回警力下沉完了没多久，就又陆续借调年轻能干的民警到机关帮忙，然后，两三年积累下来，机关又开始臃肿超编，再开始新一轮的警力下沉……这背后的奥妙真是三言两语说不清。

我顿时有一种明珠暗投之感，想把领导当心灵导师，倾诉人生的迷茫，寻找前进的方向，这是多么幼稚可笑。我摇摇头，将还未来得及说出口的心声咽了回去，改成短短的一句话："我想去个综合派出所，请组织考虑我的诉求。"

借调了两年半，过了两年半的案牍俯首生活，我感到厌倦，只想赶快结束这种悬浮的状态，到火热的基层燃烧我的激情，从事真正的一线警察工作。

人生，各有各的追求。也许有人想来机关，过这种朝九晚五、规律有序的生活，而我只觉得天天趴在电脑前闭门造车简直就是浪费生命，我不想白首穷经，我想过有意义的充实生活，干实实在在帮助别人的事，当我梦想的真正的警察。而且，我性格单纯、直爽，说话不会拐弯，确实也不适合在人际关系复杂的机关工作。

基层派出所永远都缺警力，我如愿以偿，去了一个综合派出所。这是个全国一级派出所，户籍、案件、巡逻、处警、打击、防范、抓人、破案……只要你能想到的公安业务，这里统统都有，一样不少。

基层派出所听起来似乎不够高大上，可是，求仁得仁又何怨？三十一岁的我，才真真正正成为一名名副其实的一线警察，梦想之光终于开始照进现实。

我既兴奋又忐忑，跟跟跄跄地跟着老同事学习，从最初的懵懵懂懂到后来的驾轻就熟，期间经历了很多个第一次：第一次搜身、第一次处警、第一次核查、第一次堵卡、第一次抓人……至今回想起来，还是会发自内心地感慨：理论是灰色的，只有实践之树常青！

有一次，一个模样看着很老实的大妈辈的上访人员，竟然将一片薄薄的刀片藏在她左脚底的棉袜里，而粗心的我竟然没有搜出来，差点儿酿成大祸，幸亏被经验丰富的同事张姐及时发现！从那以后，我不管做什么，都提醒自己：要细心细心再细心，千万不能被那些看起来老实可怜的外表所欺骗，不然一旦出事儿，后果不堪设想，谁也无法逃避责任！

　　警察工作就是这样，时时刻刻面临各种各样意想不到的状况；面对工作对象，我们必须全神贯注，稍有不慎就可能酿成大祸。我的一个公安大学师妹，在学校时还是散打冠军，工作中立下许多功劳，颇受领导器重，被单位列为重点培养苗子，却不料在看守一名犯罪嫌疑人时疏忽大意，狡猾的嫌疑人借上厕所之机，翻窗逃跑了。那个派出所在城乡接合部，硬件设施简陋，厕所只有一个一尺见方的小窗户，她完全没想到嫌疑人会从三米多高的小窗户爬出去。十多分钟后，等在厕所外面的师妹听不到动静，觉得不对劲，冲进去才发现嫌疑人已逃之夭夭，赶紧向领导报告。虽然领导紧急出动全所警力，很快将嫌疑人抓了回来，师妹却因渎职被处分。

　　上访人员偷藏刀片事件发生后，我时时刻刻都不忘敲打自己：要小心哦，一定要小心，出了事儿可都是大事儿，你可承担不起责任！就这样，从小到大都是"马大哈"的我，倒也慢慢变得细心、谨慎起来。

　　2009年冬天，一个非常冷的傍晚，我正在食堂吃饭，被值班所长叫过去："小牛，一会儿你吃完饭，换上便衣，跟小郝、大磊他们去抓人！"

　　领导说得很简单，我也没想起来多问，立即答应下来。心里却是既紧张又兴奋，脑子里浮现出电视剧《重案六组》里面那个英姿飒爽、果断干练的便衣女警察形象。天天干内勤，我终于有机会当一回便衣警察、抓一回嫌疑人了！我充满了期待，简直是摩拳擦掌跃跃欲试。别人总说我一天到晚大大咧咧、迷迷糊糊的，不像个警察，我这回一定要让他们刮目相看，咱可不是吃素的！

尴尬的第一次抓人

我用不到一刻钟的时间吃完饭、换好便衣，在楼下值班室等待集合出发。可是，等了半个多小时也没等到出发的命令，就在我望眼欲穿的时候，郝哥和大磊终于出现了。大冬天的，他俩竟然穿着薄薄的T恤衫，果然火力够壮！干派出所警察，没有这股子激情，还真不行！

"我们接到电影院保卫部的电话，这两天刚刚上映一位名导的新片儿，黄牛特别多，有的竟然拿着几十张票，公然强迫群众购买，严重影响了电影院的秩序，给群众带来很大困扰。咱们过去看看。"

停了一下，大磊又说："我和郝哥是所里多年的老面孔了，常在这一带活动的人都认识我们，没法儿下手。你是生面孔，没人认识你，一会儿你假装成买票的群众，机灵点儿，有情况马上给我打电话，剩下的事儿你就甭管了。我俩就在监控室，一分钟就到！"

我一听竟然让我扮演这么重要的角色，心里那个紧张呀，就甭提了，自己都能听见自己的心跳。郝哥看出我的紧张，对我笑了笑："放松点儿，小牛，越自然越好。"

我点点头，依计行事：双手插在羽绒服口袋里，装作很悠闲的样子混在排队买票的队伍里，眼睛却不动声色地扫视着周围的人群。队伍缓慢地移动，旁边有三三两两的人好似在等人，一切都很正常，仿佛黄牛们早已嗅到警察的气息，闻风而逃了。我有点沉不住气了，难道我第一次出师就要空手而归？真是太没面子了。

就在这时，一个四十岁左右的中年男人从门厅走到队伍的旁边，一只手插在黑色大衣的口袋里，来回踱着步子，目光闪烁，扫视着四周的人群，也不说话。直觉告诉我，这个人就是黄牛。果然，过了几分钟，他开口了，目标是我前面穿格子大衣的小姑娘："妹子，要电影票吗？我这儿有，可以便宜给你。"

行了，可以动手了！我控制住内心的激动，悄悄按下口袋里手机上早已设定好的重拨键。三分钟不到，我就看见郝哥和大磊那敏捷的身影扑了过来:"不许动,警察!"他俩以迅雷不及掩耳之势,反剪手将这个手里攥着票正在和小姑娘交易的男人制服了。整个过程干净利落,只是一眨眼的工夫,真的跟电影里演的一模一样。周围群众一看这情景,顿时哗然,纷纷议论起来。站在我旁边的电影院工作人员还嘀咕了一句:"我怎么没看出来这个人是黄牛呢?"我听了心里暗暗得意。

"我不是黄牛,警官,我真的不是黄牛,你们抓错人了!"中年男人还在"狡辩"。

"行了,黄牛都说自己不是黄牛,先跟我们回派出所再慢慢说!"大磊打断了他的话,转过头来跟我说,"行啊,小牛,第一次抓人,眼神儿就这么准,有前途!"

得到表扬的我真跟立了功似的,有点飘飘然起来,感觉自己离《重案六组》里泼辣能干的女警察越来越近了。回到所里,领导跟我说:"辛苦了,回宿舍歇会儿吧。"那天晚上,我做梦都在笑呢。三十多岁的我,心中仍然保留着孩子的天真,会为一点点小事开心雀跃。

第二天一大早,我看见大磊,赶紧问他那个黄牛怎么处理了。大磊笑了笑:"那个人还真不是黄牛,他是某电视台的员工,单位发了几张电影票,他不想看,又舍不得扔,想原价卖掉。怎么处理的?放了呗!"

我一听,心情顿时无比沮丧,像霜打的茄子一样耷拉了脑袋。大磊一看我那懊恼的表情,赶紧安慰我说:"你的表现已经很不错了,他那鬼鬼祟祟的样子真的比黄牛还像黄牛!"

此"黄牛"不是彼"黄牛",我的第一次出师遭遇滑铁卢,看来我这个派出所新民警要学的东西还有很多很多呀!人在征途,"雄关漫道真如铁,而今迈步从头越"。从头越,"此身不向今生度,更待何时度此身?"

警察要有一颗强大的心

女人胆小，哪怕是从公安大学毕业的女人，也不例外。我的两个研究生同学，毕业后脱下藏蓝制服，进入普通事业单位工作。两个单身姑娘结伴租房，为了给自己壮胆，将警服挂在阳台上，就像过去的农民在庄稼地里竖一个稻草人。她俩说，坏人看见警服肯定不敢靠近！我觉得很有意思，不过这一招倒还真起到了预防犯罪的效果：两个正当芳华的姑娘租了两年房子，一点麻烦事儿都没找上门来过！

我从小就怂，胆子小，上学时被高年级的同学欺负了不仅不敢还手，回家还不敢说。记得小时候看电视剧《封神榜》，看到比干被挖心，吓得用双手捂着脸，却又好奇地从指头缝儿里看，结果吓得夜里睡不着觉；念大学时上法医课，看尸体解剖的幻灯片都会又惊又怕地呕吐，吃不下饭。

可是，穿上警服后，现实练就了我一颗强大的心脏，警服意味着责任，面临危难，我不能认怂犯怵，给身穿的警服和头顶的警徽蒙尘。

2008年冬天，我刚到派出所工作没多久，考验就来了。那天中午刚吃完饭，楼下值班大厅的小喇叭就响了："二警区所有在所民警，立即戴齐装备下楼！"

我不知出了什么状况，懵懵懂懂地穿上警服戴好装备跑下楼，到值班室一问，得知110报警系统紧急提示，有个跳楼现场。我们赶到现场，跳楼者脸朝下趴在水泥地上，已经摔得面目全非，脑浆迸裂一地,身旁一大摊鲜血,已当场丧命了。我差一点儿晕过去,一阵恶心从胃里往上涌,差点就要吐出来,赶紧捂住嘴巴转过头去。我和郝哥拉起警戒带,将围观的群众隔离开,等待刑警和法医来勘查现场;大力和猛哥去找涉案人员;大磊去找目击者了解情况……我们很快了解清楚事件的来龙去脉:原来,这个单位的一名青年员工因为和经理长期积怨爆发,持刀将经理砍了十几刀后,自己从九层高的楼顶跳下。

  刑警和法医陆续赶到现场,999救护车也很快赶到,浑身鲜血的经理被抬到救护车上,这个人真是命大!在回派出所的路上,我强忍着想吐的感觉,但凶手脑浆迸裂一地鲜血成滩的现场总是在我脑子里不停地回放。

  郝哥见我脸色煞白,跟我讲起他以前出凶杀现场的故事:"我刚当警察的时候,有一天夜里,一个司机被杀死在车里,事发车辆的座位上都是血;我到现场时,司机已经死了,但还睁着眼睛,刑警和法医勘查完现场,所长让我把那辆车开回派出所。大半夜的,外面的路灯忽明忽暗,我坐在司机被杀死的驾驶座上,吓得手都握不住方向盘,我把车窗全开着,车内灯也全开着,又把后视镜往上掰,生怕看见不该看的东西,一路战战兢兢,十分钟的路简直像走了十年!"

  "我真佩服法医,胆子真大啊,面对面给那个司机拍脸部特写!"郝哥说得轻描淡写,我却听得惊心动魄,手下意识地捂住胸口,倒是暂时忘记了跳楼现场。

  "你这算什么呀?!有一年夏天,我出一个上吊自杀的现场,才叫恶心呢!我管片儿里的一个姑娘,年轻貌美,高学历,工作也不错,跟男朋友感情也很好,谁知道抑郁症犯了,留下一封遗书就上吊了!我和师兄到现场时,尸体已经冰冷,舌头伸在外面,尸体下方一摊液体——上吊自缢的人都会大小便失禁,那个样子特别恐怖!她男朋友可能也是刚到,吓蒙了,傻愣愣地站在那儿,一动不动。我说你赶紧把人放下来啊！他结结巴巴地说，我不敢，你，你来放。师兄让他找了把剪刀，让我扶住尸体的后腰；师兄搬了凳子站上去，和尸体面对面，他把绳子剪断了，我紧紧抱着死沉死沉的尸体，我俩合力把她平放到地上。我这辈子都忘不了第一次和死者肌肤亲密接触的感觉，冰凉滑腻，像蛇一样！"大力说着，一拍我的肩膀，我被吓得打了一个激灵。

一直不说话的猛哥突然开口："大力，你师兄太不专业了！解救上吊的人，必须从后面抱住放下，这样可以防止尸体突然解压而将口腔、胃、肺里的污物喷到脸上，也可以防止万一死者没死，咬到你或者吓到你！"

我们一车人齐刷刷地看向猛哥，我简直无法准确表达出内心复杂的感情，惊恐中夹杂着佩服。谁知道，接下来猛哥又来了一句："我就曾被死者喷过一脸污物！"

猛哥说的时候面无表情，我却"啊"地尖叫起来。大力大笑着说猛哥："你可真是实践出真知啊！"

一车警察说起各种非正常死亡现场，说得津津有味，跟讲笑话似的。大磊又说："我就佩服法医，胆子真是大。有一回，我管的片儿发现一具尸体。那是二十年前，整个单位就一个法医，尸体解剖时所长让我在旁边协助，我看到法医把尸体的头皮翻下来，头皮把死者整个面部都挡住了……吓得我魂儿都没了！后来我整整一天没吃饭、没喝水！"

我叫起来："那不成了现实版的聊斋、画皮了?！天哪！"

郝哥悠悠地叹了口气："正常啊！说不害怕都是假的，警察也是有血有肉的人哪！不过，穿着这身警服，咱就不能给自个儿丢脸！"

我想到抽个血都会疼得龇牙咧嘴的自己。是啊，警察也是有血有肉的凡夫俗子，可是，当我们穿上这身警服，就不能再给自己认怂犯怵后退的资格，只能逼着自己胆大起来，逼着自己练出一颗强大的心脏！

案 中 案

从警生涯是一场漫长的征途,我们的旅伴也是我们的战友,我们并肩作战,互相鼓励,共同品味人生旅途中的风光。在派出所,大大咧咧不拘小节的我不仅结交了新的闺蜜,还和一些胸襟磊落的大哥成了莫逆之交。美好的人是我们人生的财富,他们就像生命中宝贵的阳光一样,温暖着我们在漫漫人生路上披荆斩棘、砥砺前行。

郝哥常常对我说,没在派出所干过的警察不算真正的警察,派出所才是锻炼人的地方;而治安警更是派出所的核心力量,因为打击、破案才是警察真正的核心工作。虽然派出所侦办的案子很少是惊天动地的大案要案,却都是跟老百姓人身财产安全息息相关的案子。一个优秀的治安警,一定要心细如发,任何蛛丝马迹都不能放过;要能够见微知著、顺藤摸瓜;脑子一定要活泛,才会有意想不到的收获。

随着在派出所工作的时间越来越久,我对警察工作的认识也越来越现实。生活毕竟不是电视剧,"警察"两个字眼看似简单,却朴实深刻,当我们切切实实帮老百姓挽回了损失、解决了问题,当我们救助群众于危难之中,受到老百姓的真心赞誉时,那种成就感和快乐是实实在在的。我至今仍记得第一次收到群众送的锦旗和感谢信时的激动,连刚刚参加工作拿到第一个月的工资都不能与之相比,那种被认可被肯定被需要的感觉让我找到了人生的意义。苏格拉底说过,未经省察的人生不值得一过。我们每个人都在生活中探寻人生的意义,而警察工作中那些平凡的小事、些许的感动,赋予了我存在的价值和人生的意义。

2010年9月,我们接到群众报警,称宿舍财物被盗。郝哥和大磊赶到现场,两名事主哭丧着脸叫苦连天:"别的东西倒也罢了,关键是电脑没了,工作可咋办?而且里面有许多公司的文件,有些还涉及商业秘密!这可怎么跟老板交代?"

案发现场是一套三居室的出租房,两名事主各租一间卧室。两人下班回到家时发现门锁被撬开,卧室里抽屉上的锁也被撬坏;床上、柜子里被翻得乱七八糟,东西扔得遍地都是;除了两部电脑外,连什么香烟、茶叶、八九成新的好衣服,统统不翼而飞;跟这些东西一起失踪的,还有他们的合租室友王宏。

显然,这是谋财,跟窃取商业秘密什么的没一丁点儿关系。

两名事主是一家公司的同事,平常关系不错,就一起合租了这套房子。为了节约开支,他俩上网招合租人,想把空闲的那间卧室变成口袋里的钱。王宏看到他们招租的帖子后,联系他们称:"我在西单卖手机,想就近租一个便宜合适的房子,我是山东人,这是我的身份证,你们可以看看。"

俩人一看,人家还真是诚心诚意,直接把自己的身份证发过来了,绝对是个实诚可靠的人呐!行了,就他吧!就这样,王宏成了他们的合租室友,没想到,这个实诚可靠的山东大汉,才住了二十天不到,人就失踪了!

"警官,一定是这个王宏干的,你们看,他屋里空空如也,门大敞着,柜子里啥也不剩;还有,卫生间里他的洗漱用品也都不见了,这不就是典型的畏罪潜逃吗?"俩事主一个比一个激动,拉着我和郝哥在屋里走来走去,各种比画各处看,教俩警察勘查案发现场。

郝哥认真地点头:"他的嫌疑很大,对,你们不是有这个王宏的身份证号码吗?"郝哥说着,转向我:"小牛,核查一下他的身份证号。"

我把王宏的身份证号输进核录仪,却显示该身份证号有误:"身份证是假的!"

俩事主一听气坏了:"什么?这个骗子!"

郝哥没有轻易放弃,一边在屋里踱着步子沉思,一边说:"你们再仔细回忆回忆,还有没有别的线索,比如,这个王宏平常都跟什么人联系啊?说话哪里口音啊?有什么业余爱好啊?有没有什么与众不同的特殊之处?"

俩事主挠着头,几番冥思苦想之后说:"这个王宏,除了爱打扮、有点儿'娘炮'之外,也没什么特殊之处啊!"

突然,一个事主大叫道:"啊,有了,我想起来了!"

在场的三个人全都盯着他,支起耳朵等着听。

"上个礼拜,这个假王宏跟我借钱在淘宝上买东西,给了我一个支付宝账号。他说自己的支付宝里没钱了,让我给他转进去,然后把现金还给我了。"这个事主一边说一边去翻自己的支付宝转账记录。

对方的支付宝昵称叫"小铃铛",尾号是8987。郝哥大喜:"这就好办啦!你们等信儿吧!"

查到远在四川绵阳的"小铃铛"的身份信息后,我们果断奔赴绵阳。

见到来自首都的警察,刚刚十九岁的"小铃铛"吓了一大跳,一五一十地说:"王宏是给我买过东西转过钱,我们上个月刚在网上认识的,他是个军官,下个礼拜他就要来绵阳看我了!"

郝哥冷笑,还军官?看来这个贼不仅偷钱,保不齐还是个感情骗子!

得知这个高颜值帅哥网友可能是个骗子,"小铃铛"不知所措:"警察叔叔,那我不见他了!"

"不,要见！不仅要见,你还要配合我们把这个坏蛋抓住,公民有义务配合公安机关执法办案!"郝哥说话铿锵有力、义正词严、热情恳切,让人无法拒绝。"小姑娘,你放心,不要怕,你不会有危险的,我们会保护好你的安全。你只要继续跟他聊天,钩住他,别露出马脚就行!"

一周后,我们将这个帅哥"军官",从绵阳带回了北京。

"我真是第一次拿男人的钱,当时实在是急用钱,没辙了!"帅哥"军官"振振有词。

"第一次拿男人的钱？真会偷换概念！那钱是你的吗,那叫拿？拿别人的钱叫偷！知道吗？"我看着从他身上搜出来的"军官证""部队驾驶证",打量着他那张英俊逼人的脸。

郝哥一双机警的小眼睛闪烁着光芒,"那就是说你以前也偷过别人的钱？偷的不是男人的钱？是女人的钱？是偷还是骗？说吧,这个'小铃铛'是你认识的第几个网友？你都是怎么在网上骗小姑娘的？"

"军官"眼神闪烁不定,喉结动了动,咽了口唾沫,"没,没,没有。"

"你偷钱干吗用？钱去哪儿了？身上穿的这高档西服,也是人家的吧？"郝哥步步紧逼。

"军官"低着头,眼睛看着自己的脚尖儿,不说话。

"你伪造军官证干吗使？伪造国家机关公文证件,假冒国家机关工作人员招摇撞骗,都是违法犯罪行为,你知道吗？"郝哥厉声道。

"军官"缩了缩脖子,大概是开始害怕了,心理防线开始松动。

"'军官'同志,我们查了你的酒店开房记录,你可真没少开房啊！酒店积分都成 VIP 了吧？"郝哥继续加大心理攻势,"都是跟女网友吧？说吧,骗了多少小姑娘？不光骗色,也骗财吧？"

我盯着眼前这个帅得让人眼晕的年轻男人,他显然明白自己的优势，也显然很会利用自己的优势，他可真是将自己的优势发挥到极致了。这是一个看脸的时代，颜值高的帅哥美女通常会比别人有着更多的机会，他们中的许多人也很懂得利用自己的颜值，为自己谋取各种利益。

"我，我，没，也没多少个，"帅哥终于扛不住了。"去年夏天，我没事儿在网上找人聊天，发现女网友都喜欢军官、飞行员啥的。我平常是个军迷，对军事知识了如指掌，就跟她们说我就是军官，然后，她们就迷上我了，非要跟我见面啥的，我就开房跟她们约会。有一次，一个网友把包敞着扔在床上，就去洗澡了，里面的钱包鼓鼓囊囊的张着口子，在那儿诱惑人，我就没忍住，从里面抽了几张吧，隔着卫生间跟那个网友打了个招呼就走了。后来，我发现女人完事儿后基本就没有啥警惕性，就开始趁她们去洗澡的时机，拿她们的钱。她们可能怕丢脸吧，不知道有没有报案，反正也没警察找过我……"

"所以，你胆子就越来越大，在犯罪的路上越走越远？"我忍不住说，"人滑向犯罪的深渊，都是从最初的一闪念开始的！"古人说，勿以恶小而为之，这话多么有道理呀！

钱来得容易，谁能抵抗得了这种诱惑？两三年下来，帅哥"军官"靠这种手段，居然偷了好几万块钱，如果不是这次偷合租室友露馅，被警察顺藤摸瓜抓获，他的这些风流案还没完没了呢！

这可真是窃贼牵出采花贼，警察巧破案中案！

假警情的背后

我从小就爱听、爱看故事,也总是渴望生活中时不时地发生点儿故事。派出所的工作虽然没有电视剧里的刑警天天侦办大案要案那样精彩刺激,却不缺乏生动鲜活的故事。在这里,我见识到人性的复杂阴暗,见识到世间百态,我的好奇心得到极大的满足,每一天都感觉很新鲜有趣。

周末,阴。一个女子走进派出所的时候,我眼前一亮,这姑娘,真漂亮!

"你好,请问有什么可以帮你?"我拿出可以和银行工作人员媲美的服务态度。

随着在基层干的时间越来越久,我越来越体会到基层警察的不容易:苦和累倒在其次,由于直接和老百姓打交道,站在最前沿的派出所警察总是一不小心就成了众矢之的,被置于舆论风暴的风口浪尖,被放到火上烤。在复杂的社会形势下,派出所民警一不留神就会被投诉,投诉理由五花八门,令人意想不到。督察只要接到投诉,不管三七二十一、不分青红皂白可能就给派出所下"整改督办单"。领导脸上没光,自然也不会给民警好脸色看。

"我要报案!"女子小嘴一撇,风情万种。

"你请坐,你怎么称呼?身份证请拿出来。"我按照领导的要求,努力做到对待群众如春天一般温暖,如夏天一般热情。

"我叫秦菲菲。"女子从包里掏出身份证。

"报什么案？请你讲一下事情经过。"

女子的眼睛眨了眨，转了一圈，这眼睛真是如春酒、似绿波，脉脉含情、楚楚动人。

"是这样的，我在网上聊天认识了一个网友，昨天约好在C购物中心见面，"女子说着，眼神儿开始闪烁，"可是，他却趁我上厕所的时候偷了我包里的3000块钱！"

"哦？他怎么会趁你上厕所的时候偷你的钱呢？"我忍不住好奇。

"你这个网友叫什么名字，男人还是女人？"大磊问。

我心想，这还用问吗，谁闲到会去跟同性网友见面啊？当然，不排除性取向异于常人者。

女子眼神儿飘忽："男的，我不知道他叫什么名字，只知道他的网名叫'恋恋风尘'。"她包里的手机响起来，女子却任由它响个不停，就是不接。

"恋恋风尘"？咋不叫"老狼"呢？我觉得好笑，心想肯定是个约炮的无聊网友，还非把自己包装成文艺青年！

"那你上厕所的时候，包在哪儿搁着呢？"我的手飞快地敲击键盘，脑子比手动得更快。

"他帮我拿着呢！"女子说，"哦，不对，在咖啡厅座位上搁着，我让他帮我看着。"

"那咱们先去现场指认一下吧。"大磊站起来，"小牛，你跟我一块儿去。"

大磊发动警车，我们往C购物中心驶去。

"你把包交给网友保管，也太大意了吧？"大磊从后视镜里不动声色地打量女子。

女子低下头搓着衣角："是吧？我也没想那么多，毕竟我俩聊得还挺投机的。"

"你俩认识多久了?这是第一次见面吗?"

"认识有两三天吧?嗯,第一次见。"女子支支吾吾。

直觉告诉我,这个女人不寻常,她的话肯定有所保留。

我们来到C购物中心七楼的咖啡厅。

秦菲菲指着角落的位置:"我们昨天晚上就坐在这儿,吃了点东西,聊了会儿天,然后我让'恋恋风尘'帮我看着包,我去上厕所。哪想到回到家,我发现包里的钱没了。"

"哦,那我们看一下监控录像吧,我看到这个咖啡厅里有好几个探头,应该能照到你们坐的位置。"

"啊?有探头?我怎么没看到?"秦菲菲上下左右四处瞅,眼睛像池塘里的鱼一样,游来游去。包里的手机还在不停地响。

我去跟咖啡厅老板调监控:"麻烦您把那个角落昨天晚上8点到9点的监控录像回放给我看看。"

秦菲菲赶紧跟过来阻止我:"警官,我,我好像记错了,我没把包放在座位上,实际上是他陪我去上厕所,我在卫生间门口把包交给他保管的。"

大磊狐疑地打量着她。

卫生间门口肯定没探头。

这个女人绝对有问题。

"那咱们先回所里,把笔录重新做一下吧。"大磊不动声色地说。

"那个,我不想报案了,我还有事儿,就当我自认倒霉吧。我以后长点心就是了。"这个秦菲菲突然变卦了,不肯跟我们回派出所。

"那我们销案也得有你的亲笔签名啊!"女子突然变卦,背后绝对有隐情,必须得弄清楚。

"那好吧。"女子无奈,只得跟我们回去。可是,路上却一直左顾右盼、如坐针毡,包里的手机也"嘀嘀嘀"响个不停。

回到派出所,重新讯问做笔录。

"我们需要看一下你手机里和'恋恋风尘'的聊天记录。"大磊看着秦菲菲。

"这个,不太合适吧?"女子不肯。

"为了弄清事实真相,我们必须这么做。"大磊目光坚定地看着她。

女子不情愿地把手机从包里掏出来,递给大磊。

"密码?"

"5789。"女子瞟了大磊一眼,嘟哝道。

大磊把手机划拉几下,心中豁然开朗,果然不出所料!

手机里大量的招嫖信息,充满了微信聊天记录,女子正是一名性工作者!

"干这行多久了?说吧,到底是怎么回事儿?"大磊目光灼灼,不容她再躲避。

女子像泄了气的皮球,瘫在椅子里像癞皮狗一样不说话。突然,她一个鲤鱼打挺坐起来,歇斯底里叫道:"对,我就是小姐!可是,说好的3500块,凭什么他要赖我钱?我挣点儿钱容易吗?我挣的每一分钱可都是血汗钱啊!"

大磊不说话,安安静静地看着女子叫嚷,然后,起身倒了杯水,放在她面前:"冷静,冷静,我们尊重每一个人;不论身份高低、职业贵贱,公安机关都有义务保障每一个公民的人身财产安全。你别那么敏感,先把事情说清楚,我们再来想办法看怎么帮你。"

女子慢慢平静下来,将事情真相道出。

原来,女子和"恋恋风尘"在网上认识后,约好以3500块的价格进行性交易。俩人来到C购物中心七楼的咖啡厅,先喝了点东西,培养点儿感情。"恋恋风尘"在商场的自动取款机上取了500块给秦菲菲,让她看了银行卡的余额,显示还有3000多块。"恋恋风尘"把银行卡交给秦菲菲,并将密码告诉了她。秦菲菲验证密码无误后,美滋滋地将银行卡收下。然后,俩人就到附近的酒店进行性交易。

完事儿后,秦菲菲进卫生间洗澡,"恋恋风尘"不再恋战,跟她说了一声便先行告退。谁知道,"恋恋风尘"走出酒店大门就后悔了,越想越觉得后面这3000块给得亏,于是通过手机银行把银行卡里的3000块给转了回来!

秦菲菲洗完澡,美滋滋地拿着银行卡去取钱,可里面却只剩十几块!她简直气得肺都要炸了,世界上怎么会有这样无赖的男人?她决定不能吃这个哑巴亏,得想个什么办法给扳回来!

秦菲菲给"恋恋风尘"打电话:"你不把那3000块给我退回来,我就报警!"

"恋恋风尘"心虚了,可还是不舍得那么干脆,不情愿地往银行卡里转了1800块,心想,这总行了吧?约一次"炮",花2300块,怎么着也够贵的了!她没道理还不满意吧?

谁知道,秦菲菲可不是个好捏的柿子,报警!

"恋恋风尘"看到警察的时候,很是吃了一惊,这个"小姐"还真敢报警啊?不是又给了她1800块嘛,怎么还是不满足?人心真是无底洞,欲壑难填啊!

初夏的夜晚,微风掠过,送来麦香,把这俩人送进拘留所,我和郝哥相视而笑:"鸣金收兵!看那个'恋恋风尘'不甘心的眼神儿!你说,这不管干啥,都得讲契约精神,是不是?要不这世界真得乱套!唉,真是'螳螂捕蝉,黄雀在后'啊!"

郝哥那双机灵的小眼睛滴溜溜一转:"不对,小牛,这不叫'螳螂捕蝉,黄雀在后',这叫'魔高一尺,道高一丈'!"

"这个秦菲菲,真是'机关算尽太聪明,反误了卿卿性命'!"大磊从后视镜送来他狡黠的目光,"哈哈哈!"

警车飞驰着将三个警察的欢声笑语,远远地甩在身后的麦田,那沉甸甸的麦穗,已经越来越饱满,即将迎来丰收。

查办"艳照门"

人生就是一段一段的旅程,我们马不停蹄地从一个目的地赶到下一个目的地,这期间,会有不同的人在不同的地方上车、下车,陪我们走完一段又一段旅程。在这个派出所工作的第五个年头,我怀孕了,生子之后,考虑到现实情况,我向组织申请调到海淀分局一个离家较近的派出所。

在一个深秋的下午,我将佩戴了八年的旧警号从胸前摘下,上交给分局,万千感慨涌上心头,我从一个懵懵懂懂的新手学警成长为能够独当一面的派出所老民警,其间经历多少辛酸苦辣,真是一言难尽。我曾因连续出警、上警卫超过十几个小时劳累过度,从警车下来时腿发软一下子跪倒在地,新警裤磨破了两个洞;我曾因深夜救助不明身份的醉酒姑娘,却被酩酊大醉的她打了一巴掌,自己在宿舍咽下委屈的眼泪入睡;我曾因被蛮横无理的报警人投诉而在大晚上被督察叫到分局做笔录,被自己人像讯问嫌疑人一样盘问每个环节、每个细节;我曾因在国庆六十周年安保工作中不眠不休、连续在制高点大楼的楼顶上守了四十八个小时,下楼时眼前一黑晕倒在地;我曾因在和同事处置突发性事件时被失去理性的群众殴打谩骂,发誓下辈子再也不当警察了……

警察这份工作,有着常人难以忍受的艰辛,也常常要面临许多常人难以想象的危险,还常常要承受许多常人不必承受的误解和非难。然而,这份工作让我感到自己每一天都在奔跑,让我看到许多人一辈子都见不到的人间万象,更让我帮助了许许多多的人,温暖照亮了许多陌生的灵魂,这才是实实在在地活着。泰戈尔说,我们唯有献出生命,才能得到生命。生命的意义正在于永不停歇的奋斗。我不怕偶尔会难过,因为我很清楚自己想要的是什么;我不怕偶尔想过放弃,因为我很清楚那只是自己一时的无力。

我们跋山涉水、穿越红尘,抵达的不是远方,而是内心最初出发的地方。饱经的风霜,历练的人事,都是对生命最温柔的灌溉。从西城到海淀,饱受历练的我已没有从机关初到派出所时的紧张忐忑,也不再戴着玫瑰色的眼镜看警察,或是幻想《重案六组》里那样精彩、刺激的警营生活。我明白了现实和梦想的差距,更加成熟务实,越来越从容地迎接人生风雨的洗礼和沉淀。

2014年11月15日,星期六,派出所非常安静。这座建于20世纪70年代末的四层老式办公楼虽然古旧,却庄严肃穆、干净整洁。

也许是周末的缘故,这天警情不多。22:30,值班警长波波坐在治安接待大厅的电脑前,专心地整理着白天的案卷。这时,一个打扮入时的年轻女子推开值班大厅的门,低着头走了进来。"警官您好,我要报案。"女子说着,在波波对面的椅子上坐了下来。

"您好,您怎么称呼?怎么回事儿?"波波打量了一下这个女事主,二十六七岁的样子,披肩长卷发,化了淡妆,身穿浅咖啡色羊毛大衣,脚蹬黑色高跟长靴,衣着光鲜,时尚靓丽。

"我,我……"报案人张了张嘴,欲言又止。

"您放心,有什么事儿,尽管说,我们警察会依法办案,也会为报案人保密。"波波看出了报案人的顾虑。

有时,报案人为了顾全面子,会选择性地隐瞒一些细节,而这些被有意无意隐瞒的细节,往往藏着破案的重要线索。波波这个从警二十年的老警察,干过巡逻警、刑警、治安警,战斗经验非常丰富,胆大心细,从警生涯中破过不少漂亮的案子,被我们戏称为"老狐狸",波波也很喜欢我们送的这个外号。来派出所久了,我发现大家对治安警最高的评价就一个字:坏!比如,我们提起谁,一说那小子真坏,那家伙坏着呢,我们的意思其实是,他对付嫌疑人很有一套,聪明机智。波波老是教训我:"小牛,你心眼儿太少,太老实了,干咱们这行,太老实了还怎么跟坏蛋做斗争?"

"我叫王怡,是这样的,我被人敲诈勒索了。"报案人短暂地停顿了一下,然后一口气说了下去,"今天中午,我正在单位上班,微信上收到一名男子的好友验证信息,写着'再给你一次机会,不然我下午就让你父母看到你的照片。'我就添加了对方。我从头像和微信名称看出,对方是我今年6月在一个交友网站上认识的一个男的,我们交往过两个月,他叫李建。在微信聊天过程中,他说他手上有我们以前视频聊天的不雅内容截图照片,让我陪他一个月,我如果不听他的话,他就要把我的不雅照片发到网络上。我就说不可能,问他有没有别的方法要回照片。他说那就1万块1张,让我出钱买。我问他有多少张,他说有28张。我告诉他28万不是小数目,我手里没有那么多钱,他让我先付1万块定金。后来,我求了他半天,说定今天晚上先通过支付宝转给他2000块。"

王怡一口气说了这么多,长舒了口气,停了下来,仿佛卸下了一个大包袱似的。波波起身从饮水机上接了杯温水递给她,问道:"你们两人以前有没有经济纠纷?"

"没有,他没有给我买过东西,我也没有跟他借过钱。但是,这已经不是他第一次威胁我了,呜呜呜……"报案人终于忍不住哭了起来。

等她稍稍平静了一些,波波说道:"您先冷静冷静,慢慢说,我们警察会帮您的。"

"嗯。今年8月,他就以有我的不雅照片为由,威胁我和他发生性关系,不然就把照片发到网上,我当时害怕,就答应了他。事后我要看他说的不雅照片并让他删除,他说没有照片这回事,都是编出来吓唬我的。可这回他又以照片来威胁我,我实在受不了了……"

随着讯问的一步步深入,波波的心里也渐渐有了谱,这个嫌疑人应该能抓着,但不能打草惊蛇,得先把他稳住。"王怡,你冷静冷静,听我说。"波波一副"老谋深算"的样子,"你先想办法把这个李建给拖住,他主要的目的是要钱,千万不要把他给激怒了,他一定还会跟你联系,到时候你就跟他讨价还价,说正在筹钱,然后立即来派出所找我。"

两天后,11月17日,王怡果然再次来到派出所,找到波波:"警官,我今天又接到李建的微信消息,让我把之前说定的1万块定金剩余的8000块打到他卡里,还让我把剩下的27万抓紧凑好给他。"

"你先把8000块打给他,以免他起疑。跟他说剩下的钱正在借,约他过几天到附近的一个酒店见面,一手交钱一手交照片。"想了想,波波又补充道,"你就说不见到照片,你不放心。"

引蛇出洞,波波的计划正在一步步实施。"波波哥,要是这个李建不上钩,那这8000块你可得小心女事主找你赔哦!到时候,你可别赔了夫人又折兵啊!"小飞揶揄波波。

11月19日下午,女事主王怡又在派出所的治安接待大厅出现了。"警官,我又接到李建的微信了,照您说的,我已经跟他约好今晚7点在R快捷酒店见面,一手交钱一手交照片。"

"大鱼要上钩了!"波波像猎人一样,心头涌上一种胜利在望的窃喜。波波陪王怡到银行取了10万块,装进了一个手提箱里。取钱的时候,波波让王怡拍了照片给李建发过去,给李建吃了定心丸。随后,我陪着王怡到R快捷酒店开好了房间,而波波、小飞带了两名保安早早地在隔壁房间等着大鱼上钩。

晚上7:15,在R快捷酒店621房间,狐狸落入了猎人的手掌。

犯罪嫌疑人李建涉嫌敲诈勒索罪被刑事拘留。12月5日,王怡在男友的陪伴下,拿着锦旗来到派出所,锦旗上绣着"破案神速,为民解忧"八个金灿灿的大字。她悬了几个月的心终于落到了肚子里。

波波笑眯眯地看着锦旗,一双"狡猾"的小眼睛眯成了一道缝,这个老警察最开心的时刻就是将坏蛋绳之以法的时刻,成就感来得实实在在,所有的辛苦都遁入九霄。这成就感也是派出所民警的价值感所在,虽然派出所办的案子并没有什么惊天动地的大案要案,却都与老百姓的切身利益密切相关。

荏苒光阴来时路,风风雨雨总关情。警察的价值正是在与老百姓的深度链接中才得以体现和升华,这才是警察的意义所在吧。

与非洲毒贩赛跑

早晨,我刚来到食堂,就看到大家在热烈地议论,你一言我一语,争先恐后。大伟手舞足蹈地比画着:"哎哟,我们去的时候,那小子正鬼头鬼脑地四处张望呢,那眼神儿一看就跟别人不一样……"

小飞摇头叹息:"这次我可是见识了非洲兄弟的厉害!你别说,人家那速度,可真的是与生俱来的,不管是持久力,还是爆发力,都不是盖的!我这个体育大学的特长生,搁人家那儿一比,简直是天上地下!"

张哥啧啧称叹:"你们还真厉害,真把人给抓住了!到底还是小伙子,我这岁数,跑一会儿就呼哧带喘的!"

彪子打断他们:"哎哟,你们还说呢,那个电动车被我征用的群众,还以为我是劫匪呢,都打了110报警了!看来现实和警匪片里演的还是有差距啊!"

"哈哈哈!警察被当成了劫匪,这还是头一遭!香港警匪片里都不带这么演的!"

他们说得眉飞色舞,我赶紧凑上去,想打听清楚到底是个什么案子。

原来,他们昨天夜里刚抓了一个非洲毒贩!

我一听,简直激动坏了,天哪,非洲毒贩,在派出所这可是破天荒头一遭!

小飞看我两眼放光,笑着跟我说:"牛姐,你这么好奇,干脆去三室看看好了,李哥正在做材料,人还没送走呢!"

我一听,三把两下把稀饭喝完,就拿着门禁卡,一溜烟跑到三室去了。

果然是个非洲兄弟,长胳膊长腿,讯问椅好像都装不下他似的。李哥和小璐正在给他做笔录,还有一个翻译。这个非洲兄弟起初很不配合,哇啦哇啦地说了一大串谁也听不懂的非洲味儿英语,后来我们把翻译请来了,他才老实了一点儿,可还是死活不承认自己贩毒,只说自己偶尔吸着玩玩。

"吸着玩玩?那个人可说,你都卖给他好几回货了!"彪子厉声道。

非洲兄弟不说话了。

"你可能不了解我们中国的法律,我们的原则是坦白从宽,抗拒从严。我们希望你老实交代,给自己争取宽大处理的可能!态度很重要,你懂不懂?"

翻译把话翻给他听,非洲兄弟终于老实了,一五一十地把自己以贩养吸的事儿掏个底儿掉。

头天晚上,彪子接到可靠情报,朝阳公园西门附近,有外国人要进行毒品交易。彪子连忙和小飞、大伟开着地方牌照的车赶过去。

朝阳公园附近有几个饭馆,还有好几个酒吧,散居的外国人比较多。彪子他们不声不响,在那儿遛起弯儿来。果然,在一家小餐馆门前的大排档,他们看到,这个非洲兄弟跟一个中年男子鬼鬼祟祟、嘀嘀咕咕半天,然后四下瞅瞅,上了停在路边的一辆破破烂烂的中巴车。

这么热的天儿,还把这小破车的窗子关得死死的,肯定没好事儿,多年的职业敏感性告诉彪子,就是他了!

彪子给大伟使了个眼色,然后和小飞在大排档坐下,假装抽烟。大伟走到中巴车驾驶座边,轻轻敲了敲窗,哥们儿,跟你打听个路。

车窗摇了下来,大伟迅速把手伸进去,把车门打开,把那个司机从驾驶座上拽了下来,后座的非洲兄弟一看情况不妙,拉开车门,撒开大长腿就跑。

彪子嘱咐一句保安帮着大伟搞定那个司机,就赶紧和小飞去追非洲兄弟,却眼见着跟前面这个"飞毛腿"的距离越拉越大。情急之下,彪子看见旁边群众的电动车停在路边,就大喊一声:"警察!电动车给我骑一下!"

说着,彪子拖了电动车就骑了上去,去追非洲"飞毛腿"。

那个正在吃饭的群众,眼瞅着自己停在旁边的电动车被人给抢过去,举着筷子站起来大叫:"抢劫啦!抢劫啦!有人抢我电动车啊!"

过路人都往这边看,这个人拿出手机打 110 报警:"我正在吃饭,有一个年轻小伙子跑过来,说自己是警察,就把我电动车骑走了!"

这时,大伟那边已经将那个司机给制服了。大伟将司机戴上铐子,交给两个保安看着,也开车追上去了。

汽车、电动车和人力,非洲兄弟和便衣警察,在三环路上演了一场刺激的追赶比赛。等到终于将这个"飞毛腿"给围住、扑倒、擒获,小飞已经累得只有喘气的份儿了!

小飞说,没想到自己这个体育大学的特长生,居然还有和非洲"飞毛腿"毒贩赛跑的缘分,真是技多不压身,英雄终有用武之地啊!

疯狂的拳击手

周一早晨,派出所食堂可热闹坏了,大家三个一堆儿,五个一伙儿,七嘴八舌、叽叽喳喳全在说大张的事儿。

"嘿,大张那脸肿得呀,真跟猪八戒似的!"彪子一边摇头,一边笑。

"大张咋了?"还没等我问,欣欣就憋不住了。

"看过电影《东成西就》吧?记得里面那个梁朝伟演的'香肠嘴'欧阳锋吧?大张周五晚上,就是一个活脱脱的欧阳锋啊!"波波一边叹气,一边笑,"唉,我们可怜的大张啊,咋能被打成这个样子?也太怂了吧?"

彪子反驳道:"得了吧,波波,那可是国际拳王争霸赛的种子选手!大张体格就算好的了,够扛揍的!换你试试?"彪子说着,用拳头朝波波胖乎乎的胸膛上捶了一拳,"就你这体格,说不定半条小命都没啦!"

"德行!又小瞧我了吧?哥哥我当年可是在全分局民警大比武中拿过名次的!那岂是浪得虚名?"波波戏谑道,"不过,现在这年头儿,咱们警察挨打、挨揍都成了家常便饭,隔一阵子就能听见哪个同事又被打了!我看警察别叫警察,改叫'警怂'算了!"

正说着,政委走了进来,听见波波的牢骚,笑眯眯地说:"放心大胆地干,我们会保护每一个民警的执法权益,袭警的违法犯罪分子,我们一定会让他付出代价!那个拳击手不是被分局刑拘了吗?看他以后长不长记性,知不知道吸取教训,还敢不敢这么嚣张?"

彪子跟着说:"咱们国家法律林林总总的倒不少,就是没有哪一条法律是明确保护警察执法权益的。呼吁了那么多年,袭警罪到现在也没设立!这几个拳击手也只能按故意伤害罪处理,真是……唉!"

我听他们说了半天,也没搞清楚状况,干脆拉着小飞嘀咕起来:"大张到底出啥事儿了嘛?"

原来,大张他们班周五晚上去五棵松体育馆上勤——国际拳王争霸赛的勤务,大张负责运动员安检口。有个安检员跑过来找大张,说前面有一个运动员不听安检员劝阻,非要带一根自拍杆进去,安检员怎么说都不听,双方吵了起来。她好像还在用咱们听不懂的话叽里呱啦破口大骂,搞得安检秩序都乱了,好多人围观。

大张赶紧过去,一边用他那蹩脚的英语喊着"Excuse me, Excuse me!"一边去拽那位女运动员问情况,谁料想,女运动员感到有人拽她,不管三七二十一,回手就是一拳,大张立即将她按倒在地。

这时,一个男拳击手从前面跑回来,见女队友被警察按倒,冲着大张脸上就是一记重拳。这一拳可厉害,大张被打得昏倒在地,半天不省人事。

这还了得,政委马上让彪子他们将这两个运动员扣留下来:"敢打警察?你们也别参加比赛了!怎么这么兴奋啊?你们这兴奋得也忒过头了吧?拿警察当靶子练?"

大张成了派出所的明星人物,大家津津乐道说了好几天,政委还专门去看望了他。过了十多天,大家终于不再谈论这件事儿了,大张笑眯眯地出现了,波波一看见大张,赶紧伸出手摸摸他的脸:"哟,哥们儿,没事儿了?"

彪子也亲切地摸摸大张的脸:"得亏你小子身大力不亏,要换了别人,指不定给打成啥样呢!人家那可是来参加拳王争霸赛的国际拳击手啊!"

小飞也去摸大张的脸:"厉害了我的哥!怪可怜见的!"

那天,大张的脸成了香饽饽,被大家争先恐后摸了个遍,搞得他哭笑不得。

我想起自己八年前被醉酒姑娘打了一个耳光的事儿,不禁心有戚戚。现在的警察执法权真的是面临着严峻的考验,警察被打、被辱骂好像已经不是新闻了,全国各地的暴力袭警抗法事件时有发生,隔几天就会在网上曝出来一件。

警察因为其执法工作的特殊性,相较普通国家机关公务员面临更高的危险性,且警察权是最重要的国家权力之一,其权威不容挑战和质疑,许多国家和地区都专门规定有袭警罪的罪名。

在美国,袭警罪是重罪,相当于我国古代的十恶不赦,最高可判处二十年监禁,甚至是终身监禁。

日本虽无专门的袭警罪罪名,却把袭警罪分为两种情况:情节较轻即依照妨害公务罪论,处罚较轻;而造成重伤或死亡的,则作为故意杀人罪或故意伤害罪处罚,最高可判处死刑。

在我国香港地区,关于袭警有两项条例规定:一为香港法例第212章《侵害人身罪条例》36b,即"袭击、抗拒或故意阻挠在正当执行职务的任何警务人员或在协助该警务人员的人",最高可监禁两年;另一条例为第63章,即"任何人袭击或抗拒执行职责的警务人员,或协助或煽惑任何人如此袭击或抗拒……循简易程序定罪后,可处罚款5000港币及监禁6个月。"两条例对罪行的描述非常相似,但刑罚却颇不相同。具体到个案中,到底用哪一条例控告,是由警察选择的。

我国借鉴的是苏联的法律体系,没有设立专门的袭警罪罪名,关于袭警的法律规定参照妨害公务罪。面对警察权受到严峻挑战的社会现实,全国人大常委会于2015年通过的《刑法修正案(九)》第277条规定,以暴力、威胁方法阻碍国家机关工作人员依法执行职务的,处三年以下有期徒刑、拘役、管制或者罚金;暴力袭击正在依法执行职务的人民警察的,依照前款的规定从重处罚。

  多亏了这部修正案,袭击大张的国际拳击手才能被绳之以法,不然大张这脸可真是捡不回来了!

三个"小姐"

同事抓了三个"小姐",我去帮忙做笔录。

甲是东北人,二十三岁,未婚,有男友。浓妆,网红脸,脸上除了鼻子,其余的五官都整过,她说鼻子是明年的计划:"我可以不吃不喝,但不能不美。"

这个姑娘下巴整得太尖,眼睛整得太大,乍看颇不自然,仔细看倒能依稀看出秀气的底色,不整容的话应该更好看。一条紧身破洞牛仔裤下的腿很白,显然走的是性感路线,可是说起话来却是豪爽坦荡、敢做敢当的样子,很有点儿"女汉子"的感觉,性格不招人厌,甚至还让人有点儿喜欢。

乙是内蒙古人,三十一岁,已婚。淡妆,淡绿色大衣,咖啡色贝雷帽,打扮得体大方,披肩长发如瀑,看上去很知性,如果她不说,估计没人能猜出她是做这行的。其实,她五年前就曾因卖淫被收容教育过半年,她的客户当时也被一并收容教育了半年。现在看来,法律的教育改造目的在她身上没能实现。

丙是河南人,二十五岁,未婚,无男友。素颜,长卷发,打扮偏"卡哇伊",清纯乖乖女模样,看上去很单纯,眉宇神情和言谈举止间都有种不知世事艰难的盲目自信。

三个"小姐"的故事各有特点。甲女最令人同情,八岁时父亲抛下患有糖尿病的母亲再娶,从此再没管过这母女俩。她是个孝女,原先做美容行业,收入尚可。但是,母亲已转成尿毒症,急需换肾,眼下已经找到肾源,不算手术费也要 30 万。亲戚们帮着筹了一部分钱,作为女儿,她也得表表孝心。据她自己说,她才做两三个月,也不是每天都做,对客人比较挑剔。

乙女是个情痴,和老公一起开饭馆赔钱后,为了还债做这行。她原来做销售,一个月挣 6000 多,她老公上个月刚刚找到工作,一个月挣 1 万出头。我说,男人要有担当,作为妻子你只要能跟他患难与共、肝胆相照就够了。她说,老公比她小,两口子嘛……言谈间对老公有浓浓的爱意。我说,哪怕再爱一个人,也要有底线,更不能作践自己,你这样的"伟大牺牲"没有哪个男人能够消受得了。她怯怯地问,你们不会通知我家人吧?

丙女走到今天,则是无知、单纯和盲目自信导致人生失控,一步步堕落的。她做宠物生意赔了几万块,就借高利贷,以为自己很快就能还上。不料拆东墙补西墙,越还反而欠得越多。于是,她就去歌厅陪酒,一个月也能挣万把块。她认为陪酒是正当工作,很坦然,只不过做了几个月,高利贷还是还不完。借贷公司逼得紧,天天打电话骂她,她就索性兼做"小姐",一个月挣一两万,才做两三个月。

说起这行,"鸡头"很黑,"大活儿"一次 1000 块左右,"鸡头"就要抽去约 500 块,五五抽成。"鸡头"凭手里的资源和客源,足不出户,坐享渔翁之利。"小姐"为了自身安全,只能投靠鸡头。"鸡头"和"小姐"之间绝不聊天,只通过微信单线联系,很难抓。"鸡头"绝不会给"小姐"留电话,都是简单交代"工作",完全把人当牲口卖,很冷酷。

女性的命运不单单决定于价值观,更和她们的心理密切相关。我问她们,你们在面对命运的磨难时,是真的觉得只有这一条路可以走吗?还是也有别的路,只不过这条路看起来更轻松更快捷,而别的路更艰难更漫长,所以选择了这条路?她们都低下了头。

《圣经》里说:"你们要进窄门。因为引到灭亡,那门是宽的,路是大的,进去的人也多;引到永生,那门是窄的,路是小的,找着的人也少。"可是,真正懂这句话的人太少,大多数人在遇到命运给出的难题时,总是轻而易举地选择了宽门。

很多时候,人们只看到眼前,连抬抬头多看一丈远都不愿,更遑论什么永生。可是,抛开羞耻心不说,出卖肉体对自己心灵上造成的伤害也是显性、深刻、无法抹去的呀!无论对谁来说,这都会是一道经久难以愈合的伤疤。

丙女一副大大咧咧、无所谓的样子,却是一派浑然无惧的天真。而且,她其实并不觉得做这行羞耻,还把可爱当武器,越过"鸡头"给定的价码向客人多要钱,然后洋洋得意,觉得自己很聪明。只是在我说到你们这是对自己的伤害,是把自己物化了,你们自己都不把自己当人,怎么指望别人把你们当人?她才流下眼泪,哭得稀里哗啦。

命运是很凶险的,但最凶险之处在于,我们置身其中的时候,浑然不觉。比如天真女,她认为自己在歌厅陪酒能把高利贷还清,可是一步步走下来,却发现自己根本还不清;再如知性女,她的信仰里应该有些纯真的东西,如爱情,她可以为了爱情没有底线,她像圣母那样去爱她的老公,却不去细想这种爱哪个男人能承受,这样奋不顾身去爱的后果是什么;而那个为了给母亲换肾出卖自己身体的整容女,在令我心疼的同时,更加为她感到悲哀——如果母亲知道要女儿卖身来给自己治病,她会是什么心情?!

在我们的教育里,没有教过女性要爱自己、什么才是真正的爱自己,也很少有女性会去认真思考这个问题,以至于在面对困难的关键时刻,很多人会选择看似轻松实际上却是错误的、伤害自己的那条路。不仅受教育程度不高的底层女性是这样,甚至受过高等教育的知识女性也屡屡犯迷糊,如2017年被家暴致死的四川广安的女副区长。

作为一名女性，只有学会爱自己，才是真正的成熟，才能坚强勇敢地面对人生的风雨。

送拘留所前，我对她们说，希望以后再也不要看到你们。她们信誓旦旦答应我，好！可是，我听到她们一路上嘻嘻哈哈地聊天，心就凉了半截。没有自我觉醒的灵魂，别人是叫不醒的。

人总要走错路后才发现什么才是正确的路，命运的慷慨之处在于，它总是会给我们一次改正的机会。可是，苛刻的命运女神并不会给我们太多次纠错的机会，有的污点，我们终生都无法洗清。

歌德说，谁都是过来人，却很少有人领悟。人间实苦，不是每一个卑微的灵魂都能得到救赎。

"楼凤"的眼泪

白惨惨的灯光,黑沉沉的夜,一样惨白的是她的脸,滴溜溜的大眼睛下是两个大大的黑眼圈。

那是通宵没合眼的结果。

她两只手抓着蓝底黄字的囚服在胸前晃,眼泪扑簌簌地滚下来。"我不穿,我不穿,我不要穿这种衣服,丢死人了!"她抬起头可怜巴巴地望着我,像个受了委屈的小孩子,"阿姨,我可不可以不要穿,真的好丢脸啊……"

我叹口气,早知如此,何必当初呢?!

她是"楼凤"。我们是在网上循着"鸡头"发布的交易信息,在她和嫖客交易时将其抓获的。

一共抓了两男三女。

二十二岁的"楼凤"甲,清秀苗条,左眼角下有一大片淤青。

更年轻的,是"鸡头"乙。她才二十一岁,胖嘟嘟的"婴儿肥"脸,一双圆圆的大眼睛,看起来温顺又无辜。如果不是亲眼看到她微信里的招嫖聊天记录,我怎么也无法把这个看似人畜无害的乖乖女和做皮肉生意的"鸡头"划等号。"鸡头"和"小姐"四六分成,每笔交易,"小姐"拿四,"鸡头"拿六。

"妈,我'五一'有点事儿,就不回去了。我那个手机坏了,您别给我打电话。"乙说谎的表情自然坦荡。

把他们送进看守所之前,莫警长用自己的手机让五个人分别给家里打了个电话。

"警官,可不可以请您跟我男朋友说一下呢?""楼凤"丙只有十九岁,瘦弱得像未成年少女。她的男朋友在江苏打工。

"我说?我咋说?说我是警察,你女朋友做'小姐'被我抓了?"莫警长一脸惊愕。

"您就说是我爸,说我回老家了。"

莫警长"噗"的一下把嘴里的矿泉水给喷了出来:"我可生不出这么大的闺女!"我们几个也全都笑喷了:"老莫,你们家大闺女几岁了?"

最终,丙自己拨通了电话:"小飞,我回老家了……嗯,这是我朋友的电话……"

"老婆,我出了点事儿被警察拘留了,十天。"电话那头大概蒙了一下,他顿了顿,"那个,你带孩子早点儿睡吧。"这个嫖客高大英俊,在某知名互联网公司任职,年薪百万。据他说,老婆是设计师,年薪50万。

男人轻轻地挂上电话,叹了口气,用双手搓了搓脸,手上的铐子明晃晃的。

"你们感情好吗?"我忍不住问道。

"很好,我们几乎没吵过架。"

"那你为什么还要找'小姐'?"

"您教训得对,我错了。"男人低下头。

"我不是要教训你,我只是对真实的人性感到好奇。"

"婚姻里的倦怠感吧,我们结婚八年多了,"男人眼神迷茫,"加上我们互联网公司工作压力特别大,就想放松一下。"

男人清了清嗓子:"以后只要她不嫌弃我,我养她一辈子。"

另一个二十六岁的嫖客,在知名科技公司做程序员,年薪60万。他耸耸肩:"我孤家寡人,不需要向任何人交待。"

空旷的走廊里,我们几个人的脚步声在这深夜里听来格外清脆。

送完这几个人,已是午夜1点多钟,回城的路上漆黑一团,偶有对面驶来的车亮出一星半点儿的光。我又想起甲的眼泪,哭得我心软,也许她是家境所迫,背后有难言的苦衷?

"你可别被她们给骗了!"莫警长瞟了我一眼,"她们呀,嘴里没一句实话,就说这个甲吧,她以前是在工体那儿混的,专找有钱人,一次一两万呢!她们享受惯了,过不了苦日子!唉,也怪可怜的。看到她左脸上的伤了吗,你知道怎么来的吗?"

我睁大了眼睛。

"这些小姑娘啊,好逸恶劳又爱慕虚荣,钱哪有那么好挣的啊?特别是有钱人,好多都变态着呢!"莫警长长长地叹口气,"'鸡头'最可恶,黑着呢!光今天她就挣了好几千!也不知道她干了多久了,可惜这回没能把她给刑拘喽!"

试看红粉伤心处,桃花落尽见沧桑。苏童有篇小说《红粉》,写的是中华人民共和国成立后妓女改造的故事。

妓女秋仪和小萼,性格迥然不同。

秋仪泼辣、大胆,敢爱敢恨。在即将被带入劳改所前本能地跳车,大闹喜红楼向老鸨讨回她的血汗钱。投靠老相好老浦却被其母恶意侮辱,到玩月庵削发为尼又被赶出,后嫁给鸡胸驼背的穷光棍冯老五,潦倒困苦不堪。

小萼则软弱、懒惰、缺乏自尊心,在接受劳动改造时仍然忘不了昔日的生活。她出来后与秋仪的老相好老浦结了婚,辞去工作,好逸恶劳。为满足其物欲,老浦贪污公款被判死刑。小萼生下儿子交给秋仪抚养,自己跟一个北方男人走了。

有一种寄生的蔓草叫做菟丝子,它的藤常缠绕在别的植物上,对农作物有害。种子落入土壤,陆续发芽,遇寄主后再缠绕危害。

若无寄主,它就很难存活。

　　菟丝子是小蓇的写照,也是一部分女性的写照。看看现今社会,多少女性为了钱心甘情愿被包养、做"小姐"。就像小蓇说的那样:"为什么要改造妓女？我就不相信男人不爱逛窑子。"

　　她们难道不知道,将自己寄托在别人身上,灵魂永远得不到救赎？不,她们只是无法抗拒自己骨子里的懒惰。

　　甲虽然哭得痛彻心扉,但是出来以后,她可能还是会重操旧业。有些东西会给人的灵魂烙上永远抹不去的伤疤,有的在心里,有的在面上,有的两种都是。和小蓇一样,她被贴上了"小姐"的标签,作为"小姐"的自我已留在她的心中,或被溶解,或永远不会,最后的结局都是堕入无边的黑暗。

　　就像这深夜,那么黑,那么深,那么无望。

变态狂,哪里藏

性变态犯罪是由性变态的心理而引发的性变态犯罪行为。虽然性变态犯罪的发生率很低,但其在性犯罪中所占的比例并不低,而且这种犯罪人一旦犯罪就是连续性的,其中有些犯罪人的作案手段非常残忍,容易给群众带来恐慌,并造成恶劣的社会影响。

夜色阑珊,华灯初上,喧嚣了一天的派出所终于静下来。一个中年妇女领着个六七岁的小男孩走进来,怒气冲天:"警官,您说这光天化日的,怎么会有这样的变态狂啊?!"

"怎么了?"大伟把饭碗推到一边儿。小飞也不着急走了,皱眉看着这娘儿俩。

"今天傍晚,孩子跟几个小朋友在小区的花园玩,一个变态狂走过来,冲着孩子们做鬼脸⋯⋯"女人说了几句,停住了,看了看孩子,叹了口气,"唉,也不知道会不会对孩子造成什么心理阴影?"

小男孩懵懵懂懂的,瞪着一双大眼睛四处打量。

大伟和小飞对视一眼:"您先别急,坐下慢慢说。来,喝口水。"大伟从饮水机上给女人接了一杯水。

女人咕咚咕咚喝了半杯,看了看孩子,转过头开始说:"我儿子开始觉得这个变态狂挺好玩的,就跟他玩了一会儿,两人一起做游戏啥的,谁知道⋯⋯"

女人看了看儿子,又停下来了。大伟和小飞安安静静地等着。

"谁知道,他竟突然扒开裤子,露出那个给孩子看!"女人越说越气愤,"怎么会有这样的变态?幸亏我家孩子是儿子,这要是闺女,他还不定要干吗呢?!"

大伟小心地问:"他没再对孩子做什么吧?"

"还要做什么?这难道还不够?"女人气呼呼地说,"孩子回到家,神思恍惚,叫他吃饭他也没听见,就在那儿发呆!"

大伟赶紧说:"我明白您的心情,我们只是想把事发经过弄清楚。"

大伟一边在电脑上做笔录,一边小心询问:"小朋友,你能给警察叔叔讲讲跟你做游戏的那个男人长什么样儿吗?"

小家伙歪着脑袋:"嗯,他个子很高,黄头发,眼睛很大,胡子拉碴的。"

"高个子,黄头发,大眼睛,胡子拉碴……"小飞一副若有所思的表情,"外国人,对不对?"

大伟看着小飞:"怎么,你有线索?"

小飞沉思着:"这样,先别急着下结论,咱先看看小区的监控录像,花园那儿应该有探头。"

两人打开监控录像,不错眼珠儿地盯着看,终于看到那个变态狂了!可是,当时天色已经有点暗了,探头又远,只能模模糊糊地看个轮廓,看不清楚模样。

小飞眼睛都快钻到屏幕里了,突然,他眼睛一亮,将鼠标停在画面上,锁住,一点点放大,屏住呼吸说道:"看到没有?这个人是外国人,风衣领口露出一截白色立领……"

波波跟着说:"立领下面还有一颗金色纽扣……"

"厨师!"大伟和小飞异口同声,像发现了新大陆,"还是个西餐厅的厨师!"

大伟春风满面地回到治安接待大厅,对报案的女人说:"您先带孩子回家,注意孩子的心理波动,多疏导。案子有进展我们会第一时间通知您。"

小飞走过来,看着娘儿俩的背影说道:"上周我们班也接到一起类似的案子,说是一个外国人猥亵儿童。但是,案发地在一个街区拐角处,探头照不到,我们一直没有头绪。还有四班,前些天也接过一起这样的案子。"

"四班的那起,我也听说了。"大伟看着小飞,两人再一次异口同声叫道,"难道是同一个人?"

大伟一拍桌子:"我们把那两起案子调出来看看!"

大伟和小飞坐到电脑前,把执法办案平台上那两起案子调出来,仔细研究了大半天,一致断定:"没错儿,肯定是同一个人,瞧这手法、这规律!"

"发案地还都离得不远,"小飞嘀咕道,"难道,难道?"

"难道,这个嫌疑人就住在这附近?"大伟也跟着嘀咕,"还是说,他工作的地儿就在这附近?"

"厨师,还是西餐厅厨师,这应该不难找!"小飞看着大伟,"把咱辖区的几个西餐厅和咖啡厅挨个排查一遍,看看有没有体貌特征类似的!"

大伟点点头:"嗯,还要通报周边的兄弟派出所,请它们帮忙排查一下!"

大伟立即写好协查通报,请值班所长批准后,上报给分局治安支队,治安支队随即在指挥系统里通报给全局的派出所,要求协助排查这个嫌疑人。

一周后,果然有兄弟单位给大伟打来电话:"哥们儿,我们这儿Y西餐厅有个厨师,跟你们要找的那个嫌疑人有点像,我把照片发给你啊?"

大伟和小飞一看照片,心里就有谱了,八九不离十,就是他。大伟给兄弟单位的战友打电话:"人在你们辖区,还得麻烦你们配合我们。"

人家干脆得很,"没问题,都是同事,为了共同的事业嘛!"

嫌疑人被单位领导告知,他的外国人居留证件快到期了,要带上护照去派出所续办一下。

派出所里,这个变态狂看到大伟和小飞拿出来的监控录像截图,当即低下了头,"Yes, it's me!"

性变态犯罪人往往只是在性心理方面存在异常并导致性行为异常,在其他方面与普通人没有差异。而且,性变态犯罪人多数都是双重人格,在日常工作和生活中很可能还是人们一致公认的彬彬有礼的老实人。这些给侦查工作带来一定难度,但由于性变态犯罪人通常都会连续性犯罪,所以大多数最终还是难逃法网。

抢夺犯竟是恋足癖

在西安念大学期间,没有男朋友的我打发时光的最好去处就是图书馆。无数个漫漫长夜,我像条书虫一样静静躲在书堆里,青春一点点从指间流逝,我也一天天褪下青涩。

有一个冬天,我却没敢在晚上离开宿舍去泡图书馆。传闻有个强奸杀人犯在各大高校的图书馆出没,专门瞄上穿红衣服的女大学生,然后伺机将其强奸杀害,毁尸灭迹。我们学校附近的师大和外院,已经有3个穿红衣服的女大学生遇害了!传闻当然有夸张的成分,但那段时间却把我们吓得不轻,大家课余聊的全是这个强奸杀人犯,我们都不敢再穿红衣服了!

传闻来得铺天盖地,消失时无声无息,但这段记忆却始终无法从我的脑海里抹去,它给当时不谙世事的我造成的心理恐慌实在是印象太深刻——这个世界竟然真的有这样的变态存在?原来犯罪心理学课堂上的形形色色的变态犯罪嫌疑人竟然就在我们身边?

本来,这段记忆已经尘封在我大脑的深处,再也不会被打捞起来,直到2018年夏天,我和同事亲手将专门抢劫女性高跟鞋的变态狂抓获。没错儿,这正是一个变态犯罪嫌疑人,他有恋足癖。

姑娘是哭着打的110,我和大伟到现场的时候,她还在嘤嘤哭泣,显然是惊魂未定。

深夜的写字楼,空空荡荡,姑娘瘫坐在电梯外,头发乱蓬蓬的,脸上的妆已经哭花,泪汪汪的大眼睛下,黑印子一道道的。姑娘的短裙下,两条腿蜷缩着,一条腿叠压在另一条下,一只脚光着,五个脚趾甲上涂着亮晶晶的玫瑰色指甲油,在昏暗的灯光下幽幽地发着光。

"我今天晚上加班,10点多才把活儿干完,坐电梯下楼,到7楼时,电梯开了,一个男的进来,看了看我;电梯关上后,他突然从后面搂住我脖子,一下子把我按到地上,然后,把我左脚的鞋脱了下来,抱住我的脚亲了亲,然后,电梯门开了,他拿着我的鞋就跑了!"

我打量着眼前的姑娘,没有明显外伤,更多是受到惊吓:"你感觉身体有没有哪儿不舒服?需不需要去做法医鉴定?"

姑娘摇摇头,哇的又哭出来:"我,我,我就是害怕,还觉得恶心,心里膈应死了,我以后再也不加班了,晚上哪儿也不去,就在家里待着,呜呜呜……"

大伟想了想:"我先去大厦中控室看一看监控录像,然后咱们回所里,做个笔录。"

大伟把监控录像拷贝到手机上,带着姑娘回到所里。"这个嫌疑人肯定还会再作案,这种性变态犯罪人是控制不了自己的!"我想起多年前犯罪心理学老师在课堂上讲的话。

大伟看看我,点点头表示同意:"他为什么深夜出现在这幢写字楼的电梯里,会不会他就在这幢写字楼里上班?不对呀,他不能有那么大的胆子,在自己的地盘上作案,不等于将自己的变态属性暴露无遗了嘛?那又是怎么回事儿呢?"大伟手里转动着签字笔,这是他思考问题时的习惯动作,"小牛,小飞,咱们明天就拿着这人的照片,分头在这幢大楼的每家公司挨家走访。"

这幢大楼一共27层,有大大小小69家公司。我们走访了两天,都说没这个人,一点儿线索没有。我不禁怀疑起大伟这个"福尔摩斯"的推测:这可能就是个过路的,碰到电梯里的美女,一时兴起,激情作案!

大伟承认我的推测有道理,可是,接下来又该从哪儿下手呢?啥线索都没有,以前也没接过类似的案子,难道又要变成悬案?大伟不甘心,半夜12点还不肯睡觉,又登录市局执法办案信息平台,想看看别的派出所有没有接过类似的报案。

就在这时,110报警系统的小喇叭又响了:"W洗浴中心门口有一名女子报警,在路边遭遇一名男子抢劫。"

大伟赶紧给我打电话:"小牛,跟我出警吧,是个女事主。"

大半夜的被叫起来,真是不爽啊!我迷迷糊糊从宿舍床上爬起来,穿上警服,拿冷水扑了扑脸,戴上帽子,系上沉甸甸的警用装备,迷迷糊糊闭着眼睛下楼,差点儿栽个跟头。

可现实告诉我,这个警出得值,太值了!因为这个案情跟前面的电梯惊魂案简直一模一样!一名女事主惊魂甫定,瘫坐在路边,一只手捂着脚,一只手摸着脖子,大口大口地喘着粗气!

我们将女事主接回所里,仔细了解案发经过。

"我是W洗浴中心的会计,做完账下班回家,刚走出大楼五十米不到,从后面过来一个男的,勒住我的脖子把我按倒在地,然后脱掉我的鞋,抱住我的脚闻了闻,拿着鞋上了一辆卡车,开跑了!"

"电梯惊魂案!"我和大伟对视一眼,异口同声,双眼放光,"保不齐他们就是一个人!"

"快查监控!这个路段应该有监控!"大伟兴奋地跑到监控室,调出W洗浴中心门口的监控录像。

虽然天色很暗,录像里还是能看出男子的身形和轮廓,跟那个电梯惊魂案里的男子非常相似!录像显示,男子驾驶一辆厢式货车逃离现场,路灯下,货车后的车牌号隐约可见。

"这辆车肯定还会在周边路段出现,密切注意这辆车的轨迹!"大伟一拍大腿,对视频巡控中心的辅警叮嘱道。

没让大伟等太久,第三天晚上11:30左右,这辆车又一次出现在探头下,这一次,他没能逃过警察的掌心。

嫌疑人上个月刚来北京务工,是一名货车司机,暂住在昌平,常常深夜在海淀和昌平送货。他是个恋足癖,有时候碰见单身女郎,心里的"变态虫"就忍不住蠢蠢欲动,指挥着自己干出自己也想不通的勾当!上次那个电梯惊魂案,是他出来吃夜宵却突然尿急,拐进写字楼里去找厕所,没想到遇见一个美女,心里的"变态虫"就发作了!

"那些高跟鞋呢?"我们在变态嫌疑人住处并没搜到鞋子,很纳闷他都怎么处理那些战利品。

"都扔了。"嫌疑人蔫头耷脑。

原来,嫌疑人每次成功得手后,会把费劲抢来的鞋闻了又闻,获得了心理满足后就顺手扔掉,真令正常人匪夷所思。

性变态犯罪人与一般的性犯罪人的犯罪动机是不同的,性变态犯罪人是为了满足其异常性冲动的性变态心理需要,所以一般正常人无法理解其犯罪动机。比如,一般的性犯罪者在实施奸淫后杀人是为了灭口,而色情杀人狂杀人是为了追求被害人在死亡的过程中精神上和身体上的种种反应以及这些反应带给他的性快感。

这个恋足癖嫌疑人被我们以抢夺罪送进了看守所。但是,矫正他的性变态心理,确保以后不再复发才是根本目标。性变态犯罪人的变态心理虽不易矫正,但控制能力并无实质性的丧失,刑事犯罪的性变态者具有完全刑事责任能力,所以他们必须要为自己的犯罪行为付出代价。然而,仅仅将他们送进监狱并不能防止其以后再犯的问题,必须多管齐下,药物治疗、心理治疗并用,加强社区矫正和监控,才能取得最佳效果。当然,这是个系统工程,需要社会多部门的共同投入,可能耗费大量的人力、物力和财力,而且见效甚缓。

揪出一个偷窥狂

严格说来,这个故事里的犯罪行为人不算真正的性变态,他的犯罪行为只是性心理没有得到满足而导致的。大禹治水,堵不如疏,人的心理亦同此理,越是压抑反而越容易出事儿。

这天我和大伟值班,忙活了一天,终于可以坐在食堂,刚要定定心准备吃顿饭,肩膀上的电台又叫了:"5801,5801,Z酒店831房间有客人报警,称被偷拍,请到现场核实处置。"

"唔,唔,收到!"大伟嘴巴里含着排骨,口齿不清地应答,然后腮帮子鼓来鼓去,吐出一根骨头,"唉,吃顿饭也不让人消停!"

十分钟后,我们驾着警车赶到Z酒店。这是一家情侣主题酒店,粉红色的灯光将夜色中的酒店烘托得浪漫旖旎,颇有情调,引人遐想。

我们来到酒店前台,找到大堂经理:"你们酒店有人报警,跟我们上房间看看。"

大堂经理一脸迷茫,引领我们往电梯方向走:"啊,有人报警?啥事儿?"

831房间开着门,一个中年男子已等候在门口,看见我们招了招手:"警官,这里!"

我有时候听老百姓叫我们警官的时候,总有一种尴尬的感觉,所谓"官"怎么也得有点儿威信和尊严吧?可事实上,派出所警察干的活儿,是个"官"干的吗?我们常戏称自己就是杂役。

温馨浪漫的粉红色房间内灯光朦胧，一名女子看见我们后从沙发上站了起来。

男子指着墙壁上的插座让我们看："警官，今天是我和我老婆结婚五周年纪念日，本想着浪漫一回，我俩来住酒店。我去烧水时却怎么也插不上水壶插头，插座里面还有一闪一闪的光，我仔细一看，竟然是针孔摄像头。你说可气不可气？这到底是什么人干的？酒店究竟知不知道？"说着，男子转头看着大堂经理："不会就是酒店自己干的吧？"

经理急得赶紧摆手："不，不，这绝不可能！我们是正规酒店，绝对尊重客人的隐私，不会干这种下三烂的事儿！"

大伟蹲下来仔细检查发现，这个针孔摄像头是一个带无线功能的插座式秘拍设备，就暗藏在插座孔内，插座是嵌在墙上的，而且这个插座的位置正好对着房间里的大床。"这个秘拍设备应该就是为了拍摄房间内客人的私密活动，"大伟说着站起身来，看着经理，"为了保证所有客人的隐私，请你将酒店的所有房间都打开，我们要逐一检查。"

我们花了一个多钟头，将所有房间挨个检查了一遍，果然不出大伟所料，还有两个房间内也被安装了针孔摄像头。

"把酒店内外的监控录像都调出来。"大伟想了想，对经理说。

我们又跟着经理来到中控室看录像。

一名四十岁左右中等身材的男子，曾开钟点房入住过831房间。"很有可能就是他。"大伟说着，又对经理说，"麻烦你让前台给我调出这个客人的身份信息，还有他一个月之内的所有详细入住记录，包括具体的时间段。"

大伟比对着这个客人的入住信息，查找对应的录像，发现他每隔三四天就会来酒店开对应的那几个房间："肯定是来检查或回收秘拍设备！"

"过几天他肯定还会来!"我和大伟异口同声,相视而笑。

接下来就好办了,我们俩在酒店旁边的小卖部便衣蹲守了四天,终于在这个偷窥狂又一次出现之时将他成功抓获,并在他身上起获螺丝刀、电笔等作案工具和一个硬盘,不用看也知道硬盘里面都是些啥东西。

"警官,警官,我,我知道错了,给我一次机会,我以后再也不干这个了。"这个偷窥狂面对暴露的罪行,深深地低下了头,羞愧得无地自容。

原来,这家伙跟老婆离婚后,心情压抑,没事儿就上色情网站瞎逛瞎看。刚开始觉得挺刺激,看得多了就嫌不够带劲儿,干脆到宾馆安装秘拍设备进行偷拍,以满足自己的畸形心理。除了Z酒店,他还在附近几个情侣主题酒店装了秘拍设备!

真是林子大了,什么鸟儿都有,这个偷窥狂终因非法使用窃听、窃照专用器材罪被刑事拘留,希望他在囹圄中能把自己的心理病给治好,别再一味追求刺激。

这个偷窥狂让我想起以前我们处理过的一个强奸案,那个嫌疑人平时特别老实,可是竟然因性压抑太久而严重失控,强奸六十多岁的老太太!在严重压抑的情况下,人的理性就容易缺位,压抑太久就可能走向犯罪。

前女友来敲诈

感情纠纷是引发违法犯罪活动的一个常见原因,现实中很多犯罪嫌疑人和受害人就曾经是恋人或者夫妻关系。人性是最复杂善变的,曾经亲密无间的爱人一旦变脸,其阴险和贪婪往往表现得更加赤裸裸。

男子走进派出所治安接待大厅,四下打量,眼神游移不定,看着电脑前忙活的波波欲言又止。

我对男子说:"你好,有什么事儿?"

波波也从电脑前抬起头,看着男子。

男子三十岁左右,圆脸,体态微胖,看起来一副人畜无害的样子。他上穿黑色 T 恤衫,下穿蓝色牛仔裤,普通得走进人群中就会被淹没。

"我,我想报案。"男子嗫嚅着说。

"报什么案?"波波问道。

"我被绑架了。"

"被绑架了?你不是好好地站在这儿吗?"我有点儿摸不着头脑。

"是这样的,我昨天被绑架了,后来他们又把我放了。"男子咽了一口唾沫。

"你的身份证让我看一下。"波波听他说得有鼻子有眼儿,严肃起来。

男子叫冯英华，三十一岁，山东人，在北京一家高科技公司做技术顾问。

"冯先生，请把事情的详细经过告诉我们，越详细越好。"波波登记完，把身份证还给事主。

"昨天下午6点多，我从公司下班，出门刚走到一家咖啡店门口，就被人从后面套上了头套，啥也看不见，紧接着双手也被捆了起来。然后被人劫持上了一辆车，直到被拉到门头沟山里，头套才被取了下来。原来是我前女友蔡双找人干的，她就坐在车上，还想找我要钱。我说我没钱了，这俩月我已经陆陆续续给了她8万多块了！蔡双不信，说不给她钱就要弄死我，扔到山里去，还专门带了POS机来，逼我说出银行卡的密码。后来，她看我银行卡上只有几百块钱，就逼我把支付宝上剩的5000多块全转给她，才把我放了。"说到这儿，男子停顿了一下，叹了口气，接着说，"世上怎么会有这么恬不知耻的女人啊，我以前真是瞎了眼！"

波波皱了皱眉："冯先生，我理解你的心情，但请你注意语言文明。"

男子赶紧点点头："是，是，是，我实在是气坏了！大半夜的，我从门头沟往城里走，连个车也打不着，周围阴森森的，还听到狼嚎。真是叫天天不应，叫地地不灵啊！"

"你说绑架你的是你前女友？"

"是！就是她！"

"她一个人？还有别人吧？"波波问道。

"哦，对，有，我忘了说了。"男子赶紧点头，"还有两个男的，其中一个是她现男友。"

"你刚才说，这俩月你已经陆陆续续给过蔡双8万多块了？"

"是啊！我们三个月前就分手了，因为我实在受不了蔡双大手大脚的生活方式，我挣的钱也不够她挥霍的！谁想到，两个月前，她和现男友找到我,让我赔偿她50万精神损失费,说不能白白为我堕胎。我刚要说什么,她现男友就把我揍了一顿,还说不赔钱就要去我公司闹,让我颜面扫地。后来,我跟他们求了半天,他们同意改成20万,我这俩月已经给了她8万多了!"冯英华说着,用拳头狠狠地朝桌上擂了一拳,吓得我愣了一下。

"冯先生,请你冷静冷静,我们会积极帮你,依法办案,保护每一个公民的合法权益。"我委婉地提醒他。

通过追踪车辆轨迹,我们确定了嫌疑人正是蔡双和其现男友李成志,车主登记的是李成志。至于参与犯罪的另一名男子,只能等到先把这两人抓捕以后再顺藤摸瓜了。

在讯问室里,蔡双竟然对其所作所为振振有词:"我没做错啊!我跟了他大半年,还为他打过胎,跟他要点精神损失费怎么了?我不能白为他受一场罪吧?再说了,这是我们经过商量一致决定的啊,他同意给我20万,还给我打了借条呢!这是我们之间的民事合同,他不按合同履约,那我只能逼他履约了。"

我和波波听着蔡双的狡辩,简直觉得匪夷所思:这世上,真是什么人都有啊!

蔡双还在叽里呱啦说个没完:"哼,不想给钱,还跟我谈什么修复关系,还想免费占老娘的便宜,装什么大尾巴狼?"

波波实在受不了,一拍桌子:"嘴巴放干净点儿!你这是犯罪,你知不知道?《刑法》第274条规定,敲诈勒索公私财物,数额较大、多次敲诈勒索的,可处三年以上有期徒刑、拘役或者管制。你以非法占有为目的,对他人实行威胁,索取数额较大的财物,这就是敲诈勒索罪!"

蔡双一看这阵势,总算收敛了些,不再那么张狂,小声说:"可是,他,我……"

一定要从气势上压制住敌人!

"你老老实实交代,积极配合我们,把那一个嫌疑人抓到,我们会考虑对你从宽处理。你要是死猪不怕开水烫,非跟我们较劲的话,咱就看看谁能较得过谁!"波波乘胜追击,"每一个人都要为自己的所作所为付出代价,但聪明人会将代价控制到最小,愚蠢的人却会将代价放大!希望你当个聪明人,不然我们也帮不了你!"

蔡双终于耷拉下脑袋,不再狡辩,老老实实交代了另一名嫌疑人的下落。至此,这起敲诈勒索案终于告破,三名犯罪嫌疑人全部归案。

送三名嫌疑人去看守所回来,我跟波波探讨敲诈勒索罪和绑架罪的区别:"波波,为什么是敲诈勒索罪,难道不应该是绑架罪吗?"

"你看啊,敲诈勒索罪实施威胁的对象和取得财物的对象是同一个,而绑架罪呢,实施威胁绑架的对象和取得财物的对象分别是不同的人。你只要把握了这一条,就不会将它们弄混了。"波波拿出诲人不倦的架势,笑眯眯地一团和气,跟在讯问室里嫌疑人面前完全是两个人。

我们常说这个"狡猾"的家伙有好几张脸孔,他总是哈哈大笑:"咱可是老侦察员了,见人说人话、见鬼说鬼话是一个合格的侦察员必备的技能,不能太死板,你们难道忘了小学课本里学的那句话,对待战友要像春天般温暖……"

不等他说完,我们就异口同声抢白他:"对待敌人要像严冬一样冷酷无情!"

感情骗子都穿着真爱的外衣

无论我们怎么宣传预防,诈骗案件发案率还是长期居高不下,是派出所接报的第二大类案件,紧随第一大类盗窃案件之后。而在诈骗案中,以女性受害人为目标的感情类诈骗案件始终是主流。这类案件的犯罪嫌疑人通常都是颜值很高的帅小伙儿或者风度翩翩、事业有成的中年男士。而且,他们一般都能说会道,很会察言观色,深谙女性心理。他们以爱情为保护色,不动声色地为自己的犯罪行为披上一件真爱的外衣,骗得无数女人交付钱财和身心,然后再悄无声息地溜之大吉。

"警官,我,我被骗了!"姑娘嘴一撇,差点儿哭出来。

早春,乍暖还寒,姑娘坐在派出所治安接待大厅,一脸无助。一双黑白分明的大眼睛像一面湖,泛着潮气。

还没出正月,北京离真正的春天还远得很,树木还是光秃秃的,天也是灰蒙蒙的。我和小飞坐在电脑前,他在看以前的案件,我在整理卷宗。这是派出所难得的淡季,很多离京返乡的北漂还没回来,这座城市像睡着了一样,发案率也降了不少。

"被骗了?怎么被骗了?被什么人骗了?"我看着姑娘,开始做讯问笔录。

"被,被我男朋友,呜呜呜……"姑娘这回真哭了,看来是真伤心了。女人被别人骗都不伤心,只有被她爱的男人骗才伤心,因为别人只能骗她的钱,她爱的男人不仅骗了她的钱,还骗了她的感情。而让人最受伤的,就是真心被辜负。

我和小飞对视一眼,停下来,起身走到饮水机前接了一杯水,放到姑娘面前,又把纸巾递给她,耐心等待她平静下来。

"姑娘,你平复一下心情。我知道,遇到这种事儿,谁都很难受,你要信任我们,把事情的前因后果给我们详细讲清楚,我们才能帮你。"小飞睁着他那双圆溜溜的小眼睛,认真地注视着姑娘。

姑娘叫小美,是私立医院的护士,人如其名,年轻貌美,性格单纯。"我去年年底去云南旅游认识的他,"姑娘吸了吸鼻子,擦了擦眼泪,开始说,"他叫李高飞,长得还挺帅的……"

我心想,长得不帅还怎么骗女人?脸就是感情骗子最大的资本,没这资本还怎么行走江湖混饭吃?

这些年,我们接报的女事主被男人骗财骗色的案子太多了,案情全都大同小异,骗子先是各种甜言蜜语地献殷勤,等骗取了女事主的信任和依赖后,再用各种早已谋划好的套路把她们的钱套走,然后就"黄鹤一去不复返"了。女人这种感情动物,一旦动了感情,简直就是任人宰割的羔羊。且看这个男人用的啥套路宰的羊。

"他对我特别好,你们知道吗?我一个眼神儿,还没说话呢,他就能猜到我想要什么。刚觉得渴,他就把水给我送到了嘴边;胳膊刚有点儿凉,他就把外套脱了给我披到了肩上……"姑娘说了半天,还没说到正题,却沉浸在假甜蜜的回忆中了。也难怪,这么好骗的"小白兔","大灰狼"能舍得放过她吗?

"咳咳,姑娘,咱说关键的,关键的!"小飞轻咳一声,打断了姑娘无边的遐想。

"哦,他这么关心我、照顾我,我就觉得这个人真挺好的,温柔又体贴,我们就成好朋友了。在云南玩的那些日子,我们形影不离。分别前,我们互加了微信,我回北京,他回贵州。哦,对了,我刚才忘了说,李高飞是贵州安顺人,就是那个很有名的黄果树瀑布那儿的。"随着话越说越多,姑娘的情绪明显好多了,"因为聊得投缘,回到北京后,我们仍然在微信上频繁联系,常常一聊就是好几个钟头。春节前,他跟我说想念我,就订了机票来北京看我,我陪他到处玩,天坛、故宫、颐和园、鸟巢、北大、圆明园……每一处都留下了我们的足迹。在八达岭长城,他对我说,我是他上辈子走散的另一半,这辈子终于找到了我,决不能再把我弄丢。就这样,我们正式确立了恋爱关系。"

我一边敲键盘一边皱眉叹气,来报案的事主如果都像小美这样把警察当心理咨询师,口述回忆录,那派出所还不天天排长队?

好在小美姑娘终于切入了正题:"那天晚上,他要打电话但发现自己的手机没电了,我就把我手机给他使。他拿着我手机出去打电话,谁知道一出去竟一个多小时都不回来,我就琢磨,他给谁打电话打这么久啊,还得背着我。于是我就用另一个手机给这个手机打电话,谁想到,这个手机竟然关机了!我一夜没睡着,心想他是不是出什么事儿了呀?第二天,我还是联系不上李高飞,这才觉得不对劲,心里隐隐地有个声音提醒我,快上支付宝看看。登录我的支付宝一看,天哪,我的钱都不见了!"

我心想,天哪,你可说到正题上了!

小飞赶紧问:"多少钱?"

"所有的钱!29万!"小美姑娘咬牙切齿。

"这个骗子来一趟北京,可真没白来,真是满载而归呀!"

"看看那天晚上的监控录像,有没有什么线索?"我和小飞对视一眼,点点头。我看看小美手机里李高飞的照片,记住他的模样。

录像显示,那天晚上,李高飞从小美家的小区出来,直接打车奔北京西站的方向去了!

再查李高飞的出京记录,果然,他乘那天晚上11点车去了重庆。

"没回贵州?"小美姑娘天真地望着我们。

"回什么贵州啊?难道等着警察去他的老巢逮个正着?"我翻了翻白眼。这姑娘真的是太单纯了啊!

"留下李高飞的照片,再查下他的公安部人口信息库里的信息,报分局上在逃监控吧?"我看看小飞。

"嗯,你把材料做好,请示下王所,然后报分局。"小飞点点头,转向小美:"你甭着急,应该能抓着,天网恢恢,疏而不漏。你耐心等待,有消息我们会第一时间跟你联系。"顿了顿,小飞又来一句:"还有就是,以后别再随便相信陌生人。"

小美撅着嘴,抽抽鼻子,差点儿又要哭。

五个月后,我们接到贵州警方的电话:"你们要找的人回来了!"

我和小飞带着保安,立即搭上最快去安顺的车。一天后,我们出现在黄果树这个美丽的地方,在贵州警方的配合下,在一家修车行将李高飞抓获,只是,他骗来的29万早已挥霍一空。

"只是女人容易一往情深,总是为情所困,终于越陷越深,可是女人,爱是她的灵魂,她可以奉献一生,为她所爱的人……"

每次听到这首二十年前的老歌,我都不由自主地陷入深思,为什么女人这么容易为情所困?这难道是先天性别决定的吗?女人一定是感性的吗?理性在她们的头脑中是缺位的吗?波伏娃在其经典著作《第二性》中说:男人的极大幸运在于,他不论在成年还是在小时候,必须踏上一条极为艰苦的道路,不过这是一条最可靠的道路;女人的不幸则在于被几乎不可抗拒的诱惑包围着;每一种事物都在诱使她走容易走的道路;她不是被要求奋发向上,走自己的路,而是听说只要滑下去,就可以到达极乐的天堂。当她发觉自己被海市蜃楼愚弄时,已经为时太晚,她的力量在失败的冒险中已被耗尽。男人早就懂得,想要快活,就要靠自己;而女人,上天赐予她们的美好礼物其实早就标好了价格。事实上,我们整个社会的传统文化氛围都在把女性塑造成为爱情牺牲和付出的依附于男性的客体,所以,女性才更容易陷入爱情骗局,成为悲剧人物。

初冬的午后,天阴沉沉的,暖气还没来,派出所治安接待大厅里凉气森森。我埋头整理卷宗,时不时停下来呵气暖手。一个女事主走进来:"警官你好,我想报案。"

我抬起头看她:"你怎么称呼?身份证请拿出来。"我打量着姑娘,二十五六岁的样子,眉清目秀,落落大方,一看就是个好姑娘。不过,血淋淋的实践也告诉我们,越是这样的好姑娘越是容易上当受骗,骗子一般都是选择这种善良单纯的"小绵羊"下手。

"我叫蔡雪,在稻草人文化传媒公司上班。"

"请详细讲一讲事情经过。"我打开电脑,给姑娘做笔录。

"今年7月,我在一个交友网站认识了李晨,他说自己是国航的飞行员,一个月能挣2万多。我信以为真,开始和他在微信上聊天。他长得很帅,给我发了很多工作照,周围的环境确实都是机场和飞机。他还跟我聊了很多工作上的事儿,空姐和同事的事儿,很新鲜、有趣。他说话幽默风趣,我们正式开始交往……"

从女事主的叙述中,我慢慢拼凑出事情的来龙去脉:

李晨为了赢得蔡雪的信任,在第一次见面时专门从网上买了一部最新款的苹果手机送给蔡雪,开了辆奔驰商务车,风度翩翩地出现在蔡雪的面前。蔡雪拿着李晨送的苹果手机,看着眼前这个从天而降的高富帅,被巨大的幸福冲晕了头脑。

紧接着,李晨又和蔡雪见了几次面,还对她说,自己老大不小了,家里一直催婚,想跟蔡雪半年内就结婚。蔡雪迅速坠入了爱河,对李晨的甜言蜜语深信不疑。

在蔡雪以身相许后,李晨开始找各种借口向她借钱。最开始是说酒驾要找熟人"铲事儿",蔡雪赶紧拿出3万给他,还问够不够。没过半个月,李晨就把钱还给她了,还说自己最不喜欢跟女人借钱。这让蔡雪越发对他死心塌地,还嫌他跟自己生分:"我的就是你的,我们马上就要结婚了,干吗还分那么清楚啊?"

接下来,李晨需要用钱的事儿变得越来越多,什么帮同事还高利贷啊,信用卡被同事盗刷了呀……各种理由层出不穷。蔡雪一次次地相信他,给他转钱,不到三个月的时间,居然给他转了13万。然后李晨开始找各种理由躲着蔡雪不见面,最后竟然彻底失联了!蔡雪这才开始怀疑自己是不是遇到了骗子,选择了报警。

我正在给蔡雪做笔录,大伟走了进来:"什么事儿啊?"看完笔录,大伟和我对视一眼,彼此心照不宣。我们办过的这种感情骗子不是一个两个了,作案手法大同小异,全是利用女性对爱情的幻想,先使用各种伎俩打动女事主,让女事主对自己产生感情依赖,然后步步为营,实施诈骗。

我拿起电话跟国航核实,结果果然证实了我们的猜想——根本没有李晨这个人。

"你跟交友网站联系联系,拿到嫌疑人的身份信息,我们再看能不能查到他的住址。"大伟沉吟道。

费尽周折后,我们终于在昌平一个出租房抓到了李晨。当这个女事主嘴里风度翩翩的飞行员出现在我们面前时,我惊得下巴都要掉了,什么飞行员,这跟街头流浪汉有啥区别嘛?头发油腻腻的,一件黑色羽绒服不知道多少天没洗了,趿拉着一双破拖鞋……

跟李晨一起出现的,还有一个年轻女子,她看到警察,比我们还吃惊:"警官,这到底是怎么回事儿?李晨他怎么了,你们不能带他走!"

原来,这个在航空公司做地勤的女人才是李晨的正牌女友,李晨行骗的很多信息、资料都是从她那里弄来的!两三年来,他就这样过着双面生活!

看着这个眼睛瞪得溜圆的女人,我无比诧异,一个女人,跟自己的恋人朝夕相处,吃住都在一起,竟然这么久都没怀疑过他,难道她从来都没发觉过他的异常吗?

李晨倒是很干脆,一五一十把自己的行骗史交代得清清楚楚,一字不落。这个蔡雪已经是他骗过的第五个女事主了,他就是靠骗女人来满足自己的吃喝享乐,过着双面生活!两三年下来,竟然骗到一百多万!

做讯问笔录,取证,找领导审批。熬了一天一夜,我和大伟终于把这个感情骗子送进了他该去的地方——看守所。后期还有大量的工作要做,要找之前那几个女被害人做笔录,要去交友网站和航空公司取证……

回城的路上,天已经蒙蒙亮,雾气升上来,五十米之外啥都看不清。这是初冬的北京的清晨,城市刚刚苏醒,人们还在沉睡,一切朦胧不清。大伟目不转睛地盯着前方,小心翼翼地扶着方向盘,警车的收音机里唱着那英的老歌:"温存未必就是体贴,你知哪句是真,哪句是假,哪一句是情丝凝结。借我借我一双慧眼吧,让我把这纷扰,看得清清楚楚明明白白真真切切……"

一掷千金买不来爱情

《史记·周本纪》有一个关于周朝的著名故事"烽火戏诸侯"。周幽王宠爱褒姒,褒姒不爱笑,幽王想出各种办法让她笑,但她还是不笑。为博褒姒一笑,幽王点燃了烽火台,褒姒看到诸侯惊慌失措的样子,果然哈哈大笑。幽王很高兴,又多次点燃烽火。诸侯们不想再被愚弄,渐渐不肯应召而来。后来犬戎攻破镐京,杀死周幽王,俘虏褒姒,西周灭亡。

爱情是个谜,古往今来多少痴男怨女不惜为它付出昂贵的代价。古有周幽王为博佳人一笑,烽火戏诸侯丧命亡国,今有多少男女老少为了追求梦中情人,不惜倾家荡产,乃至身陷囹圄。

"我怀疑我们公司的前员工李小敏侵吞公司资产。"男子站在派出所治安接待大厅,神色凝重地看着波波。

"哦?"波波的眼睛里写满好奇。

男子姓王,是好物家化有限公司的总经理,"我可不是无缘无故凭空怀疑她,她有前科。"

"还有前科?"波波的兴趣更浓了。

"对!我们公司规模比较小,管理也很松,李小敏在公司负责给客户送货、取货和收账。去年11月公司对账时,发现李小敏竟有3万多的货款没有上缴。我找她谈话,问她到底有什么事儿,如果真的有难处可以直接跟我讲,我会想办法帮她的,但我不能容忍这样的事情,这跟偷有什么区别?后来,她的家人帮她把这些货款补上了。我也没再追究这件事,毕竟她只是个小姑娘,平常工作还挺积极的,人也老实,也许只是急用钱一时糊涂,要是因为这件事就报警,那就把她给毁了。我只是把她辞退了,这样的员工在公司真的让人不放心。"王总一口气说了许多,停下来喝水。

阳光穿过玻璃洒进来,宽敞的治安接待大厅被照得温暖明亮,元旦刚刚过去,新的一年才开始,这是希望的季节,万物皆在萌芽,故事刚刚开始。波波不着急,耐心地等待。

"可是,我没想到,这3万多只是冰山一角,好戏还在后头呢,我这个总经理完全被蒙在鼓里,成了个大傻子!"王总突然激动起来,脸红脖子粗,"上个月底,我们对总账,发现公司的账怎么对都差9万多对不上。我第一时间就想到了刚被辞退的李小敏,我赶紧给她打电话,可是她的电话竟然已经停机了,肯定是做贼心虚,警官你们说,对不对?是不是做贼心虚?李小敏当时昧下的货款肯定就不是3万多,而是12万多了!警官,你们说,我推测的对不对?"

王总说得起劲儿,两只大手在空中比画着,唾沫星子横飞,两道浓眉立了起来,一双大眼睛瞪得圆圆的,看起来特别有喜感。

得,这个事主还是个福尔摩斯呢!我看看波波,我俩都被他夸张的表情逗乐了。

"这个李小敏啥时候来你们公司的?"

"去年5月。"

"平常表现如何?"

"表现很好,不言不语的,一副老实可靠的样子。可要不是她这副老实可靠的样子,我也不能那么信任她呀,真是人不可貌相啊!"王总一边说一边不住摇头叹气。

"你们公司的财务平时不对账吗?"

王总摇摇头:"唉,公司小,人手少,平时一般不对账。"

"财务也不回访客户?"

王总再度摇摇头："财务是兼职的,平时也得去送货、要账啥的,忙不过来。"

还有这样的公司?我和波波对视一眼,觉得简直是天方夜谭。

"客户都是怎么付款呢?"

"现金、支付宝、转账支票,怎么付款都行,公司没有要求。"

我和波波不约而同地笑笑,管理这么松散混乱的公司,账目不出问题才怪!

我们在网上查到李小敏的户籍信息,老家江西吉安。我们又与当地派出所联系,确认李小敏并没有回老家。此人显然有重大嫌疑,请示领导后,我们决定把李小敏放到网上通缉,并请当地派出所协助配合。

半个月后,我们接到当地公安局的电话,李小敏已被抓获,让我们去办理接逃手续。

令人啼笑皆非的是,李小敏看到警察,瞪大了双眼,一脸迷茫:"警察叔叔,你们为什么抓我?"

波波差一点儿乐了,这是真傻还是假傻呀?这个公司还真是有意思,老板迷迷糊糊的,雇佣的员工也这么迷迷糊糊的:"为什么抓你?你自己做过什么,难道心里就没有一点儿数吗?"

"我做过什么?我没做过什么呀!"李小敏这个小姑娘一脸无辜,像个单纯的孩子,真的像王总说的那样,看起来非常老实可靠。

"好吧,提醒你一下,好物家化有限公司,想起来了吗?"波波眨眨眼睛。

"好物家化有限公司?哦,我想起来了!"小姑娘恍然大悟。

"想起来了吧?那没抓错你吧?跟我们走吧!"波波一歪脑袋。

"等等,警察叔叔!"小姑娘大叫一声。

波波被她吓了一跳:"又咋啦?"

"警察叔叔,我欠好物家化有限公司的3万多块,我家里不是已经帮我还上了吗？王总当时已经答应不追究了呀！"

小姑娘的妈妈也可怜巴巴地望着波波："是啊，警官，你们可不能冤枉好人啊！这会把孩子给毁了的！"

波波被这无辜的娘儿俩弄得一愣怔，什么冤枉好人？侵占公司财物还是好人了？

波波把手机里的财务账单找出来，给她看。这可是他跟好物家化公司的会计费了半天劲才对清楚，然后又用好几天跟收货方挨个核对出来的。"喏，你自个儿看，一共是十二万三千八百零九块，每一笔都有详细记录，有来有去，看看有没有冤枉你？"

小姑娘看了半天，边看边点头："哦，啊？我，我还以为，我一共就欠了3万多块呢！原来竟然有这么多啊？"

说着，抬头看看波波，眼睛又从波波脸上移开，迷茫地看着远方："难道，我竟然给男神花了这么多钱？我都给他买什么了？鲜花、钻石……哦，对了，还有游艇，我还给他买过游艇，那个就花了3万多块呢！"

"什么？什么游艇？"波波被这个自言自语的李小敏弄得摸不着头脑，"你到底把这些钱花到什么地方去了？"

"花椒直播，都怪我迷上了花椒直播上的那个男主播。"小姑娘说着，捂住了脸，不再言语。

她为了心目中的高颜值男神主播能对自己说一句"我爱你"，每天给他打赏，收来的货款没有进公司的账户，全给男神买了礼物。钱花光了，男神也不再理她。她这虚幻的爱情，就像是空中的海市蜃楼，太阳一照，就化成了梦幻泡影，消失得无影无踪。而她，终将为这虚幻的海市蜃楼付出失去自由的实实在在的代价。

实际上，派出所之前还接报过好几起中学生为了给网络主播打赏而骗父母钱的警情。有一次，有一个十三岁的男孩为了给女主播打赏，居然向网贷平台借高利贷，被逼还债之下，竟然和同学合伙设计了自己绑架自己的剧情,向其父母勒索 10 万块,真够"坑爹"的!

一掷千金买不来虚幻的爱情,当你以为洒下鱼饵的时候,你早已成了别人的鱼饵。镜中花,水中月,永远是看得见、摸不着,真正的幸福,只在实实在在的生活中。

爱情，多少罪恶假汝之名

王朔在小说《过把瘾》里说：爱情，就是那最酸的，被各种糟人玷污得一塌糊涂，无数丑行借其名大行其道的那个字眼。爱情，爱情，多少罪恶假汝之名而行？

女事主婷婷大学毕业后到天翔网络科技有限公司求职，相貌姣好、举止大方的婷婷吸引了副总周华华，顺利通过了面试，进入公司工作。

刚毕业就能进入这家小有名气的公司工作，婷婷非常开心，却不料这竟是噩梦的开始。

周华华常常借工作之名找婷婷聊天，有时候还故意找借口将她身边的同事支走。婷婷起初没反应过来，还以为周华华真是找她谈工作呢，次数多了，她才慢慢明白，原来周华华对自己有意思。

婷婷不喜欢周华华，可是为了工作，又不敢得罪他，于是就让男同学假装成男朋友来接自己下班。周华华看见了，给她打电话，问来接她的男人是干吗的。婷婷想，刚好可以借此机会让他离自己远一点，便赶紧说是男朋友。周华华不死心："什么男朋友，瞧那德行，长得跟瘪三似的。"

婷婷震惊了，冷淡地说："请周总说话客气点儿，我们已经交往很久了。"没想到，周华华不退反进："婷婷，我从看见你第一眼就喜欢上你了！"

婷婷赶紧委婉表示拒绝："谢谢周总，但我跟男朋友感情很好，请您以后不要再纠缠我了!"

周华华一听勃然大怒:"什么?我纠缠你?孙婷婷你算什么东西?老子想要什么样的女人没有,还纠缠你?!"

从那以后,周华华就开始找各种机会对婷婷进行打压,还在公司散布婷婷作风不正的谣言,同事们都开始排挤婷婷。初入社会,就吃这么一个闷头棒,搞得婷婷郁闷坏了,她想起妈妈说的话,小人真是得罪不起。可是,尽管如此,婷婷也不想向周华华低头,那违反她做人的原则。后来,周华华多次找婷婷,说只要同意跟他交往,就给她升职加薪云云。

周华华自以为婷婷会向他屈服,可没想到,婷婷仍旧坚决拒绝。这下,周华华彻底恼羞成怒,他开始没完没了地每天给婷婷发送辱骂恐吓的微信,一天几十条。一气之下,婷婷辞了职,重新找了一家公司,换了手机号。她以为,噩梦总该结束了吧。谁知道,这个周华华竟然从婷婷当时的入职简历上找到她妈妈的电话,又开始每天没完没了地给婷婷的妈妈发骚扰短信。

是可忍孰不可忍,婷婷想报警,可是,妈妈却跟她说,女孩子名誉最要紧,一报警弄得满世界风言风语的,多丢人,别给自己惹麻烦!

婷婷忍气吞声,找到周华华的朋友,拜托人家劝说他不要再继续玩这种无聊恶俗的游戏。谁知道,周华华根本不听,看婷婷不敢声张,还变本加厉起来。婷婷发现自己一味忍让只会让他更加猖狂,终于来到派出所报警,接待她的正是那天值班的大伟。

"我们会去电信部门进行调查取证,如果事情真的像你说的这样,那这个周华华的行为已经构成《治安管理处罚法》第42条第5项'多次发送淫秽、侮辱、恐吓或者其他信息,干扰他人正常生活的',我们可以按照法律规定对他进行行政拘留。"

不查不知道,一查吓一跳。大伟拿着从电信局调来的清单,简直瞪目结舌,不到一年的时间,周华华居然给婷婷和她的妈妈发了好几百条辱骂信息,还给她的妈妈打过好多次恐吓电话,严重干扰了婷婷和家人的正常生活。

大伟依法传唤了周华华。周华华对自己的所作所为供认不讳,但毫无悔改之意:"谁让她不识抬举,这叫敬酒不吃吃罚酒,这种虚伪的女人还以为自己长得有几分姿色,全天下的男人就得围着她转呢,我偏偏要让她吃点教训!"

这已经根本不是正常的追求了,大伟依照《治安管理处罚法》,对周华华作出治安拘留10天的行政处罚,心想,这回他总该收敛收敛了吧?

可是,一年以后,婷婷又来到派出所找大伟:"陈警官,您说我该怎么办呀,我这都已经换了四个手机号了,我都不知道他是从哪儿弄到我的手机号的,简直阴魂不散,太可怕了!"

听着婷婷的哭诉,大伟陷入了深思,这个周华华也算小有地位,并不是个小混混,怎么会这么轴,非得一条道走到黑呢?在从电信部门调取大量证据后,他决定找周华华认真谈一次。

"天涯何处无芳草,何必单恋一枝花?你知不知道,你这种行为已经严重干扰了他人的正常生活,违反《治安管理处罚法》了,你为什么非要这么无聊?"

"我不是无聊,我干吗非跟她过不去啊!明明是她先害我的好不好?她给你们多少好处,你们这么帮着她啊?我知道了,肯定是有关系呗,不然你们干吗要这样跟她穿一条裤子?"周华华梗着脖子,振振有词。

"说话要负责任的,请你尊重事实!"大伟被他气晕了。

"什么事实?事实就是,公安局帮着她孙婷婷来陷害我,对我进行报复!你们要是没收她的钱,会这么向着她?鬼才信!"周华华拿出他的无赖劲头儿,开始在派出所撒起泼来。看来,有的人就是只生活在自己的世界里。

这个人是没救了!让他去拘留所好好反省吧!2017年12月19日,周华华再次被公安局以"发送信息干扰他人生活"行政拘留10天。

情人节的真假情侣

情人节本该是个浪漫的日子,可现实告诉我们这些派出所警察,这个日子也是犯罪分子青睐的好日子,生活总是比小说更精彩,看得人眼花缭乱:真情还是假爱?情人节还是情人劫?

2016年2月14日深夜,我和波波值班,接到群众匿名举报,J酒店809房间有人聚众吸毒。我俩赶紧带上核录仪和验尿杯,叫上仨保安赶往现场。可是,现场并没有发现群众举报的吸毒情况,却有一对年轻男女面色慌张、衣衫不整,女人还面色潮红。

"来卫生间验个尿。"不能冤枉好人,但也不能放纵坏人,我把验尿杯递给女人。现在的验尿杯比以前的方便多了,连试纸都不需要,杯体上直接显示结果,一目了然,只要在七天内吸过毒都能验出来。

我拉开卫生间的门,露了一道缝,在门外等着。

尿杯显示阴性,女人没吸毒。

波波又让男人到卫生间验尿,也是阴性。

那为啥俩人看警察进来神色慌张呢?"身份证拿出来。"波波看看这对男女。

波波拿核录仪核查二人,也没发现有问题,便问:"你们什么关系?"

"啊,恋爱关系,恋爱关系,今天这不是过节吗?"女人嬉皮笑脸地说,"警官同志,这大过节的你们也不休息啊?"

"警官同志,你们真辛苦,真是干啥都不容易啊!"男人一脸皮笑肉不笑的谄媚劲儿。

"你们做什么工作的?家住哪儿?"波波一边核查一边问。

"啊,我,我是网络工程师,我家在山东潍坊。"男子挠挠头。

"我,我做点小生意,现住回龙观。"女子眼神闪烁。

"你们这恋爱谈得够不容易的啊?"波波打量着俩人,"真是恋爱关系?"

俩人跟波波说着话,眼睛却不约而同地一个劲儿往卫生间瞟。什么意思?我顺着他俩的眼神看过去,再悄悄看他俩,他俩赶紧收回目光,低下头。不对,肯定有问题,我慢慢踱到卫生间,排气扇开着,嗡嗡地响,洗手池、马桶、浴帘圈起一方小天地,我寻思了一下,哗地把浴帘拉开,一名中年男子站在浴帘后面!

"说吧,你们到底是干吗的?"波波厉声呵斥。

"我,警官同志,我说,你听我说。"男人沉不住气了,"我承认,我们不是恋爱关系,我们根本就不认识。"

男人说着,擦了擦脑门儿。我暗暗冷笑,酒店的空调也不至于热得出汗吧?

"她是小姐。"

"什么小姐?你胡说八道什么呢?你没毛病吧?"女人突然发起飙来。

"闭嘴,让他把话说完。"波波瞪了眼女人,呵斥道。

"我今天来北京出差,入住这个酒店。晚上回来发现门缝里塞进来的一张小卡片,你们懂的哈,就是那种按摩招嫖的大胸美女小卡片。我一时冲动就照着卡片上的号码给对方打了电话,本来她跟我说的是500块,谁知道完事儿后问我要1万块,我很气愤,就说你是镶金的啊,那么贵,她就打电话叫来了他!"男人指着藏在卫生间里的中年男子,"他气势汹汹地冲我叫嚷,说什么认识公安局的人,不给钱就揭发举报我招嫖,把我抓起来,我被逼无奈,跟他求了半天,说好5000块了事儿。就在这时,你们进来了,他就赶紧藏到了卫生间里……"

在派出所讯问室,那对男女知道躲不过去了,只好老老实实承认了。

"这不是头一回了吧?"波波看着女嫌疑人。

这对"伟大"的亲密战友,为了共同的目的走到一起——女的"钓鱼",完事儿以后,男的过来充当打手。俩人合作得天衣无缝,以这种方法敲诈了不少人,而被敲诈的事主因为嫖娼在先,怕被公安机关处理,都选择忍气吞声、花钱消灾,打落牙齿和血吞。

恶有恶报,这对奇葩男女终于把自己送进了看守所,相信日后他们再也不敢靠这种生财之道到处敲诈勒索了。

有假情侣遇难,也有真情侣遭劫。2018年情人节夜里1点多,我们接到情报,在挂甲屯的一间出租房内,有一名男子吸毒。

深夜1点多,也不能确定嫌疑人到底在不在,为了不打草惊蛇,波波和小飞带着俩保安在出租房外便衣蹲守。但是,直到第二天早晨8点多,还没有发现可疑人员出入。这怎么办?总不能继续干等下去呀!

波波和小飞密谋一番后,决定一个人以租房名义敲门进去,看看嫌疑人跟我们情报上的体貌特征大体是否一致,然后伺机抓捕。

波波从怀中的包里掏出一个假发套,交给小飞,小飞戴上,拿手机一照,乐了,整个一个二流子嘛!

"你好,请问咱这个房子是要出租吗?"小飞敲敲门,清清嗓子问道。

三分钟后,小飞发出三声咳嗽,波波和保安立即破门而入,将室内的一对男女控制住。

"你们俩干吗的?什么关系?"

"情,情侣关系,她,她是我女朋友。"

"恋,恋爱关系,他,他是我男朋友。"

俩人异口同声,波波来回打量这俩人,看来这回这俩跟上次那俩皮肉交易的不一样,这回是真情侣。

尿检阳性。

"货呢?"波波厉声问。

"枕,枕头底,底下。"男子结结巴巴。

毒品会刺激人的性欲,有些情侣会一起吸毒,然后寻找刺激。果然,小飞从枕头底下起获一小包白色晶体。

在派出所讯问室,笔录还没做完,男子的身子就开始打哆嗦,汗涔涔而下:"警官,警官,能不能给我根烟抽?我怕撑不住。"

"这就是你们过节的方式?"波波冷笑。

情人节成了情人劫,不知这对真情侣在看守所会有何感想?

当"艳遇"遇上"仙人跳"

作家严歌苓说:"人之所以为人,就在于他有着令人憎恨也令人热爱,令人发笑也令人悲怜的人性。并且人性的不可预期,不可靠,以及它的变幻无穷,不乏罪恶,荤腥肉欲,正是人性魅力所在。"而正是这样荤腥肉欲的人性,才给了许多犯罪分子作恶的舞台。不得不说,骗子真的是深谙人性。

"仙人跳",是指利用猎艳心理给人设计圈套,骗人钱财的行为。天下没有免费的午餐,可是,很多人一旦被天上掉下来的馅饼砸中,就将这警训抛到了爪哇国。喜欢吃免费午餐的人,最容易遇上"仙人跳"。

午夜一点多钟,警车奔驰在无人的北五环路上,外面是黑漆漆的夜,我强撑着直打架的眼皮,盯着身旁的这厮人。到看守所还得开至少半小时,希望这一路上平平安安,这厮坏蛋老老实实的,别出啥幺蛾子。

....

事主来京出差,入住L酒店,晚上吃完饭到楼下咖啡厅喝咖啡。刚坐下,一个打扮入时的年轻女郎过来搭讪:"哥,能请我喝杯咖啡吗?"

姑娘五官精致,身材高挑,淡雅的妆容更映衬出她不俗的气质,应该不是小姐。事主将对方上下打量以后,没有拒绝。

"哥住在这儿?"姑娘轻启朱唇,莺声燕语,吐气如兰。

"是,801房间。你呢?"事主见姑娘如此温柔,轻易就卸下了防备,哪个男人会对主动送上门来的温柔漂亮的年轻姑娘不动心呢?

"我本来和闺蜜约好来这儿K歌的,谁知道这个死丫头放我鸽子。真讨厌,气死我了!"姑娘撅着小嘴,娇滴滴的样子令人怜惜。事主心中不禁蠢蠢欲动,口水都快流出来了。

"那不正好吗?我陪你唱行不行?"事主赶紧献殷勤。

于是,事主搂着姑娘的小蛮腰,直奔酒店歌厅要了个小包间。听着音乐、喝着红酒、搂着佳人,事主兴致勃勃,酒酣耳热之下,有点忘乎所以。喝完酒唱完歌,二人顺理成章地就奔801房间去了,电梯里还耳鬓厮磨,仿佛热恋情侣似的。

二人缠绵缱绻自是不必多说,只是,刚刚完事儿,就在姑娘转身上卫生间的功夫,房门竟然一下子被推开,进来一个彪形大汉,横眉立目站在床前瞪着事主。

事主还沉浸在刚才的浓情蜜意之中没回过神来呢,这是什么情况?

"你是什么东西!敢上我女朋友?你以为你是谁呀!"大汉来者不善,出言不逊,朝事主挥舞着拳头。

姑娘好像刚听到动静,从卫生间里跑出来,捂着脸嘤嘤哭泣,一副楚楚可怜的样子。事主慢慢有点明白过来,今儿自己是栽到这姑娘手里了,合着这根本就是个圈套,自己不过是姑娘钓的鱼;对方这俩人究竟是不是真情侣,恐怕也不好说。事主只好认栽,用支付宝给女嫌疑人转了3万块,总算把这俩人给打发走了。

俩嫌疑人走后,事主越想越冤枉,明明是两相情愿,怎么就被讹上了呢?莫非遇上了传说中的"仙人跳"?想来想去,事主决定报警。

我和小飞查看酒店外录像后发现,两名嫌疑人是从一辆蓝色轿车上下来的;当天晚上,蓝色轿车又一次出现在酒店门口,载上从酒店出来的两名嫌疑人驶走了。可是,当我们上网查车主信息时,发现这辆车是套牌车。看来,这是一个专门做这种"生意"的犯罪团伙。

没过几天,正在我们一筹莫展之际,又接到一起报警。事主上班时用微信"附近的人"找到一名女子,看头像年轻貌美,便加了微信好友,约好在附近地铁站见面。事主下班后,开车在地铁站接上这名美女,直奔家中。云雨逍遥过后,美女的电话响了,她让事主接。对方是一名陌生男子:"你敢上我女朋友,胆儿够肥的啊!我现在就在你家楼下,马上转5万块给她,不给你这车就别想要了!是京P8679没错吧?可别砸错了!"

事主这才反应过来,自己被对方"套路"了。好汉不吃眼前亏,先给完钱再报警好了。事主用支付宝转给女嫌疑人7万块,看着五分钟前还跟自己颠鸾倒凤的美女志得意满地走出家门,赶紧掏出手机报警。

天助事主,他所在的小区就在派出所边儿上,而且他家那幢楼在小区最里边,这个小区又是封闭式小区,出入都需要门禁,接应她的男嫌疑人肯定就在小区门口等着呢,女嫌疑人走出小区最起码也得十来分钟,这给了我们充裕的抓捕时间。没用五分钟,我们就在小区门口将这伙玩惯"仙人跳"的团伙抓获。

一网打尽,没错儿,就是那辆蓝色套牌车,车上还有俩男嫌疑人。这两起案子都是他们这伙人干的。看来,他们身上应该还有别的案子。在这伙人的住处,我们起获了大量手机、电话卡、避孕套等作案工具。

这个专玩"仙人跳"的犯罪团伙一共仨人,关系磁铁,分工明确:女的负责钓鱼,一个男的负责威胁恫吓,另一个男的负责接应：为了避免被抓到,还专门弄了个套牌车,反侦查意识还挺强!

这世上生财之道千千万,犯罪分子的套路无穷尽、道德无底线,虽然再精明的套路也有被识破的时候。但是,苍蝇不叮无缝的蛋,如果人不贪吃免费的午餐,又怎么会被"套路"呢?

陌陌上约来的牢狱之灾

一位著名的法学家说过,你所谈论的真相,从来就不是真正的真相。这个世界,从来就不是简单的黑与白,很多事情在不同的人眼里,是不同的样子,正如盲人摸象。而警察要做的,就是最大限度地还原真相。

接到女子报警电话时,我正在电脑前打盹,已经是夜里 11 点多了,忙活了一天,我实在困得不行了。

110 报警系统显示的是,女子报被网友强奸。我照着电话拨过去,女子的声音含糊不清、结结巴巴,有气愤,却没听出惊恐。

我叫上大伟,赶到 J 宾馆 1205 房间。

房间内一股浓浓的酒味儿,女子靠在床头,身着紧身碎花连衣裙,长发披散在肩头,脸上的浓妆已经残了。如果把脸洗干净,应该是个清秀的姑娘,只是,此时的她给人一股风尘之感。

"你好,你报的警?"我看着床头柜上的两个空啤酒瓶,皱眉问道。

女子点点头:"对。"随即,又打了个嗝,酒气扑面而来。

"请将事情经过详细说说。"大伟一边说一边打开执法记录仪,将室内的情形原原本本录下来。

"前天,我在陌陌上认识了网友'行者无疆',我俩还算聊得来,他说要来北京出差,想请我喝酒,我说行。今天晚上 10 点多,他给我打电话,问我在哪儿,我告诉他在这里,让他过来。他来了之后,就逼我脱衣服,拿手机拍我,我心里害怕,就脱了衣服;然后,他就逼我和他发生了关系。"

"你喝酒了?"

"嗯。"

"在'行者无疆'来之前喝的,还是来之后喝的?"

"来之前。"

"自己喝的?"

"不是。"

"跟谁喝的?"

"一个网友……哦,对了,'行者无疆'不光强奸了我,还偷了我那个网友的苹果手机。"

"知道'行者无疆'叫什么名字吗?"

"不知道。"

"你们怎么联系?"

"微信和电话。"

"你说'行者无疆'偷你网友的苹果手机是怎么回事?"

"今天晚上,本来我和网友'仁者无敌'在一起的。他走了以后,'行者无疆'给我打电话,问我在哪儿,说想见我,我就告诉他我在这里,让他过来。他来了以后,进了一趟卫生间,出来时问我的手机是啥牌子的,我当时喝多了,晕晕乎乎的,也没想那么多,就随口说是华为,他就没说话。后来,他拿着手机拍我,逼我跟他发生关系。他走了以后,我前面那个网友'仁者无敌'给我打电话,问我看没看见他落在卫生间的苹果手机,我一想,那肯定就是'行者无疆'捡走的,不,偷走的!不然,他从卫生间出来干吗要问我手机是啥牌子的?"

"先跟我们回派出所做个笔录。"大伟看了看女子,又是强奸又是盗窃的,案情好像还挺复杂。

报刑警,给女子做法医DNA鉴定;调酒店监控,找酒店前台取证,找手机失主"仁者无敌"取口供;报网安,给"行者无疆"的手机定位……最终,我们在一个酒店将"行者无疆"抓获,当时他正在跟一个网友"约炮"。这是一个老手,非常热衷此道。

看见警察,"行者无疆"非常错愕:"为什么抓我?我犯什么事儿了?"

"还记得'今夜谁请我喝酒'吗?"大伟冷冷地看着他。

"'今夜谁请我喝酒'?她怎么了?"

"她怎么了?你对她做了什么,你都忘了?"

"我对她做了什么?我没做什么呀!"

"没做什么?没做什么,她会告你强奸?"

"强奸?我的老天爷,这罪名安得也太大了吧?我们明明是两相情愿啊!是她约我去的酒店啊!""行者无疆"的嘴巴张得和眼睛一样圆。

"她约你去酒店,并不代表她就同意和你发生性行为,这是两码事儿!作为一个正常的成年人,你应该有这点判断力吧?"

"我们是在陌陌上认识的,陌陌那是个啥地方,是个成年人都知道吧?那就是约炮的地方!她要没有那念头,上陌陌干啥?而且,我们在微信上都聊了两天了,能聊的不能聊的全都聊了,彼此要干啥大家都心知肚明,怎么能翻脸不认人呢?再说了,那天整个过程前后,她都没有真正反抗过啊!""行者无疆"气得脸红脖子粗,梗着脖子跟大伟辩解。

"我国刑法规定,强奸是指违背妇女意志,使用暴力、胁迫或者其他手段,强行与妇女发生性交的行为。你用手机拍摄被害人的裸体,要挟被害人与你发生性行为,已经构成胁迫,就是违背了被害人的意志,侵犯了被害人的性自主权。被害人当时处于醉酒状态,不具有反抗能力,这并不等于她就同意与你发生性行为。"

"行者无疆"不吱声了。

大伟继续说道:"另外,除了强奸罪,你还涉嫌构成盗窃罪。"

"什么?盗窃罪?""行者无疆"一下子站起来,他忘记手上还戴着铐子呢,激动地挥舞双拳。

"那个苹果手机呢?"

"那个苹果手机不是我偷的,是捡的!""行者无疆"不服气。

"在开放的空间取得的无主物才叫捡,在封闭的空间取得的不属于自己的物品,那不叫捡!"

"可是,我问了'今夜谁请我喝酒',她说手机不是她的!"

"手机不是她的,并不能成为你非法占有手机的理由!你可以将手机交给酒店,酒店对客人在酒店丢失的财物,负有保管义务。再说,你真的不知道手机是谁的吗?未必吧?你真的忘记了在酒店大堂和你擦肩而过的那个男人?酒店服务员在你续房的时候,不是告诉你房间是那个男人开的吗?"

"我,我,我……""行者无疆"张口结舌,额头开始冒汗,抬起手背去擦脑门儿的汗,冰冷的银色金属铐子在耀眼的阳光下反射出明晃晃的光。

办理物证扣押手续时,我在"行者无疆"的手机里发现大量不雅视频,应该全是和各色人等约炮时拍录的,其中也包括和"今夜谁请我喝酒"的那一段。

"我录视频,只是个人爱好,为了无聊时拿来欣赏的,真的不是为了要挟她,这些东西我也从来没给任何人看过。""行者无疆"为自己辩解。

"但事实上,这确实构成了对被害人的心理威慑。"

"警官,我真的没想要强奸她,我是真的以为我们是两相情愿。"

"视频里,被害人清清楚楚、明明白白地说过两次'不要'!"

"她那声音跟蚊子哼哼似的,我还以为她那是欲拒还迎呢!不都说,女人说不要的时候,其实心里想的是要嘛?"

"法律上讲,'不要'就是不要,不存在什么欲拒还迎的说法!"我对嫌疑人的自以为是嗤之以鼻,还欲拒还迎,言情小说看多了吧?!

这个世界,在不同的人眼里是不同的样子,这个嫌疑人如果能站在被害人的角度看问题,大概也不会成为嫌疑人了,而警察要做的,就是揭开重重面纱,最大限度地还原真相。

大妈，我来给您做个局

这个花花世界，从来不缺少各种形形色色的骗子，而那些文化水平低、容易轻信别人的大妈是骗子们的重点目标群体。从五十岁到七十岁，但凡手头上有点儿闲钱的大妈，就可能被骗子盯上。

二十年前，我在西安念大学时，室友的妈妈大老远从江苏坐绿皮火车来看她，在回去的路上，骗子用号称比美元还值钱的秘鲁币跟她换人民币。直到回家后献宝似的拿给老伴儿看，她才知道秘鲁币比废纸贵不了多少。她气得哭着给室友打电话，室友又好气又好笑，安慰了半天。我在县城上高中的时候，妈妈也曾在去县城的路上被几个骗子以猜扑克的骗局骗去了身上所有的钱，事后才醒悟过来，悔之不及。

时代在发展，骗子的骗术也与时俱进、花招翻新、层出不穷。

初夏的5月，槐花飘香，陈大妈从公园遛完弯，顺道去菜场买菜。刚走到十字路口，看到前面一名中年男子好像掉了什么东西，陈大妈正想过去看看清楚，就被人从后面拍了一下肩膀。陈大妈扭回头，一个穿蓝衬衫的男子神秘兮兮地凑近她脸边说："大妈，前面那个人掉了个金戒指，快，别让别人捡走了！"

"蓝衬衫"说着，拉着陈大妈就上前捡起了金戒指，塞到她手里。陈大妈一看，戒指明晃晃的直晃眼睛，掂了掂还挺沉，她心中正暗自窃喜："怎么今天运气这么好，出门买菜还捡到金戒指？"

陈大妈正低头端详戒指呢，前面掉戒指的男子突然出现，一脸焦急地询问陈大妈:"大妈,您看到一个金戒指吗?上面镶着翡翠,我前天刚买的,花了好几万呢,不知怎么一不小心就丢了,我真是太粗心了!急死我了!"

陈大妈下意识地攥紧了拳头,还没顾上答话呢,"蓝衬衫"就赶紧拉着她往一边儿走,还说着:"没,没看见。"

眼看着丢戒指的男子走远了,"蓝衬衫"停下来,跟陈大妈谈起"分钱"的事儿。"大妈,您看这金戒指挺沉,估计怎么着也值3万多块,我可以找人卖掉,要不戒指给我,我给您1.5万块,您觉得怎么样?"

"蓝衬衫"的普通话带着浓浓的湖南味儿,陈大妈半天没反应过来他啥意思。

"蓝衬衫"见陈大妈不说话,催促道:"大妈,您想好没?您要是不说话,我可走了啊,我怕一会儿丢戒指那人找回来,知道是咱俩捡了他的戒指不还,报警的话咱俩可就惨了!"

陈大妈见"蓝衬衫"一副焦急的样子,再一想自己拿着金戒指也没法儿处理,赶紧拉住"蓝衬衫":"那行吧,就照你说的,我把戒指给你,你给我1.5万。"

"哎哟,糟了!""蓝衬衫"一摸口袋,叫道。

"咋了?"陈大妈被他惊得一跳,紧张兮兮地看着他。

"我刚发现,早晨出来换了条裤子,没带那么多现金,我得去ATM机上现取。"

"那你快去,我等你。"陈大妈催促他。

"那您要是走了怎么办?我不亏大了吗?"

"你放心,我不走。"

"不行,我还是不放心,除非,您押点啥东西给我。""蓝衬衫"盯着陈大妈。

陈大妈急了:"哎呀,我六十多岁的人了,怎么会骗你?我肯定不会走的。这样吧，我这个金镯子，戴了好几年了，怎么也值个几千块，给你押着，给！"陈大妈说着，把手腕上的金手镯捋下来，递给"蓝衬衫"，"这下放心了吧？我跟这儿等着，你快点儿回来啊！"

"蓝衬衫"忙不迭地答应："唉唉唉，行了！您放心吧，我看前面的邮局里就有一个ATM机，十分钟之内我肯定回来。"

陈大妈看着"蓝衬衫"远去的背影，在路边的长椅上坐下来，定定心心地等待。

五分钟、十分钟、二十分钟……时间一分一秒地流逝，左等不来，右等也不来，陈大妈有点沉不住气了。再把整个过程仔细回想一遍，她终于明白过来自己上当受骗了，赶紧往派出所的方向走。

波波听陈大妈细细讲完整个过程，就明白这俩人是个骗子团伙。而且，监控录像里看不到俩人的正面镜头，他们往人群里扎时，总拿手遮挡着脸。波波分析，这俩人肯定是屡次使用类似手法进行诈骗的惯犯。他当即上市局执法办案平台把三个月内的诈骗案件检索出来，果然串并出来另两起类似案件，嫌疑人的体貌特征也有点相似！

肯定是他们，得抓住线索放人，不能放过任何一点儿蛛丝马迹！波波赶紧与兄弟单位联系，请求配合，然后和小飞一道赶过去，把人家的监控录像一点点调出来，反复看。俩人经过七天七夜的推敲、追查，终于初步确定两名嫌疑人的暂住地。

5月19日，波波和小飞开车赶到两名嫌疑人的暂住地——大兴区西红门的一幢简易公寓楼，通过监控室的监控录像查到"蓝衬衫"住在3栋1楼。

3栋1楼一共30个房间，俩人一间间查过去，在查到第28间的时候，发现"蓝衬衫"正和丢戒指男子在屋里包饺子呢！

"动手吗？"小飞问波波。

波波摇摇头："咱俩对他俩，不保险，别打草惊蛇了。这样，咱去监控室,把三个探头都对着他俩这个方向监视着,等待所里支援。来的路上我已经跟所长汇报过情况了,支援的兄弟应该快到了。"

波波和小飞在监控室目不转睛地盯着屏幕,生怕把这俩嫌疑人给盯飞了。突然,丢戒指的那个嫌疑人出现在保安室,从保安室溜出来后又抬头看了看探头,开始往公寓外跑,一边跑还一边打电话。

"快,行动!"波波大叫一声,窜了出去。小飞紧跟着窜出去。

男子刚跑出去50米不到,就被波波和小飞抓住了,铐上铐子带回监控室,让保安看着,波波又叫:"快,不能让那个跑了!"

俩人赶紧冲到那间房,那个"蓝衬衫"正好提着包要往外跑呢,这下刚好迎头撞上,逮了个正着!

大获全胜,班师回朝。做笔录,批手续……波波和小飞前脚刚把这俩骗子送进看守所,大伟后脚就又接报一起类似的诈骗案子,事主也是大妈,案发地也是在菜场边上,只不过这个大妈被骗走的是金项链。

"这起案子跟那一起肯定有点儿啥关联!保不齐这些骗子们都认识,说不定没事儿的时候还在一块儿交流作案经验呢!"

有了上次的经验,这次波波和小飞只用了四天就破了案,又抓了俩骗子,而且呀,这俩骗子和那俩骗子还是老乡呢!

"嘿,这也是区块链产业呀,多时髦!"波波笑得前仰后合。

夜路走多了,就会遇见鬼,骗子早晚也有落网的那一回!

警察叔叔的车你也敢偷

提起小偷,每个人都会有一肚子的话要说。大胆窃贼是我们最常用的词儿,这也说明小偷的胆子确实是大,不过,你见过跑到派出所门口来偷警察自行车的小偷吗?

社区民警老张有辆山地自行车,特别爱惜,跟宝贝似的,每天骑着来派出所上班,没事儿还要拿水管子又冲又洗的。别人都说,老张啊,你那破自行车值几个钱,现在谁还骑自行车,就你还拿它当宝贝似的!

老张一边擦洗一边说:"那可不一样,我这车是我自己亲手改装的,听说作家拿自己的作品当孩子吧,我这车也是我的孩子呢,亲生的!"

大家听了哈哈大笑。

可是,这天,老张的"亲生孩子"丢了!

一大早,老张就骑着他的宝贝座驾来到派出所,刚把车停下,就听小卢叫他:"张哥,您来得正好,我得赶紧去出警,您帮我把这些东西拿到宿舍去,行不?"

说着,小卢不由分说就把怀里的一堆东西塞给老张,然后上了警车,就一溜烟没影儿了。老张怀里抱着一堆东西,蹬蹬蹬就往楼上跑,把东西收拾妥了,又去食堂吃饭,吃完饭才想起来自行车忘了锁,赶紧跑下楼去锁车,却找不着他的宝贝山地车了!

车丢了!

什么情况？这是什么贼，这么大胆子，竟然跑到派出所门前来偷车？吃了熊心豹子胆了吧？

不行，丢车是小事儿，丢脸可是大事儿，警察"蜀黍"要是不把这个偷到自己头上的"二货"贼给抓住，那还怎么行走江湖?！哼，老张决定跟这个贼干上了！

老张来到派出所治安接待大厅，把监控录像调出来，刚好派出所门前就有一个探头，正对着他停车的地方，老张能清清楚楚地看到，一个穿黑夹克的小伙子从派出所东头的胡同里走出来，一直看着老张的山地车，都走过派出所门口几十米了，又折回来，盯着山地车看了半天，估计是看到车没锁，心里禁不住诱惑又回来的。

小伙子看看车又看看派出所大门，看里面没人走出来，索性走到车跟前，骑上就往东头胡同里面去了……这贼难道是胡同里的住家户？

老张差一点儿乐了，这贼可真够傻的，光知道盯着派出所门前看，不知道往上看，探头就在头顶上，苍天有眼嘛！

胡同靠东头还有一个探头，老张又把那个探头的录像调出来，两个探头比对一下，不就能查出贼的行踪了？

老张把那个时间段的胡同东头的录像调出来，没有，画面里没有贼的踪影！那就是说，贼就藏在这两个探头之间！而这两个探头之间，只有一个小旅馆！

行了，目标明确！老张叫上彪子，直奔派出所东边的小旅馆，果然在这儿把这个贼给逮着了！

俩人凯旋，彪子押着贼，老张推着车，喜气洋洋。大家伙儿一看，都对老张竖起了大拇指："行啊，张哥，半个小时就破案了，够神速的呀！"

老张哈哈大笑："那是，不看我是谁，老侦查员了！"

"张哥，爱车失而复得，怎么庆祝？"

老张一拍车把:"走,晚上我请客,当代商城七层,想吃啥咱就吃啥!"

大家伙儿一听,乐了:"行啦,当代商城七层一顿饭,够买好几辆自行车了!"

说起老张丢车吧,就不能不提一提社区民警小刘丢车的事儿。老张是靠探头抓到贼,小刘却是凭GPS定位仪破的案,不过都是依托技防设施。

小刘这些年做社区民警,非常清楚社区发案率最高的案件之一就是盗窃非机动车,简称"盗非"类警情,前些年是自行车,这些年换成了电动车。这种案件还不好破,除非是多次作案的惯犯,所以,车主最好的还是从防上入手。熟悉基层实际的小刘最近花3000多新买了一辆电动车,为了不让它轻易改换门庭,机灵的小刘长了个心眼儿,给车子装了GPS定位仪,车一有动静,手机就报警。

这天清晨,小刘还在睡梦中呢,手机的GPS定位系统就开始报警了!小刘赶紧起床下楼一看,果然,他昨晚上停在楼下的电动车不见了!

小刘赶紧来到派出所,彪子问他一大早慌里慌张地要干吗去,小刘说:"追贼去!"

彪子说:"行啊,你小子,上个月就抓了三个偷车贼,这么快又有线索了?"

小刘哭笑不得:"啥线索,这回是我自己的电动车被偷了!"

小刘和彪子发动警车,顺着GPS定位地图上显示的轨迹追了出去。下了三环,上四环,下了四环,又上五环,最后,终于在昌平的一家修车铺把电动车给找着了,修车师傅正拿着改锥、钳子准备把电动车给大卸八块呢!

俩人一看,哇,我的妈呀,好险!再晚来一会儿工夫,修车师傅就把车上的GPS定位仪给卸了,那可真是毁尸灭迹,小刘彻底甭想再见着车的面儿了!

偷车贼一见警察从天而降,吓得一个机灵,撒丫子就想跑,哪能让他小子跑了呀?!小刘和彪子不光把偷车贼给抓着了,还把他的窝赃销赃的老窝都给端了!老窝里堆满了电动车的零件,还有重新组装的电动车和改锥、钳子等作案工具。

这可真是收获满满,大快人心!

老张听说了小刘凭GPS定位仪端掉偷车贼老窝的故事,说道:"看来我也得给我的宝贝山地车装个GPS定位仪,省得哪天再丢了!"

警察叔叔的车还真不是好偷的呀!大胆窃贼,以后还是收收心吧!

男扮女装的偷车贼

夏夜,风微凉,天空蓝得发紫,一颗颗亮晶晶的小星星,还有弯刀一样的月亮,斜斜地钉在天幕上。在这样的夜晚巡逻,倒是别有一番情调。巡逻时常常会有意想不到的事情发生,让人在感受生活的不确定性的同时,又觉得生活值得期待。

我和波波将便衣巡逻车停靠在路边,坐在车里打量过往行人,从他们的形容举止猜测他们的身份职业,时不时地将别人品头论足一番,还挺乐呵。夏季是盗抢案的高发季节,所领导开会研究决定,除了日常的两部警车巡逻外,在夜间发案高峰时段高发案地区增加一部便衣巡逻车,打防控相结合,争取抓获现行,以达到压发案的目的。

突然,波波指着前面一个推电动车的长发女子两眼放光:"小牛,注意看那个女的!"

我顺着波波的手看过去,一名年轻女子推着一辆电动自行车沿着三环辅路独自行走,没有开车灯。她为什么一直推着走而不骑呢?是没电了,还是……

波波发动巡逻车,远远地跟在她后面,暗中观察。我们越看越觉得可疑,女子一看见身边有人经过,就把头转向另一侧以躲避别人的视线,那样子看起来特别不自在。

波波悄悄将车开到女子身后,仔细一看,电动车没有插钥匙。那么重的电动车,一般女子推起来应该很吃力,可这个女人却好像并不觉得吃力。

波波和我对视一眼,彼此心照不宣——这电动自行车很可能不是这个女子的,而是她偷来的!

波波放慢车速,继续跟着女子。一会儿,女子推着电动车拐进了一个胡同里,然后把车推进一个僻静的停车棚,准备骑共享单车离开。

我和波波赶紧下车,准备把女子拦下来盘查。不料却发现女子伸手往脑袋上一撸,得,长发女子竟然变成了短发小伙儿!"女子"手里多了一个假发套!

啥也不用说了,绝对是现行犯啊!波波一亮工作证:"走吧,跟我们回派出所!"

小伙儿被我们吓了一跳:"啊?你们,你们从哪儿过来的?我怎么没看见你们?"

我差点儿笑出来,被你看见了,我们还怎么抓你?

讯问室里,我和波波看着眼前重回男儿身的嫌疑人——你别说,这家伙长得还挺清秀的,戴上假发套,有点儿像男扮女装的某知名演员,不仔细看的话,还真是雌雄莫辨。只是此刻,他没戴假发套,身上却穿着绣花的女式衬衫,实在滑稽得很。

"说吧,电动车从哪儿偷的?"波波打量着这个"女娇娥"。

"警官,其实,我一开始真没想偷,都怪这车吧,它搁在那儿好几天,它也不锁,我每天上下班都从天桥底下过,每次看见心里都痒痒的,后来,我……"

偷别人的车还怪人家的车勾引他,我想起以前在公安大学读研时,王大伟教授给我们讲犯罪预防学的时候讲过,出远门前,要托邻居每天把门上牛奶箱子里的牛奶取走,还有,建筑物的破窗要及时修好,停放在固定地点的车辆要及时清洗……否则,都会引发犯罪分子的邪念,诱发犯罪,这在犯罪预防学上叫"破窗效应"。

美国斯坦福大学心理学家菲利普·津巴多在1969年做过一项实验,他找来两辆一模一样的汽车,把其中的一辆停在加州帕洛阿尔托的中产阶级社区,另一辆停在相对杂乱的纽约布朗克斯区。停在布朗克斯区的那辆,他把车牌摘掉、顶棚打开,结果当天就被偷走了。而放在帕洛阿尔托的那一辆,一个星期也无人理睬。后来,津巴多用锤子把那辆车的玻璃敲了个大洞。结果呢,仅仅过了几个小时,它就不见了。

以这项实验为基础,政治学家詹姆士·威尔逊和犯罪学家乔治·凯琳提出了"破窗效应"理论:如果有人打坏了建筑物的窗户玻璃,而这扇窗户又得不到及时的维修,别人就可能受到某些示范性的纵容,去打烂更多的窗户。久而久之,这些破窗户就给人造成一种无序的感觉,然后在这种公众麻木不仁的氛围中,犯罪就会滋生、猖獗。据此,环境中的不良现象如果被放任,会诱使人们仿效,甚至会变本加厉。

我盯着嫌疑人:"车没锁你就要偷走?那是你的车吗,你就偷?这是违法犯罪你知不知道?"

嫌疑人猛点头:"知道,知道,警官,我知道我错了,当时我也没想太多。"

"没想太多?不对吧?"波波圆溜溜的小眼睛一转,"特地男扮女装,还叫没想太多?我看想得不少!"

嫌疑人的脚动了动,肩膀缩了缩:"我,我,警官,我……"

波波把假发套往嫌疑人跟前一扔:"这假发套哪儿来的?"

"我从超市买的。"

"身上穿的女式衬衣呢?"

"我女朋友的。"

"把作案过程详细说一说。"

"这几天,我每天上下班从天桥底下经过,都看见这辆电动车停在那儿,而且也没有上锁,刚巧我也想买一辆电动车,就想着干脆把这辆骑回家算了。今天下班,我又特意看了看,这辆车还在那儿,我就去超市买了一个假发套回家,等到天黑以后,穿上我女朋友的衬衫,骑着共享单车来到天桥底下,看看周围没人,我就把车推回到我家胡同里的停车棚,想着明天找开锁匠把锁打开。谁知道,你们就出现了⋯⋯"

"是啊,我们不出现,电动车就彻底换了主人了!"波波冷笑道,"你难道没听说过魔高一尺,道高一丈吗?"

男子叹口气,不说话。

"你女朋友知道吗?"

男子赶紧摇头:"她上夜班呢,不知道,哪好意思告诉她啊?"

这叫什么逻辑,不好意思让女朋友知道,你就别干这种偷鸡摸狗的事儿呗,我说:"要想人不知,除非己莫为。"

"是,是,是,警官,我知道错了,我改,我改,我以后再也不贪小便宜了。"

人哪,总是要吃了教训才知道改。不过,也是好事儿,最起码他还知道错、打算改,有药可救。

"为啥男扮女装?"波波飞快地在电脑上敲笔录。

"怕,怕被人发现。"嫌疑人老老实实承认。

将嫌疑人送进看守所,我和波波又开着车,来到天桥底下,张贴车辆寻主告示。

两天后,一个中年男子来到派出所找我:"警官,那辆白色电动自行车是我的。我前几天要出差,当时刚好下雨,我就把电动车停在天桥底下,寻思着等出差回来取,谁知道,回来却不见了。"

"你的电动车有什么特征?"我问。

"我把买车的发票拿来了,您看,这是车的钢号⋯⋯"男子从包里掏出发票让我看。

我拿着发票,带这个男子去车棚核对,"你的车当时怎么不锁?"

"嘿嘿,忘了,我是个马大哈,老是丢三落四。"男子摸摸头,不好意思地笑了。

我想起王大伟教授讲的犯罪预防理论,跟他开玩笑道:"以后细心点儿吧,别再勾引别人犯罪了。"

"好嘞!谢谢您,警官同志!"男子笑着,骑上电动车驶出了派出所小院。

警匪零距离

周末的夜晚,大伟和小飞在十字路口设卡盘查。市局正在开展打击克隆出租车专项活动。

他俩全副武装,警用装备佩戴齐全,警服外面穿着反光背心,挥舞着反光棒,小飞的肩上还背着长枪,很有点儿动画片里机器战警的感觉。

大伟一双圆圆的小眼睛炯炯有神,四处打量着过往的人群车辆。一个青年男子骑着电动车从南边迎着他们驶过来了,走到十字路口,看见警车就停了下来,关掉车灯,掉转车头,又往回走了。

这个男子不对劲啊,看见警车干吗要掉头跑?还把车灯关掉,肯定有事儿,像这种鬼鬼祟祟的人多半是做贼心虚。大伟一寻思,给小飞做了个手势:"上车,追!"

将男子逼停后,大伟出示了工作证:"你好,请出示身份证!"

男子乖乖把身份证拿出来,大伟拿核录仪一查,这人虽然没有红色预警信息,却有两次盗窃前科,被朝阳分局处理过,是个惯偷。

男子的电动车前车筐里放了一个鼓鼓囊囊的包。"请把包打开。"大伟不动声色,平静地说。

男子拿包的手抖了抖,支支吾吾起来:"那个,那个,那个里面没啥东西,就是一些吃的。"

"请把包打开,配合我们接受检查。"大伟还是很平静,语气不焦不躁。

"你们凭什么查我?我像坏人吗?那么多人你们不查、怎么偏要查我?"男子急了,梗着脖子叫。

"按照《人民警察法》的规定,任何公民都有接受公安机关检查的义务,请把包打开。"大伟加重了语气。

盘查核录看似简单,却是个技术活儿。对方再着急,警察不能急,一急就容易失去理性,让自己变得被动。如果遇到别有用心的人,偷偷把警察的失态录下来放到网上,那就糟糕了。去年夏天,广东发生一起警察盘查核录身份证、对方不配合还挑逗民警情绪,然后偷偷录像放到网上的事件,给警察形象造成恶劣的影响,也给警察的核录工作造成很大的困扰。网络时代,警察在公众面前的言行稍微不注意,就可能让自己陷入被动,必须时刻注意理性、平和、文明、规范,不能把自己推到风口浪尖上。

男子终于无话可说,慢吞吞地将包拉开,小飞一件件把包里的东西拿出来,苹果手机、手电、手套,还有厚厚的一沓钱。

显然不正常,这手电和手套不是作案工具还会是什么?大伟不动声色地指着钱问:"这是多少钱?"

男子瞅了一眼钱:"三、三四千吧。"

大伟看了看他,拿着手机问:"手机号码?"

"我,我……"男子嗫嚅着说不出来。

"说吧,钱和手机都是从哪儿来的?"大伟突然厉声问。

男子吓得抖了一下:"警官同志,警官同志,我,我,我……"

"我什么我?自己有多少钱自己不知道?自己手机号码也不知道?"小飞冷冷地盯着男子,"手电和手套干吗用的啊?瞧这家伙,准备得够全的啊,老手吧?老老实实交代,快说!"

男子终于扛不住了,还真是个惯偷!这天晚上,他照例带着作案工具出来闲逛,骑着电动车到处踅摸,寻找作案目标。走到老街平房那块儿时,听到两个姑娘说话,说公司老板打电话有急事儿,得立即回公司。

他就藏在暗处等,姑娘们走了以后,他推门发现门已锁,正想撬锁,却发现窗户开着,窗户边还放着一个双肩包,男子窃喜:"天助我也,真是踏破铁鞋无觅处,得来全不费功夫。"

男子从窗户伸手进去,将放在桌子上的双肩包偷了出来,把包里的手机和钱拿出来,又把包原封不动放了回去。

男子美滋滋地骑着电动车撤离现场,心里还在想,今天这票干得漂亮啊,轻轻松松一点劲儿也不费!谁知道,刚拐出胡同,就碰见警察了,自己竟成了那只撞到猎人枪口上的可怜的兔子!

"走吧,跟我们去现场指认!"小飞把铐子给男子铐上,把男子的电动车放到警车上,拉着男子回到胡同里。

女事主刚回到家,一看警察来了,赶紧叫:"警官,警官,我要报案!"手里拿着那只双肩包。

大伟笑:"报啥案?是不是被盗了?"

姑娘睁大眼睛:"咦,你们怎么知道?"然后,看看戴手铐的男子,"这是……"

"这是偷你钱和手机的贼,我们给你抓住啦!"

这个窃贼作案这么多次,这次怕是作案最顺利的一次,当然,也是被抓最快的一次!

笨贼一箩筐

在派出所这么多年,见过各种各样的贼。并不是每个贼都是胆大狡猾的,其中也不乏蠢萌搞笑的,给我们茶余饭后添了许多谈资,也给我们的生活增添很多乐趣。

做贼要低调

夏天是入室盗窃案件的高发季节,2016年8月,我们辖区的一个老旧小区接连发生4起入室盗窃案件。大伟经过现场勘查,发现全是溜门入室盗窃,作案手法类似,再查看监控录像,仔细比对后基本确定这些案件系同一人所为。大伟推断,这个贼应该就住在周边。

确定侦查方向后,大伟将嫌疑人的照片放大打印出来,到案发小区附近走访。这一访还真访出线索来了,一个快递公司的负责人拿着照片端详半天,点点头:"嗯,好像有印象,前几天有个人来应聘,跟这个人长得特别像,个头、脸盘儿都像!"

大伟一听,顿时兴奋起来:"那这个人呢?在你们公司吗?"

负责人摇摇头:"我们当时不缺人手,就没留他。"

大伟一听,失望地叹口气。

谁料负责人接着又说道:"不过,他留了个电话。"

"啊?那你快找找啊!"大伟心想,这个人可真是够淡定的。

拿到电话号码,大伟立即拨打,却一直都被提示对方关机。这可咋整,大伟挂了电话,眉头锁得更紧了。就在这时,微信提示有信息,大伟打开微信一看,嘿,真是踏破铁鞋无觅处,得来全不费功夫,大伟的微信显示这个嫌疑人竟同意将其添加为联系人!

大伟赶紧点开嫌疑人的微信来看,谁知道这个人微信内容竟然是对任何人都开放的,其朋友圈里面,不仅有他自己的照片,还有苹果手机、笔记本电脑……这个十九岁的小贼还真是高调啊!

大伟抓住他的时候,问他年纪轻轻怎么不学好,偏要干这个,他居然理直气壮振振有词:"我就小学毕业,也没文化,来北京打工,找工作也找不着,手里的钱越来越少,不干这个还能干啥?"真是"我弱我有理",这是什么逻辑啊?

得,这个贼呀,可真不是一般的高调啊!

窃贼恋上了女事主

这天上午 10 点,美女小燕突然发现,下午开会要用的文件前天落在家里了,连忙急匆匆往家赶。回到家,她掏出钥匙开门,却发现房门被从里面反锁了,她趴在门上仔细一听,里面好像还有轻微的响动。

不对,小燕想起上周自己放在床头柜里的 800 块钱不翼而飞了,难道说,家里遭贼了?

得赶紧报警,小燕拿出手机。她转念一想,不行,万一警察来得稍微慢一点,这个贼可能就跑掉了,保不齐贼出来看见自己再把自己揍一顿啥的。小燕突然想起来,在一次社区居民报告会上,社区民警张警官留了电话,她赶紧拨通张警官的电话。

老张刚好正在社区里入户走访,接到电话五分钟不到,就带着开锁匠赶过来了。打开房门一看,贼正在小燕床上睡大觉呢! 小燕发现,自己竟然还认识这个贼,他就是住在隔壁出租屋的小李,平常见面还跟自己打招呼!

原来,前些天小李偶然发现小燕把钥匙落在锁头上没有拔下来,就偷偷将钥匙拔下照样配了一把,又原样放回。粗心的小燕竟然没有发现异常。有了小燕的钥匙,小李上周就趁小燕不在家,开门进去偷了800块钱。没想到,小燕居然没报案。这下小李胆子更大了,今天凌晨趁小燕没回家,偷偷开了门,进到小燕家里,又从抽屉里偷了500块钱。

大半夜的,小李偷了钱还舍不得走。他在小燕家里这转转那转转,想着小燕的身影,闻着屋里的味儿,后来索性躺到小燕的床上美滋滋地睡着了。

小燕这才知道自己竟被隔壁的窃贼暗恋上了,真是糟心得跟吃了个苍蝇似的。怪不得人家说,不怕贼偷,就怕贼惦记,这样的暗恋者,真让人受不了!

销赃销到了老巢

春节前,在电子城经营手机摊位的老陈打电话报警:"我卖的手机被买家调包了!"

大伟和小飞赶到现场,年关将至,电子城生意红火得很,好多人来老陈这儿给朋友挑选礼物。老陈说:"今天中午,一个穿着体面的中年男子来到店里,说要买手机,还要买高档手机。我就拿出四部最新款的苹果手机给他挑。当时店里人太多,他在那儿摆弄手机,我也顾不上多看。他摆弄了一会儿,说今天没带那么多钱,让我把手机先收起来,他去自动取款机取了钱再来。那个人走了以后,我打算收起前面拿给他看的手机,这才发现有一部苹果手机被他调了包,那根本就不是我卖的手机,而是一部旧手机!"

大伟和小飞听了老陈的叙述,到中控室把那个时段的监控录像调出来让老陈辨认,基本确认了嫌疑人的模样。接下来该往哪儿找呢？大伟大胆推测，这个贼说不定就在电子城的某一层楼销赃呢，逐层走访摸排，事不宜迟，现在就去！

大伟和小飞正在电子城逐层走访，突然接到老陈的电话："警官，你们快来，我找着那个贼啦！"

啊，这么快？大伟和小飞赶紧回到老陈的摊位。"我刚刚接到朋友的电话，说有一名中年男子向他推销一款苹果手机，所以他想知道那款手机现在卖啥价钱。我突然想起我刚丢的手机，就问我朋友卖他手机的人长什么样。我朋友一说，我就明白了，这不就是偷我手机的贼吗？我就让朋友想办法拖着他，警官，你们快去帮我把他抓住啊！"

大伟和小飞立即赶往老陈朋友的摊位，把这个男子给控制住了。原来，他干这种偷梁换柱的事儿已经不是一回两回了，绝对是个老手，没想到这回栽了！

偷到了警察家里

林子大了，什么鸟都有。有销赃销到事主老巢里的笨贼，也有偷到警察家里的倒霉蛋儿。

中午上完勤务，我回到宿舍，欣欣和小君正在聊天，聊得眉飞色舞，时不时地爆发出阵阵笑声。"你们聊啥呢？聊得这么开心！"我不由得也想加入。派出所最不缺的就是故事，在市局和分局机关干了十几年的欣欣常说，来了派出所以后，才发现这个世界是那么有趣，很多人一辈子都不会见到的事儿，在派出所全见识了。

"嘿，咱们辖区前些天不是入室盗窃案件高发吗？今天全破了！"

"啊？都破啦？"我一听，瞪大眼睛。前些日子，我们辖区半个多月连发了五起入室盗窃案件，所长和政委急得都睡不着觉。

"刑警真厉害，一起起勘查现场，分析作案规律。在抓取系统里的大数据比对,终于把嫌疑人抓着了,是一个团伙。你说他们多有意思,还在楼道里用粉笔画记号呢,加号就是这家还得继续观察,叉叉就是这家没钱,对勾就是这家可以搞……"欣欣越说越兴奋。

"虾有虾道,行有行规,各有各的路数。贼也是形形色色五花八门,好玩着呢!"小君跟着说。

"是啊!"欣欣说,"我一个同学,老公是刑警,成天出差办案不在家。去年夏天,她跟孩子在家睡觉,夜里有贼钻窗进来,她都不知道。第二天早晨起床,她才发现家里被盗了,幸亏抽屉里也就千把块钱,别的也没啥值钱东西,手机小偷也没拿,估计是嫌旧看不上!"

"后来呢?她报案了吗?贼抓着了吗?"我赶紧问。

"报案了,但是没线索,一直没抓着。可是,你猜怎么着?贼今年自投罗网了!"欣欣神秘地一笑。

"怎么自投罗网了?"我和小君一脸疑惑。

"嗐,这个贼呀,还挺恋旧,今年春天又来他们家了!这回她老公刚好在家,半夜1点多,我同学本来想起来上洗手间,却听到窸窸窣窣的声音,她就没动,悄悄在暗处观察,然后就看到那个贼从窗户里钻进来,贴着墙根儿往客厅走呢!我同学轻轻捅了捅她老公,她老公一个激灵,从床上爬起来,也没穿鞋,一个箭步冲上去,勒住贼的脖子就把他给撂倒了!"

"哈哈哈,偷到刑警家里,可不是自投罗网吗?"我和小君都笑。

"然后,她老公就直接把他铐上铐子给扭到派出所了!他这才知道偷到了警察家里,还纳闷地问,我去年来的时候,怎么不知道你们家有警察?她老公一听,惯偷!必须深挖,串并案,上手段,查轨迹……得,连这个贼的老窝都给端了!"

"这个贼不仅点儿背,关键人也太笨,还没等警察问呢,自己全招个底儿掉!"小君哈哈大笑。

"笨贼多着呢!你们还记得前年我巡逻时抓到的那个在逃犯

吗?"我想起那个撞到我怀里的抢劫犯。

"记得啊,你可是咱们所第一个巡逻抓获在逃犯的女民警呢!"欣欣对我竖起了大拇指。

我有点儿不好意思:"其实,也有运气的成分。当时,我带着俩辅警去地铁口巡逻,那对小情侣向我问路,我一看这个男青年盯着我手里的核录仪看,眼神明显不对劲,我就问他要身份证,他倒也配合。没想到我拿过来一刷,竟然是个红色在逃犯,河北省厅三天前才给他上的在逃,他抢劫了过路人的手机。我就不动声色对他说,你的身份证消磁了,跟我们去前面警务站处理一下吧。他也没当回事儿,就跟我们走了,一到警务站,就被我们给摁那儿铐上了!"

"这个在逃犯落网可真够快的,才三天!他一定没想到!"

"嗯,我后来分析,他也是大意了,怎么可能刚刚在河北作完案,北京警察就能知道呢?"

小君说:"哈哈,他不知道现在都移动互联时代了吗,我们公安局当然要与时俱进,才能跟犯罪分子斗智斗勇啊!"

我又想起以前在西城时的趣事儿:"是啊!我以前在西城分局的时候这种事儿也发生过。那还是 2009 年,那会儿还没手执核录仪呢,我的俩同事巡逻时,两个中年男子鬼鬼祟祟盯着他们看,还嘀嘀咕咕说着什么。同事就上前问他们要身份证,然后用电台跟所里报身份证号码,让所里的同事上网核查。果然,这俩人三年前在东北老家把人打伤,负案在逃。后来,这俩嫌疑人自己承认,当时就是好奇北京的警察怎么能查出他们以前在外地作过的案!"

"你说,竟有这么笨的嫌疑人!这可不是自投罗网吗?张学友的演唱会,据说每次都能抓好几个嫌疑人!怎么他们就非得往警察的网里钻呢?"

真的是笨贼一箩筐!"感谢"这些"可爱"的笨贼们,为我们枯燥的生活增添了笑料。

零 口 供

在公安、司法机关办理的刑事案件中,口供是指犯罪嫌疑人对自己的犯罪行为所作的供述和辩解。零口供是指在刑事诉讼中,犯罪嫌疑人对自己的犯罪行为只作无罪的辩解,拒绝作有罪供述或保持沉默、缄口不言的情形。

口供作为一种法定的证据形式,既是直接证据,又是原始证据,在证明力上具有举足轻重的地位,被称为"证据之王",对证明案件事实确实具有独特的证据价值。在相当长时期的刑事司法实践中,办案人员曾存在轻信口供的错误证据观,甚至为追求口供而采取刑讯逼供等非法手段。《刑事诉讼法》第53条的规定使口供的证据价值得以重新定位,该条规定,对一切案件的判处都要重证据,重调查研究,不轻信口供。只有被告人供述,没有其他证据的,不能认定被告人有罪和处以刑罚;没有被告人供述,证据确实、充分的,可以认定被告人有罪和处以刑罚。

这就是说,犯罪嫌疑人的口供既不是定罪处罚的充分条件,也不是定罪处罚的必要条件。在办案实践中,警察应提高侦查技能和讯问水平,以求得犯罪嫌疑人口供之外的证据,不能过于依赖犯罪嫌疑人的口供,要强化证据意识和取证能力,在遇到零口供案件时能够通过完整的证据链来将犯罪嫌疑人绳之以法。

零口供挑战了公安、司法机关传统的办案模式,对办案民警提出了更高的要求。以前,公安、司法机关往往围绕犯罪嫌疑人的口供侦办案件,搜集和固定证据,反过来验证犯罪嫌疑人的口供,即所谓"由供到证";而零口供则要求办案人员必须提高业务水平,改变传统的办案模式,实现"由证到供"。

2014年冬天,派出所接报一起抢夺案,一名中年女子在街上行走途中,被一名青年男子从后面将其戴在脖子上的金项链抢走。波波和大伟通过查看监控录像很快将嫌疑人孙某抓获,但该人拒不承认其抢夺行为,坚称民警抓错人了,还扬言:"你们有本事把我送监狱里去啊!"

嫌疑人的身上没有搜到赃物,其住处也没起获赃物,缺少关键的物证;没有证人;没有口供;仅靠模糊的监控录像是无法认定犯罪事实的。大伟一筹莫展,眼睁睁地看着嫌疑人在讯问室气焰嚣张。波波却没有放弃,他将监控录像放大,仔细搜寻每一点蛛丝马迹。突然,波波的小眼睛亮了,他在录像中看到被抢女子的脖子上有血迹。波波和大伟立即开车带被抢女子去做DNA鉴定,随后,又带嫌疑人去做DNA鉴定,果然,鉴定结果证实孙某就是犯罪嫌疑人。紧跟着,波波和大伟又调查了孙某的同住人员和邻居,调取了孙某的支付宝转账记录,终于将物证和收赃人找到。在完整的证据链面前,虽然孙某仍然抵赖,最终却还是难逃被判刑的命运。

有些嫌疑人迷信社会上流传的"坦白从宽,牢底坐穿;抗拒从严,回家过年"的说法,认为越老实越吃亏,警察专捏软柿子,自己只要顽抗到底就万事大吉,警察又没抓住现行,拿自己也没办法。

零口供案件之所以难办,是因为需要在犯罪嫌疑人或违法行为人供述缺失的情况下,办案人员单独侦查并形成完整的证据链。这就对全方位收集证据提出了更高的要求,办案人员要强化证据意识,把主要精力放在证据收集上,做到有无口供一个样。

社区民警老张的社区发生过一起入室盗窃案件,女主人放在抽屉里的8000元现金和一部手机被盗。老张经过调看监控录像和走访社区居民,确定嫌疑人为有盗窃前科的外地男子李某。可是,在讯问过程中,李某却一问三不知,"不知道,没去过,不清楚"。但是,刑侦支队技术队从现场提取到的一枚烟头上的DNA正好与李某的符合,老张又在走访居民的过程中,了解到李某平时爱抽这种牌子的香烟,案发当日也曾在现场周边出现过……一系列的证据链条终于将李某送进了看守所,老张对刑侦技术人员佩服得五体投地:"还是高科技灵呀,光靠我们过去那老一套玩不转了!"

借鉴《刑事诉讼法》第53条的规定,《治安管理处罚法》将零口供原则引入治安案件中,在第93条中规定:公安机关查处治安案件,对没有本人陈述,但其他证据能够证明案件事实的,可以作出治安管理处罚决定。但是,只有本人陈述,没有其他证据证明的,不能作出治安管理处罚决定。这对正确查处治安案件具有重要意义,违反治安管理行为人的陈述不仅具有虚假的可能性,还具有不确定性,如果仅以违反治安管理行为人的陈述为依据认定案件事实,没有其他证据,而违反治安管理行为人出于自身利益考虑,随时有推翻其陈述的可能。一旦出现这种情况,公安机关将非常被动,而且也不利于维护法律的严肃性。因此,在查处治安案件时,一定要以事实为依据,全面收集证据,特别是除违反治安管理行为人陈述以外的其他证据。

有一次,民警根据线索,前往某出租房内抓捕涉嫌吸毒的违法行为人孙某,拟将其传唤至派出所接受讯问。民警到现场后,一名男子正在屋里看电视,该人面对其尿检阳性的检测结果和吸食毒品工具冰壶被查获的事实,仍然坚称自己没有吸毒,房子是朋友租的,自己只是借住一晚,至于冰壶,并不知道是怎么回事。该人没有吸毒前科,现场又无其他证人……不过,民警最后还是在技术部门的支持下,提取到该男子留在冰壶上的DNA,将其送进拘留所。

新形势下,基层派出所要承担大量侵财案件的侦破任务,面对严格执法监督和刑侦工作转型的大背景,办案民警积极转变思维和办案模式,强化证据意识,提高取证能力,提升办案质量和水平才是王道。

第二篇
情在心中

缘　　分

金色盾牌,热血铸就。一名优秀的警察,不仅要有血有肉有信仰,更要有情有义有担当。特别是派出所警察,如果心中没有对老百姓的真情和对生活的热爱,在当前的社会环境下,恐怕是很难坚持下来的。

当下社会,人们很容易焦虑,派出所警察身处社会治理的最基层,每天与各类群众打交道,面对社会转型期的种种矛盾和利益诉求,一不小心就容易引火上身,成为群众发泄情绪的对象。然而,人都是有感情的,如果你用心去对待群众,往往也能收获群众的真心。所谓缘分,全靠人修。

不得不承认,缘分这东西真的很奇妙,它会带给你小小的欣喜和意外的感动,有时还会带给你对生命的领悟。我至今不能忘记十年前因一次巡逻和李大妈结下的一段缘分。

十年前,我还在西城分局,刚从机关到派出所,负责文字材料工作,但由于所里警力严重不足,我也常常被派出去巡逻。这天一大早,我就接到警长的电话:"小牛,今天你和朱哥上5004巡逻车,巡皇城根南街,9点到12点,带齐警用装备!"

"OK!"新的一天又在巡逻中开始了。春天的风吹在脸上很舒服,杨树叶子已经长那么大了,为来来往往的行人织下浓密的绿荫,花儿也都谢了。整天忙于琐事,竟然未来得及欣赏这大好春光,我的心思有点恍惚起来……

"山上的山花开呀,我才到山上来……"突然响起的手机铃声将我拉回到现实中来,我一看,哟,所里指挥室的,肯定有警情,赶紧接通电话。"小牛,皇城根南街 28 号农贸市场附近有一老人摔倒了,你和朱哥赶紧过去看看!"电话那头张姐的声音很是着急。

"皇城根南街 28 号? 就在前面,咱们一路找过去!"朱哥一踩油门,我仔细踅摸着马路两边,唯恐一不小心给错过去。

"朱哥,你看前面好多人,肯定就在那儿!"

"应该是,咱们赶紧过去!"朱哥刚把车停稳,群众就围了上来。"这下好了,警察来了,你们快来看看,这个老太太刚才突然晕倒了!"大家你一言我一语,都很着急,谁说现在的老百姓都只管自己门前雪,还是热心人多呀!

当你混迹于网络,会以为这个社会物欲横流,人们心中充满了戾气;可是,当你回到现实,用心去观察,就会发现生活中不乏让人感动的点点滴滴。

老太太头发花白,看样子有七十多岁,坐在马路牙子上,旁边的小推车里还有半袋子大米,身上还有土,后脑勺上鼓起了一个大包,估计是摔的。看到老太太神志清醒,我俩稍微放下了点心。

"大妈,您血压高吗? 心脏好吗?"朱哥蹲下身子询问。

"我血压不高,心脏也挺好的,平常没啥毛病,今儿也不知道咋的,突然就晕倒了。"

"大妈,您叫什么名字? 家住哪儿?"

"我叫李翠英,住在前边的大院胡同。"

"您家里还有什么人呀? 知道家里的电话吗?"朱哥问老太太。

"我老伴儿在家,他八十二了,身体不好。我有个儿子,他正上班呢。我记不住家里的电话,也记不住儿子的电话。"

"您现在感觉怎么样? 我们是把您送回家还是送到医院?"

"我这会儿好多了,你们把我送回家吧。"

"行!"朱哥又看了看老人脸色,估计没什么大碍,决定把老人送回家。朱哥记了一个围观群众的名字和电话,我俩把老人扶上车。

"您坐稳了,咱一会儿就到家了。"我在旁边安慰老人。谁知道,车刚开50米,老人脸色就变了,有点发白。我赶紧把车窗摇下来,老人趴在车窗上就吐了起来。

"朱哥,快停车,咱还是得叫救护车!"我看着老人,心紧张得咚咚跳。

朱哥把车停在路边,立即拨打120,然后扶老人下车坐下来。我则跑到旁边的小店买了一瓶矿泉水,给老人喝了点水。

"赶紧联系老太太家里人!"朱哥命令。

我立刻给所里指挥室打电话:"上网查查家住大院胡同的李翠英老人儿子的电话,跟他联系,让他马上到皇城根南街!"

安排完这些,我俩的神经也不敢有丝毫放松,不禁都有点后悔刚才做出送老人回家的决定了。我俩一边陪老人说话,一边等待救护车和老人的儿子。

半个小时后,老人的儿子骑着电动车来了,"妈,妈,您怎么样了?没事吧?"眉宇之间满是担忧。又过了两分钟,救护车也来了。跟急救医生交代清楚状况之后,我俩才放下心来。看看表,已经11点了,我俩继续巡逻。

如果到此为止,那我和李大妈就只有一面之缘。可事实证明,我俩的缘分还未尽呢。一周以后,我又到皇城根南街巡逻,这次是步巡,溜溜达达倒也惬意。正在我核查过往的行人时,一个熟悉的声音从不远处传来:"警官,那天是你吧?"

我一抬头,就看到李大妈和老伴走过来了。还没等我开口,李大妈就紧紧地拉着我的手,连珠炮似的说了起来:"我记得没错,就是你,闺女!我现在全好了,谢谢你啊,还有那个男警官!有你们这样的警察,咱们老百姓心里才踏实呀!"

老爷子也是一个劲儿地谢我。两位老人如此的亲切和热情,让我心里很是感动。一个连自己家和儿子电话都记不住的七旬老人,却对仅有一面之缘的我记得如此深刻,这不仅是我和老人的缘分,也是警察和老百姓的缘分呀!

两位老人渐渐地走远,我却在想,缘分要靠人去修,警察该怎样去修和老百姓之间的缘分呢?那就是以真心换真心。这个道理,十年后再一次在我和老百姓的身上得以验证。

2018年的"五一"劳动节,对我这个从警十三年的老警察来说,和以往任何一个劳动节并没有什么不同,仍旧是一如既往地在工作岗位上度过。

对派出所警察来说,劳动节那可真是货真价实、不折不扣的劳动节。凌晨2点,别人都还在酣睡,警长波波就带着同事们出发,奔赴天安门广场执行升旗勤务。这是市局的统一调警,在重大节日和安保活动期间,是常有的事儿。

头天晚上,波波就对我说:"小牛,我们明早要去天安门广场看升旗,就不带你玩了啊,你在家里好好看家,给小狗们上户口吧,哈哈!"

派出所的苦和累反倒造就了大家幽默乐观的人生态度,我们把执勤巡逻出警统统都叫"玩",大家见面打招呼,不说"干吗去",都问"上哪儿玩啊"。

一年一度的养犬年检又开始了,派出所又该给小狗们年检、登记、上户口了。说起来,公安局可能是在政府各部门中管得最宽的了,不仅要管人,还要管狗。

"朝阳最近发生一起流浪犬咬伤5名儿童的恶性事件,咱们得加大执法力度,一定要杜绝此类事件在咱们辖区内发生……"分管治安的王所在全所会上很严肃地对大家说。

这些日子,我在每天傍晚接孩子的路上,都能看见王所带着几个民警,拿着抄狗的网子在街边溜达。那滑稽的样子总是让儿子笑得前仰后合,我想许多老百姓看见这样的警察大概也会觉得滑稽可笑吧!这哪像电视里演的威风神勇的警察啊!在派出所工作越久,我对警察工作的认识也越务实,不再有追梦少年的幻想,只想踏踏实实做好每一件事,收获一份实实在在的感动。

"五一"这天开始集中办理养犬登记和年检,可是,根据我的经验,这天通常没几个人来。我提前在社区民警微信工作群里发信息,请各位社区民警联合居委会搞好宣传发动;又翻出已办证的养犬人信息,挨个儿打电话,委婉提醒他们带爱犬来年检。

半个月过后,这项工作进展得还是不理想。我和小北决定按分局的要求,带着发票下社区,服务上门,现场办证。

"姐,咱得加强宣传力度啊!"小北是所里去年新分来的研究生,高大魁梧的山东小伙儿。

"没错儿,得做到老百姓家喻户晓才行!"

5月18日,星期六,我俩放弃休息,把阵地选在辖区最大的小区。为了提高群众的办证热情,我们还邀请了辖区有名的动物医院助阵,办证群众凭年检发票可免费打狂犬疫苗。

功夫不负苦心人,老百姓一个个抱着小狗高高兴兴地来了,年检完再打针,一条龙服务。不停地有人夸赞:"现在的警察,可比以前亲切随和多了!"

还有几个大妈,嘟嘟囔囔地给我们提意见:"那个16号楼就有一条大狗没办证!"

我赶紧问清楚:"大狗五环内不准养的!16号楼几层几门,我们这两天就来查清楚,该收的得收!"

大妈看看左右的群众,反倒畏首畏尾的不肯说了:"那我也不知道……"

我明白大妈的顾虑,作为守法公民,看见不守法的人逍遥法外,心里觉得不公平,但又不想得罪人。这就是许多中国老百姓的心态吧。

"行,我们这两天巡逻来再看看。"我不再执意追问她,编了条微信发给社区民警小张,请他留意16号楼附近的大型犬。

10点多钟,来办证的群众越来越多。我和小北一人负责收钱,一人负责开票、登记和贴年检标,忙得不亦乐乎,今天总算小有收获了。

一直忙到中午12点多,看看没人来了,我俩才收兵回营。

"小北,我下午要出去上勤,辛苦你把今天的钱和票核对、整理出来,然后输到系统里。"我交代小北。

"放心吧,姐。"小北一口答应。这个小伙儿工作热情很高,就是说话很直,又冲,领导老担心他被群众投诉。只要民警被投诉了,督察不管民警有没有问题,都要通报派出所、扣分,查实扣2分,查否扣0.5分。

下午5点,我接到小北的电话:"姐,有只狗的信息在系统里找不到。"

为什么会找不到?我管了四年狗,还是头一回碰见这种事。

我想了想,回复他:"你用登记本上狗主人的身份证号和犬证上的号分别查一查,再对一对试试。"

过了一会儿,小北又打过来:"姐,找着了,原来这只狗去年没来年检!不应该呀,这只狗已经十三岁了,年年都来年检,怎么就去年没来呢?"

"先给狗主人打电话问一问,这种情况得注销旧证,交1000块重新办证,她不是已经交了今年年检的500块了吗,那就还得再交500块。"我叮嘱道,"说话跟人家客气点儿。"

十分钟后,我又接到小北的电话:"姐,这个狗主人去年夏天带小狗回老家,没在北京,所以没来年检。我跟人家讲这个政策,人家说小狗本来去年夏天就没在北京,凭什么还要交钱年检!"

是啊,凭什么?我也没法儿回答。可是,要是不补交钱、重新办证的话,这条狗就没法儿录入系统,就成了黑户!公安局用的好多系统都是请社会上的公司开发的,基层实践中的各种复杂情况有时难以全面涵盖。不仅如此,制定政策的人有时也脱离实际。这种情况可能导致实践中发生各种问题和冲突,挨骂的只能是直接跟老百姓打交道的派出所民警。

"姐,你先忙吧,我一会儿先去趟这个人家,劝劝她。"

"那好吧,也只能这么着,不过你说话可得委婉点儿。"我还是不放心,既担心狗主人不肯补交钱,又怕小北说话不好听,万一把人家惹毛了投诉他,麻烦就大了。

等我撤勤回到所里,小北一脸委屈地跟我说:"姐,人家不肯补钱,还把我给骂了一顿,说什么公安局不讲理之类的!"

我安慰小北:"呵呵,我早料到这个结果。好歹人家没投诉你,就算不错啦!"

小北皱着眉头:"那现在咋办?难道要咱自个儿贴钱吗?"

我沉吟了半晌,是啊,咋办?难道真要为了公家的事儿掏自己腰包?关键是,就算我们掏腰包,这只狗也上不了户:系统的设计是,只要有一年没年检,就只能注销重新办证;办新证是 1000 块,和补交钱换新证一样。也就是说,旧证事实上已经作废了,她要是不办新证的话,明年还是没办法年检。所以,无论怎么着,都得说服那个狗主人。"我一会儿去幼儿园接了孩子,再去一趟吧。"

从别人口袋里掏钱,这可真是个艰巨的挑战啊!我跟王所汇报,王所再三叮嘱我要言辞委婉恳切,又给我派了一个能说会道的社区民警斌哥陪我一起去。

斌哥开车拉着我和儿子,直奔太阳园小区。"妈妈,咱们这是要去哪儿啊?"儿子问我。

我赶紧嘱咐儿子："妈妈和叔叔去办事儿。宝贝乖,一会儿到了你就在旁边等着,别说话,妈妈办完事儿咱们就回家。"

儿子似懂非懂地点点头。这些天,我爱人出差,他跟着我,倒好像长大了。

斌哥摇摇头:"这个钱想要回来,我看悬。"

我也知道悬,前年我们就碰见过一回类似的事儿。当时办证的老百姓多,辅警忙晕了,开了发票忘了收钱,后来领导带着辅警去找人家要,怎么说人家都不承认。最后,领导看着泪汪汪的小辅警,自己掏了1000块钱垫上了。

这次能好运吗?我暗自祈祷,连儿子叫我都没听见。

门铃响了好一阵,门才开,开门的是一个中年女人,看起来很优雅,倒不像个难说话的。

我赶紧亮出最灿烂的笑脸:"姐,我是派出所的,今天上午在咱这儿办狗证来着。"

大姐皱着眉头:"哎呀,你们怎么又来了呀?下午那个小伙子刚走。不是我不配合你们,我就想不通,我家的狗去年都不在北京,为什么还要交钱?"

屋里一个愤怒的男人声音传出来:"就是,公安局到底讲不讲理?骚扰起来还没完了!"

斌哥赶紧赔上笑脸:"姐,咱去外边说,别影响家人休息。"

大姐换上鞋,跟我们来到楼道,很不高兴地说:"我真的很不理解,你们说,我这个小狗养了十三年了,年年按时年检,可它去年确实不在北京啊!你们凭什么让我补去年的钱呢?"

"姐,我理解您的困惑。是这样的,像您这种情况,《北京市养犬管理规定》确实也没有具体的规定,而我们公安局的系统呢,您漏交一年的钱狗就没法儿再续户口了,只能注销重新办证。您看您这小狗都养了十三年了,感情也挺深的,要是就因为这500块就让小狗变成黑户,您心里肯定也不落忍,对吧?"我赔着笑脸跟大姐解释。

有时候,制度设计脱离现实,给老百姓造成困扰,也不能怪老百姓有意见。

"你们这是什么系统,太不合理了!"大姐生气地嚷嚷。

我赶紧说:"是是是,我们回头一定向市局反映这种情况,争取改进。现在的问题,您看要不我先把这钱垫上,您把旧证给我,回头新证出来,我再给您打电话?"

事到如今,我也不敢再抱有奢望了,只想把这个事情圆满解决,自个儿赔点钱就赔点钱吧,破财消灾嘛。

大姐大概没想到我会这么说,愣了一下。

儿子稚嫩的声音叫起来:"妈妈,我饿了,我想吃麦当劳。"

"唉!"大姐看了看我儿子,叹了口气,"算了,你也挺不容易的,大晚上的,还带着这么小的孩子。"

那一瞬间,我的心一下子就化了,我真的没想到,事情会突然出现转机。她一定也是位母亲吧,那份理解是发自内心的,朴素又动人。

斌哥也愣了:"姐,您真是通情达理,谢谢您的理解,也欢迎您以后多多监督我们的工作,多给我们提宝贵意见!"

"我就穿了个汗衫,也没带钱,微信转给你吧,你再取现就行。"大姐和颜悦色,拿着手机要扫我的二维码。

转完钱,大姐摸摸儿子的头:"乖宝贝,快让妈妈带你去吃麦当劳吧!"

"大姐,谢谢您,真的谢谢您,这么晚了还打扰您和家人,真是非常抱歉!"我感动得一个劲儿跟大姐道歉。

大姐笑起来:"嗐,没事儿!我这人其实好说话。我老公脾气不好,刚才把你们吓一跳吧?"

"没有,没有,大哥生气也情有可原,怪我们工作不细。"

"行啦!快带孩子去吃饭吧!女人干你们这行不容易!"大姐朝我们挥挥手,进了电梯。

我看着手机上红色的转账记录,激动的心久久不能平静,没想到如此棘手的事儿就这么解决了。

缘分还要靠人来修,人心都是肉长的,将心比心才能换回真心,换来老百姓的理解和支持啊!

我被醉酒姑娘打了一个耳光

这年头儿,没有挨过打的派出所民警简直太不好找了。看看我身边的同事,在派出所干久了的,都有一肚子苦水。我刚参加公安工作时,在网上看到一则交警被逼向群众下跪的新闻,义愤填膺。可是,现在连袭警都已经不是稀罕事儿了。相比同事们的经历,我被酿酒姑娘打的那个耳光简直就像饭菜里的胡椒面,虽然入口麻辣,回味却颇有滋味儿。

2009年4月初的一个夜晚,我值班,那天晚上一直很平静,派出所蓝色的小楼沐浴在静谧的春夜里,带着庄严的宁静。空气像一壶红酒,甘甜清爽:嗅一口,扑鼻的幽香迎面而来;饮下去,令人头晕晕而目熏熏。

在这春风沉醉的夜晚,我这个文艺青年忍不住诗兴大发:"请许我微醉,向这万物生灵顶礼膜拜,向这千般颜色俯首帖耳……"

力哥看我从外面手舞足蹈地走进来,哈哈大笑:"小牛,好端端的你又发什么神经?"

猛哥走到我跟前,使劲闻了闻:"小牛,你不就是出去吃了个麻辣烫吗?至于兴奋成这样吗?没喝酒吧?咱这可值着班呢啊!"

"去去去,真扫兴!"我一挥手,"你们这些大老粗哪懂欣赏生活之美?我先上楼了,有什么事叫我吧。"

猛哥点点头:"这都快11点了,估计也不能有什么事儿了,你就踏踏实实地睡吧。"

没有嫌疑人,没有110警情,这是一个多么美妙的春夜,微风裹着湿润的空气从窗子里钻进来,我很快沉入梦乡。

可是,我刚跟周公碰上头儿,枕边的手机就响起来了。我迷迷糊糊拿起来,睡眼蒙眬意沉沉:"喂?"

是猛哥。"小牛,有一个姑娘喝醉了,人事不省,你下来帮着看看她身上有没有啥证件,能联系上她家人的。"

挂了电话,我一边穿警服,一边叹气,派出所每隔三天就要值一个夜班,每个值班的夜晚,都没睡过囫囵觉。

姑娘看起来很年轻,二十出头的样子,紧身针织衫随着呼吸规律起伏,牛仔裤下曲线玲珑。她躺在值班室的连椅上,长发散着,披下来盖住一半脸,露出的另一半妆容有点残,隐约能看出青春姣好的本来面目。

"你听这小呼噜打的,快赶上我这个大老爷们儿了!刚从兵马胡同拉过来的,群众报警说一个姑娘躺在地上,我们过去一看,酒气熏天,醉得扶都扶不起来,这是喝了多少啊?这大半夜的,小姑娘家家的,醉成这样躺在大街上,这不勾引犯罪分子吗?"力哥是老北京,说话京味儿十足,音调还拐着弯儿,有点像演小品的陈佩斯。"不过,你别说,她倒是挺有自我保护意识,你瞧,怀里的包包抱得多紧,一般人还真抢不走!"

"小牛,你看看她包里有没有什么证件,看看能不能联系上她家人,给她接走。"猛哥说。

"姑娘,姑娘,醒醒,醒醒!"我拍拍她胳膊,没反应。再使劲拍拍,还是没反应,胸前的黑色包包随着呼噜声上下起伏。

猛哥摇摇头:"没用,你叫不醒的,我们都叫了多半天了!"

我皱皱眉,直接去拿她的包好像不太好,可是,也没别的办法了。我抬头看看,头顶摄像头的红外线一闪一闪的,嗯,没事儿,有监控呢,不怕说不清楚。

我使劲儿拽她怀里的包包,拽不动,再使劲儿,"啪"!还没等我反应过来,就感觉脸上火辣辣的,我挨了这醉酒姑娘一个耳光!

我又气又怒又委屈,再看那姑娘,竟然恢复了刚才的模样,还是睡得沉沉的,呼噜又均匀地响了起来,只是双手仍死死地抱着怀里的包包。

猛哥听见动静,扭转身一看我捂着脸,明白了眼前的情况,一时间不知道说什么好。

我气得眼泪都快掉下来了,撂下一句"我不管了!"转身就走,上楼睡觉去了。

我回到宿舍,躺在床上,心情却怎么也无法平静下来。我从小到大也没受过这样的委屈啊,莫名其妙就挨了一个耳光,打我的人或许压根儿都不会记得这回事儿!这警察当的也太憋屈了吧?我想着想着,竟然挂着眼泪睡着了。

第二天一早,又是被电话吵醒的,是政委!"小牛,你来我办公室一趟!"

听见政委的声音,我又回想起昨晚那一幕,心里的委屈又开始像湖水一样泛滥。

我洗漱完,拖着步子走进政委的办公室,却看见那个小姑娘也坐在那儿,旁边还有一个中年男人,看着像是醉酒姑娘的父亲。

"昨天夜里11:30,我们接到群众报警,说有一个年轻姑娘醉酒躺在大街上。我们民警赶到现场,发现了你闺女,怎么叫也叫不醒,只好拉回所里。我们这位民警想从她的包里找到身份证件,查明她的身份,帮她联系家人,可是却被她打了一个耳光。"政委看着姑娘的父亲,娓娓道来,语气平静克制,"监控录像你们刚才也看过了。"

"对不起,对不起,真是对不起。"中年男人看着我,诚恳地道歉。

小姑娘羞愧地低下了头。

"我们这位民警也是个女同志,头一次受这种委屈,眼泪都掉下来了！"政委笑着说，"工作热情得多受打击啊！"

中年男人从沙发上站起来，走到我身边，突然深深地鞠了一躬："警官同志，我代表女儿向您郑重道歉，是我教女无方，让您受委屈了！"

我被这突如其来的阵势吓了一跳，随即眼眶一湿，心头一股暖流流过，反而不知道该说什么了。

姑娘也走过来，拉着我的手："姐姐，真是对不起，我昨天同学聚会，喝断片了，要不是今早政委给我看录像，我压根儿想不起来一丁点儿！我当时就是本能反应，还以为是坏蛋来抢我的包包呢！"

我被眼前这父女俩弄得不知说什么好，站在那儿发愣。

"小牛，你看你能不能原谅她？"政委微笑地看着我。

父女俩都眼巴巴地看着我，我昨夜的委屈早化开了，轻轻说道："嗯，算了，我已经不记得了。"

窗外阳光明媚，鸟儿在树梢啾啾鸣叫，花香从窗子里钻进来，沁人心脾，这大好的春光，让人有尽情描摹的冲动。正是京城好风景，一年之计在于春。

救助弃婴记

2009年5月初的一个早晨,我一到所里,就被值班室那一幕给惊呆了,怀怀竟然抱着一个小婴儿在哄!小婴儿身上裹着粉红色的小花毯子,躺在怀怀的臂弯里,美美地睡着。

"小牛,快来看,我们收到一个小宝贝!"力哥看见我进来,朝我打了个手势,轻声说道。

怀怀一边低声唱儿歌,一边缓缓地走动,她的脸上洋溢着母性的光辉,身体温柔地轻轻晃动,像个天然摇篮。这样的摇篮,是小宝宝最具安全感的港湾。

还没当妈妈的我被眼前这一幕深深感动,原来女性身上竟有这样温暖宁静的力量呀,就像深邃的湖水一样,清澈却看不见底。爱人总说我像个长不大的小孩儿,毛毛躁躁像一阵风似的,难道就是因为我没有当妈妈的缘故?也许我做了妈妈也能变得温柔沉静?

我一边胡思乱想,一边蹑手蹑脚地走近怀怀,生怕惊醒了正在沉睡的小宝宝。"宝宝好小啊,粉嘟嘟的,像只粉红色的小老鼠,嘻嘻!"我看着怀怀臂弯里的这个小粉团,忍不住伸出手,想摸摸其小脸蛋。

"嘘!"怀怀用表情制止我。

力哥也说我:"小牛,你毛手毛脚咋咋呼呼的,别吓着小宝宝!"

"她多大了?男孩儿女孩儿?"我压低声音,问怀怀。

"女孩儿,刚满月。"怀怀跟我说话,目光却一直锁在怀抱里的宝宝身上，温柔的神情充满了母爱的光辉。

宝宝很漂亮，白皙的皮肤像牛奶一样光滑，长长的睫毛像两把小扇子，却是个弃婴！我的心隐隐作痛，这么可爱的宝宝，父母怎么能狠得下心不要她？看她身上裹的羊毛毯子和穿的宝宝衣，质地轻柔、干净，父母应该家境还可以，那究竟是什么样的原因，竟让他们作出这样的决定呢？

"怎么发现的？在哪儿发现的？"我这个"好奇宝宝"压抑不了心头的疑惑。

"唉，真可怜，这么可爱的小宝宝，让我想起我们家闺女小时候。"力哥长长叹了口气，"今天早晨5点，打扫卫生的保洁阿姨，在西交民巷胡同东口的公厕发现的。你说，现在的天儿，早晨还挺凉的呢，这幸亏发现得早，不然还不得冻出个好歹？"

"这什么爹娘啊，自己的亲生骨肉都舍得扔！孩子身体好吗？有什么毛病没有？"我忍不住问，通常弃婴都是因为有先天性缺陷被父母抛弃的。

"我们大概看了一下，没看出啥毛病，小手还挺有劲儿的呢，抓着怀怀的手都不撒开！"

"那是为什么被抛弃呢？难道就因为是女孩儿？要不，就是非婚生子？"我脑子里的好奇神经开始启动。

"谁知道呢？呶，孩儿她爹还留了个纸条，说是经济危机导致生意破产，养不起。至于吗？穷养也是养，富养也是养，现在这年头儿，哪会就养不起一个娃了？"力哥说着，嘴朝桌上努了努。

桌上躺着一张纸，我拿过来展开，只有短短的几行字：

  好心人：

    我是孩子的父亲，因经济危机，生意破产，无力养活，万般无奈，才出此下策，望您收留这个孩子，给她一个温暖的家。

孩子生日是4月9日,今天满月。孩子身体健康,没有毛病。我和孩子的母亲绝不骚扰您的生活。

在此叩首,为您祈福!

短短的几行字,却字字沉重。我看完后,胸口像堵了一块大石头,说不出一句话。

正说话间,孩子醒了,哇哇哭起来。兴许是太小了,她哭起来像只无助的小猫咪。她乌溜溜的大眼睛像两只黑葡萄,亮晶晶的,睫毛上挂着泪珠儿。"是不是饿了?该吃奶了吧?"我下意识地四下寻找。

"奶粉和奶瓶都有。"怀怀指指凳子上的篮子。我一看,果然,孩子日常用的东西一应俱全。

"亲爱的,你去接点开水,凉一凉,然后来抱着孩子,我给她泡奶。"

我小心翼翼地抱着孩子,生怕用力太大把她弄疼了。孩子可能是看见面前的人又换了,瞪着大眼睛看着我,好像在想:咦,这是谁呀?才刚满月,就再也看不到妈妈了,她一定很害怕吧?

忙活了一通,孩子终于又在怀怀的臂弯里睡着了。

力哥拿着材料从楼上下来:"行了,手续弄好了。小牛,你跟我先去分局治安支队,把弃婴送养手续批了,然后咱们再回来,把孩子送到和平里医院。"

我跟着力哥急匆匆出门,去分局跑了一圈又回到所里。怀怀正在逗孩子呢,小家伙睁着大眼睛一眨不眨地看着怀怀。我看着那双懵懵懂懂的纯净的眼睛,心就像被拨动的琴弦,轻轻地颤抖:今天之后,这辈子怕是再也见不到她了,不知道她将来会在哪里长大,会不会被温柔对待,会不会有美好的未来?

我抱着孩子,和力哥驱车来到和平里医院,简直就像来到另一个世界。这里全是各种各样残缺不全的生命:有明明已长大却还不会走路的,有三只胳膊的,有耷拉着脑袋坐椅子上流口水的,有嘴里哇啦哇啦乱喊乱叫的……他们全被一道铁栅栏门锁了起来,与外面的世界隔绝,像孤岛上的外星生灵。

我们把孩子交给医生,看着医生给她脱掉小衣服,冷冰冰地做各种检查,再给她穿上衣服。然后,医生冷冰冰地对我们说:"好了,孩子身体健康,没毛病,你们可以走了,过几天,我们会跟儿童福利院联系,将孩子送到那儿。"

兴许是见了太多的人间悲剧,这儿的每个人脸上都没有一丝笑意,全都冷冰冰的。

我的胸口堵得难受,不由得用手使劲儿去揉胸口。力哥大概也很难过,不停地抽烟,一路上,我俩一句话也没说。

那天下班回到家,我跟爱人讲起这件事,爱人说:"我们把她收养了吧。"

第二天一大早,我俩跑到和平里医院,可是,那道铁栅栏门将里面和外面隔成两个世界,医生根本不让我们进,怕我们是偷孩子的人贩子。

我回到所里,去找政委:"政委,我想收养昨天那个孩子。"

政委虽然知道我向来是个说风就是雨、想一出是一出的性子,却还是被我吓了一跳:"小牛,这可不是开玩笑的,你以后还想不想生孩子了?"那时,国家还没放开二孩政策。

"而且,不是我吓唬你,收养手续可难办了,我家亲戚收养了一个孩子,她当时是捡拾的弃婴,没经过派出所,两岁时收养的,现在孩子都该上小学了,手续还没办下来呢,因为这,孩子都没上过幼儿园!"

政委见我不说话,继续劝我:"我知道你心软,看着那孩子怪可怜的,可是,没办法,这世界就是这样,每天有多少悲剧在上演。我想,那孩子会遇到一个善待她的家庭的。"

我神色黯然,会吗?她会被这个世界温柔对待吗?但愿吧,我只能默默为她祈福。

母亲与110

母亲已经七十多岁了。由于幼时家贫,她只读过两年书,没有什么文化,只是一个极其普通、朴实的中国传统农村妇女。她大半生勤劳节俭,含辛茹苦,把四个孩子抚养成人。

像许多没有文化的农村老人一样,母亲对警察有着一种敬畏之感,在她的女儿没有做警察之前,尤其如此。后来,我做了警察,母亲念叨许多回,让我把穿制服的照片寄回家,她要好好看看。

母亲唯一一次和110亲密接触是在十年前的夏天,从那以后,她没有了先前对警察的惧怕,取而代之的是油然而生的亲切。

十年前,我把母亲从老家接过来小住。白天,我和爱人去上班,她自己一个人在家。我怕她人生地不熟的有啥意外,再三叮嘱她出门要带手机,有事儿给我打电话,别走迷了路,回不了家。可是,意外还是发生了。

那天,我正在办公室忙着改材料,接到分局勤务指挥处的电话:"你是牛爱菊吗?"我一愣:"我是,有什么事吗?"

"你母亲出门没带钥匙,把自己锁外面了,你快回家给她开门吧。"勤务指挥处的同事认真地说。

"啊?"我特别吃惊,不认识几个字儿也不会说普通话的母亲是怎么找到我们分局勤务指挥处的呢?

我一边往家赶,一边心里犯嘀咕,怎么也不能把整个事件的来龙去脉捋顺。等我火急火燎地赶回家,母亲在门口等得都不耐烦了,一见到我就发牢骚:"哎呀,你这个死丫头,怎么才回来呀?我都快中暑了!"

母亲的脸晒得红通通的,说话声音也哑了。我赶紧拿钥匙给母亲开了门,倒了一杯凉白开让她喝下。母亲喝完水,拍拍胸口,慢慢把事情经过讲给我听。

原来,母亲出门倒垃圾,想着只是一会儿的工夫,就没锁门,没承想等她从门口转回身,门却被风给带上了。就有这么巧!这可咋办?手机没带,身上也没一分钱,母亲在院子里转来转去,转出了一身汗。突然,看见马路边上的IC卡电话机,母亲情急智生,想起打110之类的紧急电话好像不用插卡,要不就试着打一下?

于是,母亲拨通了110,操着一口河南土话跟接警员说:"俺闺女是北京市公安局的警察,俺进不去门了,你让她回家给俺开门吧。"接警员一听,差点儿乐坏了,这是哪儿来的老太太呀,一口河南话,还说什么闺女是北京市公安局的警察,让闺女回家给她开门,真逗!

接警员以为她是没事儿打的骚扰电话呢,就跟她讲了一通110报警电话不能乱打之类的道理,然后把电话挂掉了。

接警员不理她,这可把母亲急坏了,实在没啥法子可想了,她只知道我在分局上班,也不知道我们分局到底在哪儿,总不能在外面等到天黑我下班吧?想了半天,她终于鼓足勇气又拨通了110:"俺闺女真是北京市公安局的警察,俺没有骗你,她叫牛爱菊,你快帮俺找找她吧,俺闺女住的地方就在这个白云观后身儿,俺都被锁在外面老半天了,实在没地方可去呀!"

这回,接警员信了她的话,答应帮她找闺女。于是通过警力资源库查到我的名字,原来还真是西城分局的警察!然后就将这破天荒头一遭河南亲娘找警察闺女的110警情转给了我们分局,分局勤务指挥处这才联系上了我。

后来,母亲回到老家,遇见村里的街坊邻居就跟人家说:"北京的警察就是好呀,啥芝麻小事儿人家都管,还一点儿不吓人。"

也许,在老百姓心中,并不是只有惊天动地的大案要案才能感动他们,那是电视里的警察,离普通老百姓的世界太遥远。相反,这样鸡毛蒜皮的点滴小事更能打动他们,让他们觉得警察就在自己身边,值得信赖。

今天我休息

为了工作,警察经常不眠不休。派出所民警每四天要值一个24小时的班,这24小时中民警像陀螺一样,要接处警,要做讯问笔录,要调查取证,要调处纠纷,要抓人办案子……

"哥们儿,辛苦啊,我可是要回家啦!"星期一早晨8:30,值了一宿班的治安民警斌子,把手里的案卷材料交给接班的小林,美滋滋地说。

"行啦,赶紧回家睡觉吧,瞧你那俩熊猫眼!"小林催斌子赶紧走。

"唉,困死我了,昨儿夜里3点多才把那个精神有问题的人送到北郊医院。还是老喽,这要搁以前,一宿不睡觉算什么呀,哥们儿照样生龙活虎,现在不行喽。"派出所的工作就是熬人,才三十五岁的斌子已经开始有未老先衰的感慨了。

"是啊,老熬夜,人是老得快。行了,快回家补觉吧。"小林看着斌子那一脸的疲惫,忍不住又开始催。

…………

休息的时间过得总是那么快,等斌子睡饱从床上爬起来,已经是夜幕低垂的万家灯火时分了。斌子心情不错,洗把脸,往头发上喷点啫喱水,对着镜子照照,拿起车钥匙,哼着小调就出门赴约了。"我想要怒放的生命,就像飞翔在辽阔天空,就像穿行在无边的旷野,……"

发动车子,斌子也同时习惯性地打开了北京交通广播电台103.9频道。"听众朋友们,大家好,现在播送一则寻人启事,……该人走失时,上身穿黑色长外套,下身穿咖啡色长裤,……"

这则寻人广播引起了斌子的注意。"等等,这人的衣着、体貌特征怎么跟我昨儿晚上送的那个人那么像呢?"斌子犯起了寻思,"不会就是同一个人吧?我得联系看看。"

斌子立即拨通了电台节目组的电话,要到走失人员家属的电话。"您好,我是某某派出所的民警斌子,请问您要找的人是不是个儿挺高的一小伙儿,瘦瘦的,大概十七八岁,说话有点不太清楚?……"

通过与走失人员家属的电话交谈,斌子更加确信自己的判断。"那这样吧,您带着身份证和户口本,还有孩子的证件和照片到派出所来,我在派出所等您。"顾不上自己还有个同学聚会,斌子掉转车头就往单位的方向开。

晚上 10:30,走失人员的父亲来到派出所。通过上网核查相关身份信息,斌子确定该人就是自己昨晚忙活了一宿送到昌平区北郊医院的人,也就是北京交通广播电台中寻找的走失人员张一宁。

原来,头天晚上,民警老孙巡逻时发现一名年轻男子在府右街南口路中间机动车快行道上行走。为了防止他发生意外,老孙就把他带到路边进行询问。这才发现他言语不清,神态跟平常人不一样,身上也没有任何证件。于是,老孙就把他带回了派出所。

在所里,小伙子始终没能讲清自己的基本情况和家庭住址。斌子登录市局治安总队的失踪人口信息系统进行比对,也未发现类似该人情形的。在请示值班所领导后,斌子就把他送去昌平区北郊医院治疗了。

"既然确定了他就是您的孩子,那您就跟我去把他接回家吧。"斌子立即开车带着张一宁的父亲赶到昌平区北郊医院,连夜为张一宁办理了离院手续,把他交到父亲手中。"接回家好好看护。孩子要出门的话,您一定得让人跟着,可别再出事了,了不得。"斌子再三叮嘱。

"是是是,真是太感谢您了,要不是您这么认真负责,还不知道我们孩子会发生什么事儿呢,我们以后一定多加小心。"张一宁的父亲领着失而复得的孩子,千恩万谢地走了。

抬头看看东方逐渐发白的天空,斌子自言自语:"得,看这天儿也快亮了,我还是直接回单位上班得了。"就这样,斌子返回单位,开始了新一天的工作。

雨夜出更

2011年7月26日夜晚,京城暴雨倾盆。天地间白茫茫地一片混沌,白天熙熙攘攘人流如织的西单商业街,此刻只有寥寥无几的行人在匆匆赶路。

斌子和同事坐在值班室里,心里倒略略轻松下来,这样的夜晚,老百姓都窝在家里岁月静好呢,坏蛋们估计也没心情跑出来祸害人间,应该不会有啥事儿。俩人看着外面的暴雨兴致勃勃地聊天儿,"下吧,下吧,让暴风雨来得更猛烈些吧!"

谁料想,人算不如天算,老天爷仿佛故意要跟他俩过不去似的,22时58分15秒,派出所110报警系统的小喇叭响了起来:"群众李先生报警,一个小男孩卡在西单民航大厦门口人行道的栏杆中,求助民警前去救援。"

斌子听见小喇叭叫,双手一摊:"得,咱这如意算盘要落空喽!"

虽然有点失望,斌子却迅即提起精神,赶紧用电台呼叫正在暴雨里巡逻的车组民警强哥:"强哥,辛苦您去一趟西单民航大厦,有群众报警称,一个小男孩卡在栏杆中了。"

强哥是地道老北京人,说话做事干脆利落,从不含糊,人就像他那颗寸草不生的脑袋一样敞亮。"得嘞!"暴雨让他的声音听起来有点遥远,像从另一个世界传来的似的,但依然坚定有力,给人力量。

五分钟不到,强哥和老赵就赶到现场,找到了被卡住的小男孩。男孩大概十一二岁的样子,被卡在自行车道与人行道之间的护栏中,头和身体上半部在自行车道一侧,身体下半部在人行道一侧,进退两难,动弹不得。倾盆的暴雨把男孩浇得全身湿透,脸色苍白,嘴唇发紫,牙齿格格打战,连哭都没力气了。

"老天爷,咋会卡着下不来呢?"强哥一着急,想试着把男孩往上给拽出来。可他刚一使劲,男孩就疼得哇哇直哭。

"哎哟,不行,不能生拽,会出事的,别把孩子给伤着。"老赵赶紧拦住强哥,"还是赶紧叫消防武警过来,把栏杆绞断保险些。"然后,他掏出手机给斌子打电话说明现场情况。

接到老赵的电话,斌子立即跟消防部门联系救援。考虑到孩子的身体状况,斌子想了想,又联系了120救护车,请他们到现场为孩子提供帮助。

暴雨没能挡住救人的步伐。约二十分钟后,消防官兵赶到现场,勘查现场之后,他们果断决定,用压力钳绞断护栏,把孩子解救了出来。与此同时,救护车也到了,急救人员赶紧拿毯子把孩子裹上,给孩子喝了一大杯热水,并给孩子做了一系列检查。

折腾了半天,男孩的脸色渐渐恢复过来,强哥也放下心来。确信孩子没事儿之后,强哥和老赵将孩子拉回了所里:"斌子,这孩子叫陈明,是个流浪儿童,问他什么也说不上来,就是反复说什么'爱心妈妈'基金会,你上网搜搜,跟这个基金会联系联系,看看能不能查到孩子的家人。"

在打了数十个电话、费了无数口舌之后,斌子终于联系上了曾经救助过陈明的"爱心妈妈"基金会工作人员。原来,陈明今年十二岁,是湖南省衡阳县人,父亲多年前离家出走,母亲精神异常,陈明自幼由外公外婆抚养。2009年外公外婆去世之后,陈明就随姨妈一起生活。可是,没过多久,姨父的意外受伤让姨妈一家的生活陷入了窘迫境地。后来,可怜的小陈明就开始了流浪乞讨生活,足迹遍布了全国30多个城市,居无定所,食不果腹,常常吃了上顿没下顿。

"唉,真是没妈的孩子像根草呀!"已为人父的何所被勾动了慈父心肠,重重叹了口气。"这都后半夜了,折腾大半夜,孩子肯定累坏了,斌子,找个宿舍,先让孩子好好睡一宿。朱哥,明天上午,你带孩子去儿童医院做个体检,吃点好吃的,再把孩子送到市未成年人救助保护所吧。"

斌子给小陈明找了床被褥,安顿他睡下来。

这边,大家还在议论怎么帮助这个可怜的孩子。

"对了,家里有孩子的,看看谁家有这么大孩子能穿的衣服,明天一早让家里给送过来,让这孩子留着穿。"何所想得很周到。

"行,行,咱们再给孩子凑点零花钱吧。"大家你一言我一语,有人已经开始掏口袋了。

…………

夜已经深了,雨也渐渐停了。风雨过后是彩虹。也许,明天就是一个阳光灿烂的好天气。

带血的彩信

派出所是个万花筒,在这里能看到形形色色的世间百态。佛说,人生有七苦:生、老、病、死、怨憎会、爱别离、求不得,而求不得尤苦。求不得之苦,身陷三角恋爱关系中的人体会最深。

2011年8月19日,这天我值班,下午5:05,接到110警情:"横二条4号院3门502室有一名姓李的年轻女子割腕自杀。"一看来电显示,报警电话竟然是从西安打过来的,怎么回事?

情况紧急,不容忽视,我赶紧跟报警人赵峰联系:"您好,我是派出所,请问是您报的110吗?"

"是,是,是,我在西安出差呢,刚刚收到女朋友发来的彩信,她在家割腕自杀了,血流了好多,把衣服都染红了,你们快去救救她呀!"报警人是一名中年男子,声音万分焦急。

"您先别着急,我再跟您确认一下您女朋友的详细地址。您给她打电话了吗?她现在情况怎么样?"

"我已经打了十几个电话了,她都没接,我真怕她有个三长两短……"报警人语带哭腔儿,说不下去了。

考虑到事主是一名年轻女性,警长派我和大平一起去处警。我俩不敢有丝毫迟延,立即开车赶到横二条的4号居民院。可是,照着报警人提供的地址,却怎么也敲不开门,一遍遍打事主的手机,总是无人接听,当事人不会已经晕过去了吧?我非常紧张,赶紧再给报警人打电话确认具体位置,没错呀。"我们马上联系开锁公司把锁撬开,你和你北京的亲戚朋友联系一下,请他们过来帮忙照顾你女朋友。"十万火急之下,大平果断作出决定并通知赵峰。

大平联系开锁公司,我联系居委会主任,报警人联系朋友。二十多分钟后,报警人的朋友最先来到现场:"警官你们好,我叫陈欢,是报警人赵峰的哥们儿。你们看,他把彩信转发给我了,这照片上的沙发就是她家客厅的那只。"

我一看,老天爷,一只白皙的纤纤玉手耷拉在奶油色沙发上,手腕上全是殷红的鲜血,让人触目惊心。尽管是当了这么多年的警察,我还是被这血淋淋的画面给惊呆了。

"这赵峰吧,是个花花公子,快四十岁的人了,儿子都十来岁了,还整这么一出。人家李娜多漂亮的小姑娘,为了他连命都快没了,看他这回怎么办!"陈欢倒是个直肠子,还没等我们问情况呢,呱啦呱啦全给介绍清楚了。

原来,赵峰是有妇之夫,和李娜在一个公司工作,俩人日久生情,从同事发展成情人。李娜为了逼赵峰离婚,软的硬的什么招数都用遍了;赵峰则以不变应万变,像许多搞婚外情的男人一样,就一个字——"拖"。

"干我们设计这行的吧,十个男人九个花,唉!警官同志,你说现在这社会吧,确实它就这样……"陈欢还在大发感慨侃侃而谈,居委会王主任和开锁匠前后脚已经赶到了。"师傅,咱们赶紧上去吧。陈欢,你待会儿帮着照顾李娜。王主任,您给我们做个见证。"大平做了多年的社区民警,什么事儿都想得很周到。

不料,我们正要上楼呢,被一个年轻小伙子给叫住了,"警察同志,你们是来找李娜的吧?"我愣住了,咋又冒出来一个男人?"我叫程斌,是李娜的同学,跟她合租房子的,她刚给我打电话了……"

"什么?"没等小伙子把话说完,我们几个人全傻了,这到底是啥情况?

"她说她在西单逛街呢,她没事,就是跟男朋友闹着玩的,没想到把事情闹大了,她不好意思回来,让我跟你们说一声。"小伙子挺认真的,不像说谎的样子。

"这不是逗警察玩吗?现在的老百姓可真不拿警察当外人呀!"听到这儿,居委会王主任忍不住插了一句,"现在的年轻人也太轻狂了,胡闹起来简直一点儿都不着调!"

"这样,小伙子,你先带我们进屋看看情况再说。"大平要求。是啊,人命关天的事儿,哪能仅凭旁人的几句话就算了呢?

我们一干人等跟着程斌进了屋,我和大平仔细查看了现场。客厅里摆着一张长沙发,应该就是所谓的"案发地"了,上面干干净净没有一丝血迹。事主的卧室,一尘不染,单人床整洁清爽。卫生间、厨房等各处也都收拾得井井有条,并无一点点自杀现场的痕迹,看来那彩信照片是P的图,网络时代人们真是无所不能啊。

"唉,虽然戏弄警察让人生气,好歹人没事就行。"我无奈地幽了自己一默,"只是希望以后少点这种无聊的恶作剧!"

大平想了一下,还是不放心:"小伙子,你还是当着我们面再给李娜打个电话,好歹让我们听到她的声音,她始终不接我们的电话,让人总是不踏实。"

程斌拨通了李娜的电话,大平把电话要过来:"姑娘,你真的没事吧?哦,好,只要人没事就好,你能回来一趟吗?那算了,没事儿是吗?你刚刚已经跟你男朋友联系了?"看来姑娘死活不肯现身啊。

大平正在跟事主通话,我的手机又响起来,是报警人赵峰来电。"行了,没事了。"接完电话,我彻底松了口气。

大平打完电话,把程斌叫到跟前:"小伙子,麻烦你配合我们做个笔录,留个证据。"

等一切办妥,已是万家灯火。看着大街上熙熙攘攘的人群,我突然觉得这简单而平凡的生活竟然是如此踏实。也许警察的意义就在于此,简单平凡,却苦中有乐。

冬夜里的玫瑰花

赠人玫瑰之手，历久犹有余香。警察可以说是职业"雷锋"，每天与不同的人打交道，帮助了许多陌生人，有时候自己习以为常甚至转身就忘记的事情却会被群众记在心里，而当你不经意间得到这种反馈，仿佛大冷天儿喝了一口热乎乎的冰糖银耳莲子粥，暖得心都要化了。这时，就会真正感到警察的价值所在。

2015年12月24日，天从清晨就被阴霾笼罩，空气冷冽而浑浊，一开口说话嗓子眼儿就好像会被堵住。北三环路上的行人戴着各色各样的口罩，将自己裹得严严实实，急匆匆赶路。

我戴上帽子，系上沉甸甸的警用装备，打开电台和执法记录仪，带上辅警，推开巡逻警务站的门，从东向西徐徐行来。

这天我巡逻，早8点到晚8点。人民大学地铁站口一反常态，冷冷清清，大概是因为天太冷的缘故，连那些抱小孩的"游击队员"今天也不肯光顾了。

人民大学地铁站口，因为紧邻北三环和人民大学，周边是繁华商圈，人流量大，向来为违法犯罪分子所青睐，各种警情不断。有一些孕妇和抱婴儿的妇女，不分春夏秋冬，每天在这里逡巡不散，向过往行人兜售假的毕业证和学位证，跟警察打游击，你来我走，你走我再来。警察就是把她们抓住了，也奈何不得，顶多裁个行政拘留，而她们因为是孕妇或哺乳期妇女，根据法律规定又不能实际执行，这处罚对她们来说简直就跟挠痒痒一样，起不到任何警示作用。

"难得清静啊!"辅警笑着念叨。

"嘘!别说!可不经念叨!"我笑着做个手势。

走到女人街,电台里响起来:"5821,5821,欣欣美发店,有纠纷,请过去处理!"

我一摊手:"得,我说怎么样,不经念叨!"

辅警笑着摇摇头:"哪天也没清静过!"

欣欣美发店的纠纷也不是一回两回了,多是因为强行向顾客推销会员卡。会员卡现在成了美容美发行业的生财之道了,它们借办会员卡打折的噱头来拉客户,半哄半骗诱导顾客办卡,搞恶性竞争。等顾客办了卡存了钱进去,还没用几次,老板就换人了,新老板就不认账了。

我费尽口舌,刚处理完欣欣美发店的纠纷,电台又叫,西里工商银行门口有纠纷……东跑西颠,口干舌燥。

时已黄昏,天气更加让人喘不过气。我进小店买了碗面,随便扒拉两口就没食欲了,只感觉胃里的面油腻腻、硬邦邦,像石头一样堆在胸口,又胀又疼。

我站在警务站门口,看着来来往往的行人。姑娘和小伙儿打情骂俏,俩人隔着花猫口罩亲吻;孩子和妈妈闹脾气,大喊大叫怎么都不肯走,妈妈气得直跺脚……

我正在发呆,不知儿子跟他爸吃饭没有,臭小子今天在幼儿园闯祸没有,却被一个姑娘给叫醒了:"警察阿姨,警察阿姨,这朵玫瑰花送给你!"

我吓了一跳,这是什么情况?一个漂亮可爱的大学生模样的姑娘拿着玫瑰花递到我的面前,玫瑰在她的手里鲜艳欲滴,当真是花面交相映。姑娘的身旁,站着一个英气勃勃的小伙子,应该是她的男朋友。

"哎呀,警察阿姨,您不记得我了?"姑娘看我有些恍惚,着急地问。

"不好意思啊,我天天乱七八糟的事儿太多,不过看着你倒觉得有点儿面熟,你是?"我赶紧在脑子里翻腾。

"哎呀,警察姐姐,去年平安夜,那个丢苹果手机的,想起来了吗?"姑娘眨着忽灵灵的大眼睛,热切地望着我。

得,一转眼从警察阿姨变成了警察姐姐,这辈分直接降了一级,我忍不住笑了。

她男朋友爱怜地看着她:"你看你,人家都笑话你了!"

"啊,我想起来了,你那会儿刚上大一,丢了手机还哭鼻子呢!"我笑着接过玫瑰花。

姑娘被我说得不好意思起来,低下了头。

我问:"你们这是要干吗去?天儿这么脏!"

"哈哈,我们还是去看电影!"姑娘指指前面不远处的华星电影院,"今天可是平安夜哦,警察姐姐,祝你平安!"

姑娘说完,拉着男朋友的手,像只小兔子似的,一蹦一跳跑走了。

我看着这对少年的背影,想起去年的今天。

去年的平安夜,我也是在警务站附近巡逻,21:30左右,小姑娘在同学的陪伴下来警务站报警:"警察阿姨,我新买的苹果手机丢了!"

我一边安慰她,一边问情况:"你的身份证给我看看,在哪儿丢的?怎么丢的?"

"就在前面的华星电影院,晚上我和同学去看电影,电影开始前,我还玩手机来着。看完电影去饭馆吃饭,我才发现手机没了,同学打我的手机,已经关机了。我又回到电影院找,电影院的工作人员说没看见。"姑娘小嘴一咧,快哭了。

"你先别急,这样吧,你留一个你同学的电话号码,我们要是有情况就跟你同学联系,好不好?"

"阿姨,这种情况还能找着吗?这手机是新买的,我刚用一个礼拜,我妈要是知道了,肯定又得骂我天天丢三落四,呜呜呜……"姑娘说着,嘴巴一咧,居然哭了起来。

"不好说,我们尽量帮你找吧,有情况我们会第一时间和你联系的,好不好?"我拍拍姑娘的肩膀。

姑娘点点头,跟同学一步三回头地离开了警务站。

我带着辅警来到电影院,找到工作人员,让他帮我查看监控录像,没想到还真有发现!

电影散场时,姑娘和同学从座位上站起来,跟着人流就往外走了。坐在她右侧不远处的一个小伙子也站起身,正要往外走,扭了一下头,然后却坐下了,瞅了瞅周围。又过了一会儿,等人走得差不多了,小伙子顺手在左侧的座位上拿起了什么东西,放到裤子口袋里,往外走了。

原来,姑娘将手机遗失在座位上,被这个小伙子给捡走了!

我抱着一线希望,让工作人员帮我看看这个小伙子是怎么买的票——他要是从网上买的票就有迹可循,要是从电影院买的票,那就真的没辙了。

工作人员一查,这个小伙子还真是从网上买的票!嘿,真是天助我也!我往他在网上留的电话一打,就把这人给找着了。"李超,按照法律规定,你将他人的遗失物据为己有,已经构成侵占,但我们跟领导请示后,决定给你一个改过自新的机会,如果你主动将手机交还,我们就不追究你的法律责任。你觉得呢?"

小伙子赶紧说:"我,我就是一时糊涂,其实夜里回到家,我就后悔了,想着明天一早就把手机送到电影院呢!"

第二天上午,小伙子就把手机送到派出所了!姑娘拿着失而复得的手机,高兴得跳起来。

姑娘和男朋友的背影已经消失不见,天上不知几时飘起了雪花,湿湿的凉凉的,落在脸上好舒服,滋润着我的心田。这个平安夜,她也会跟男朋友讲去年平安夜的这个故事吧?

我拿什么拯救你

"你们别过来啊,谁也别过来! 过来我就死给你们看!"女人尖着嗓门儿大叫,左手指着面前的众人比画,右手紧握一把 10 厘米长的裁纸刀,横在脖子上。

这是 6 月末,初夏的正午,窗外的烈日穿透 19 楼的落地窗,明晃晃的刀刃闪着寒光,女人白皙的脖子上一道浅浅的红印若隐若现。

会议室里挤满了人,几十双眼睛齐刷刷地聚焦在这个女人的身上,有几个小姑娘紧张地用手捂着嘴,还时不时地低声发出惊呼。

"姑娘,你想开点儿,别犯傻! 你不就是想找老公吗,我们帮你找!"政委一边微笑着安慰女人,试图使她放松下来,一边扭头问武装处突巡逻民警孔哥和老陈联系上她老公没有,脑门上却已经汗津津的,在太阳底下泛着亮光。

"没有,她老公昨天上午跟她吵完架就走了,到现在也没回来,手机在她这儿!"孔哥穿着厚厚的黑色尼龙防弹背心,热得满头汗。

"男人的身份证查了吗? 有住店信息吗? 男人的车查了吗? 有线索吗?"政委又问警长大李。

"都查了,没有住店信息,也没有出京记录。"

"我今天就要看看,是不是我死了他都不会出现!"女人恨恨地叫,咬牙切齿。

"亲爱的,你冷静冷静,听我说……"公司人力经理安妮戴着眼镜,穿着一步裙,踩着高跟鞋试图向前靠,声音都是颤抖的,声波好像随时都会被空气给截断。这女人今天要是死在这儿,她可怎么跟老板交代,工作都别想要了!

"听你说什么,说你们公司的狐狸精是怎么勾引我老公的吗?你们的女员工干出这么不要脸的事儿,你们公司为什么都不管?"女人的头转向安妮,刀在她的脖子上硌出一道印,看得安妮的心猛地一紧。

孔哥走过来:"政委,刚才跟那个女的联系上了,她说自己一个人,没跟那男的在一起!"

"她瞎说!"女人声嘶力竭,"我爸早晨给她打电话,她还说跟我老公在一块儿呢,这会儿就不承认了!"

"姐姐,咱先把刀放下,你肚子里不是还有孩子吗?"有俩孩子的孔哥试图用孩子来打动她,拉回她那颗寻死觅活的心。

"是啊,你从昨天到现在不吃不喝,还这么激动,这万一肚子里的孩子有个好歹,你老公回来得多伤心啊!到时候又得跟你吵架!"大李也跟着说。

"哼,我就是要让他伤心,这一切都是他造成的!我就不信我们娘儿俩两条命,在他心里的分量都抵不上那一个'小三'!我今天豁出这两条命,也要让他和那个'小三'下半辈子都不得安生!我就不信,我们娘儿俩死了,他们还能活得逍遥自在?"女人的眼睛里燃烧着熊熊的火焰,那是因爱成恨的火焰,越偏执烧得越旺,将她原本白皙秀丽的脸烧得扭曲变形。

"亲爱的,你可别犯傻呀,你要是真有个三长两短,家里的大儿子咋办呀?"安妮一头汗,身上却直发冷,活到三十五岁,她从没见过这么疯狂的女人,为了爱情不要自个儿的命,还要赌上孩子的命!

政委搓着手,急得团团转,不知道该怎么劝她。他虽然见过各种各样的奇葩人奇葩事,可是,作为一个大男人,还是无法对女人内心的惊涛骇浪感同身受。

就在这时,大李凑到政委耳边低声说道:"政委,特警来了!"

政委"吁"地长出一口气,下意识地用眼角的余光往门边瞟,然后悄悄示意孔哥和大李过来,自己转身退了出去。

大李和孔哥赶紧站到政委原先的位置上,和安妮一起继续打攻心战。几个人苦口婆心,劝得唾沫星子横飞,女人却丝毫不为所动。

"你们都说得轻巧,事儿没搁在你们身上!我知道他今天肯定不会来了,他怎么这么狠呐!他肯定是一点儿都不爱我了,不然不会连我死都不来看我一眼!好吧,我今天就死给他看,我要让他痛苦一辈子,让儿子恨他一辈子!"

女人凄厉的声音还未落,拿刀的右手就从左向右重重一划,血一下子飞溅出去,安妮身边的几个小姑娘全都"啊"地尖叫起来,其中一个直接晕了过去。

安妮闭上眼睛,双手捂住嘴巴,将尖叫捂在了肚子里,一颗心却从肚子里跳到嗓子眼儿,完了,完了,完了!

可是,还没等她睁开眼,又听到一阵"啊"声,不过这阵却跟刚才那阵完全不一样:前后不到半分钟,半分钟之前的叫声是尖利的,直冲云霄,而半分钟之后的叫声却带着弯儿,明显松懈了下来。

安妮睁开眼,脑子还是懵的,却见女人躺在地上,沾满血的红刀子也躺在地上,同时地上还躺着一个穿着防弹背心的特警。然后,躺在地上的特警就地打了个滚,捡起刀站了起来,孔哥和大李则将脖子上全是血的女人扶起来,架到椅子上坐好。

安妮拍拍胸口,小碎步一溜跑着去给女人拿水,出门的时候差一点儿撞到政委旁边的男人。她一抬头,男人四十岁左右,穿着黑色T恤,神情淡定,眼神冷峻,不怒自威。

安妮只听政委跟那男人说道:"孙政委,幸亏您果断命令出手,再迟半分钟恐怕就来不及了,这要是出了事儿,可是一尸两命啊!"

"嗐,这种事儿我们见得多了,心里有谱儿!999联系了吧?我看那伤口还直流血呢,估计不会浅,得赶紧送医院缝针吧?"

"已经联系了,这会儿应该快到了!您这兄弟功夫也够厉害的,女人肚子里的孩子才仨月,没十足把握真是不敢贸然行动啊!"

几个小姑娘不知从哪儿拿来红枣和香蕉,忙着劝女人吃。还没等他们消停下来,就听楼外响起"呜拉呜拉"的救护车的声音。眨眼间,两个急救大夫下车跑了过来,开始给女人包扎:"你这伤口有半厘米深,不缝针长不上,另外,你肚子里有胎儿,四个小时内必须得打破伤风针。所以,你无论如何,也得跟我们去医院。"

女人一摇头:"我不去,我要在这儿等我老公,他什么时候来我什么时候走!"

孔哥叹口气:"妹子,你听我说,作为男人,我告诉你男人最真实的想法,男人吃软不吃硬,你得以柔克刚,用你的温柔把他从'小三'的身边拉回来。你想想,你在这儿闹成这样,全公司都知道了,你老公就是想来,他敢来吗?好意思来吗?这是打他的脸啊!"

女人正义凛然:"嫌丢脸他就别找'小三'啊!我就是要让他们丢脸,看以后他们还怎么在一起鬼混!"

政委急得上火:"姑娘,咱先去医院把伤口缝了,针打了,我们这不正在帮你找老公的吗,这两件事可以同时进行,它们并不矛盾!"

女人头一歪:"不!他今天不来我就不走!"

大李没辙了:"姐姐,那你的伤怎么办?万一感染了呢?肚子里的孩子万一有事儿呢?"

"不会感染的,你们别管了,只要帮我把老公找着就行!"

特警悄悄地撤了,无声无息,就像他们悄悄地来。

999的医生跟着劝了半天,看她冥顽不化,也无奈地走了。

政委不禁皱眉,怎么会有这么轴的女人?他掏出手机:"冯姐,您赶紧来知春路68号楼一趟,一名女子持刀扬言自杀,我们几个大老爷们劝了半天了都不管用,女人之间没准儿好说话些。"

冯姐一进门,就看见女人镇定地坐在椅子上,脖子上缠着厚厚的纱布,领口上一大片血渍已经干了,变成深深的暗红色。

"我看你这么年轻,一定比我小,我叫你妹妹吧,行不行?"冯姐温柔地开口。

女人看了看她,没说话。

"妹妹,你看你这么漂亮,心地善良,说话也通情达理,还那么能干,你老公怎么会不爱你呢?他要是不爱你,连碰都不会碰你,怎么还会跟你生二胎呢?……"冯姐不急不躁,娓娓道来,就像电台里的知心姐姐,令听者如沐春风。

女人哇地哭了出来:"半年前,我知道他有'小三',千里迢迢从老家过来跟他修复感情,可是,他却还是经常扔下我去找那个'小三',他一定是不爱我了!他的心全在那个不要脸的狐狸精身上,呜呜呜……"

这可是这个女强人今天第一次掉眼泪,冯姐好像看到冰封的湖面开始出现裂缝,有希望!

冯姐把纸巾递给女人:"妹妹,你的感受我特别能理解,因为以前我老公吧,也曾经被外面的小姑娘迷得晕头转向,不肯回家。唉,我当时也跟你一样,天天以泪洗面,还动不动一点儿小事儿就跟他闹个没完!"

女人一边擦眼泪,一边看着冯姐。"那后来呢?他们断掉了吗?还是,你们离婚了?"

女人显然已经把冯姐当成了自己人,冯姐不动声色:"嗐,离什么婚呀?当时,我们孩子都上中学了!结婚十几年的感情,哪能说离就离?"

女人拼命点头:"是啊,是啊,别人都劝我离婚,可是我们老大都九岁了,离了婚孩子怎么办?再说,我也舍不得这么多年的感情。"

冯姐剥开一只香蕉,递给女人,轻轻拍着女人的胳膊:"百年修得同船渡,千年修得共枕眠,婚姻出了问题不怕,咱修补好了就行。听姐姐说……"

日头一点点向西挪移,女人已经把冯姐当成了知心闺蜜,眼看四个小时就要过去,时间越来越宝贵,必须得赶紧去医院,一刻也耽误不得了。

大李把冯姐拉出去:"姐,分局刚通过手机定位找到那个女的位置,我这就赶去看看她老公是不是跟那女的在一块儿。您呢,想办法赶紧劝她跟您去医院。"

冯姐回到会议室,对女人做了个手势:"告诉你一个好消息,你老公我们已经找着了!"

"啊?找着了?他在哪儿?他多会儿来?"女人激动得语无伦次。

"我可以告诉你,今天晚上就让你见到他,但你现在得先跟我去医院!"

"那好吧,我相信您,我听您的。"女人点头,大眼睛忽闪忽闪地看着冯姐,"北京的警察真好!"

日头西沉的时候,冯姐和安妮终于带着缝好伤口打完针的女人从医院出来。送完女人回家,安妮佩服地看着冯姐:"大姐,还是您有办法,我们折腾了大半天,她都不肯听。"

冯姐笑笑。经过这场战斗,俩中年女人像闺蜜一样轻松地聊起来。

"大姐,您说现在这人、这感情,真让人没信心啊!我跟我前男友分手就是因为他出轨,到现在我也没再找。"安妮小心翼翼地问冯姐,"那个,您老公以前也有过外遇?"

"啊?"

"哦,您下午不是说您老公以前也那啥?"安妮有点儿后悔自己是不是交浅言深了。

"哦,哈哈哈,"冯姐笑了起来,"我那是骗她的,我那不是为了赢得她的信任,显得我跟她是一个战壕里的嘛?"

安妮看着眼前这个豪爽的警察姐姐,目瞪口呆,这跟下午那个温柔体贴的知心姐姐是一个人吗?

夕阳的余晖温柔地洒在她们的肩头,不再有白天的燥热。这一天,虽然曾无比炙烤焦灼,好在还是有了安宁圆满的收梢。

她一不留神"被小三"

那中年妇女在大街上大喊大叫,死死地拽着那年轻姑娘的长发,劈头盖脸又打又骂:"叫你抢我老公,叫你抢我老公,我打死你,打死你!你这个不要脸的狐狸精!"那姑娘拼了命地使劲挣扎却仍也无法脱身。

围观的群众越来越多,有女人大声叫好:"打得好,打得好,活该!有脸去抢人家老公,就该想到会有今天!看她以后还敢不敢了!"

也有人试图制止:"别打了,别打了,再打会出人命的!"可是,这理性的声音在喧嚣亢奋的嘈杂中显得那么微弱,很快就被淹没了。人群已经失去了理性,被盲目的狂热裹挟着,像汹涌的潮水试图冲垮堤岸一样。

等我们接到群众报警赶到现场的时候,场面已经有点失控,越来越多的过路群众停下来围观。人群将两人围得水泄不通,外层的人一个个伸着脖子踮着脚尖往里看,有人拿出手机开始录像,估计是想录下来传到网上去。

我突然想起中学时学过的鲁迅文章里的场景:"老栓也向那边看,却只见一堆人的后背;颈项都伸得很长,仿佛许多鸭,被无形的手捏住了似的,向上提着。"中国从不缺冷漠的看客,并且是怀着极大的热情将别人的苦果子嚼出乐滋味的冷漠的看客。

接警时我们已经大概了解情况,出动了五六名警力,可谓是有备而来,可是看到这宏大壮观的场面,我还是很吃了一惊。

很多人好像时时刻刻都在期待着身边有什么大事儿发生,好给自己无聊平淡得如白开水一般的生活增加点儿佐料、找点儿乐子,一遇到这样的热闹,简直就像苍蝇看见了肉一样兴奋,恨不得赶紧扑上去。

疏散群众,将拍照群众的手机里的录像删除,强行把打人的妇女拉开,将二人带上警车。这一系列工作做完,我们都感到很疲惫,但愿以后这样的热闹事件能少一些!

回到派出所。

中年妇女仍然非常兴奋,还在骂骂咧咧。年轻姑娘不说话,只是低着头一个劲儿地哭,她的头发被扯得乱七八糟,脸上都是被抓得青一道红一道的印子,连衣裙也被揪得皱皱巴巴,胸口的扣子掉了两个,看着怪可怜的。倒是没有明显的外伤。

我找了件衣服给姑娘换上。李哥严厉地制止了中年妇女,让她消停消停,别在派出所撒泼。

半晌后,等双方情绪都稍稍稳定下来,我们开始做笔录。

"说吧,怎么回事儿?"

"她不要脸,勾引我老公!"中年妇女不待年轻姑娘说话,先声夺人。

她不仅长得身材高大,嗓门也大得很,尖利亢奋的声音在派出所并不宽敞的治安接待大厅回荡,令人胆寒。

"你别激动,冷静冷静!给我老实点儿坐好!派出所可不是你随便撒泼的地方!"李哥冷冷说道,目光转向年轻姑娘,"你说说,是怎么回事儿?"

"我根本不知道他有老婆!"姑娘声音里还带着哭腔,看着楚楚可怜,很清秀干净的模样,一点儿也不像坏女人。

"哦?怎么回事儿?"我有点按捺不住好奇心。

"我俩是因为一次工作机会偶然认识的。今年 5 月,我们一起参加了一个行业会议,然后他就开始追求我,我们开始交往。他说还没女朋友,我哪儿知道他已经结婚了呀?"姑娘越说越委屈,又开始掉眼泪,"今天早晨我在公司上班,保安说楼下有人找我,我一出去,她问了我的名字以后,不由分说,就在大街上拽着我打。我都懵了,简直是祸从天降,呜呜呜……"

我大概弄清楚了状况,原来是糊里糊涂一不留神"被小三"了!

姑娘的心里一定很委屈吧?时运不济遇到个"渣男",莫名其妙成了人人唾弃的"小三",祸从天降被人当街羞辱打骂了一顿。

李哥严厉地教育打人的中年妇女:"就算她是'小三',你也不能打人,你这是违法行为,是可以治安拘留的。如果再严重些的话,就是触犯刑法的犯罪行为,你知道吗?更何况,你根本都没有搞清楚状况!"

中年妇女终于不再嚣张,低着头不说话,估计是自知无理了。

"你问过你老公吗?你为什么不管好自己的老公,却去欺负人家小姑娘?"我对这种不管老公只打"小三"的女人感到很奇怪。

"我问他了,他说是这个女的先勾引他的……"她嗫嚅着。

"你想怎么处理?"李哥温和地问姑娘。姑娘没有明显的外伤,这件事儿可大可小,我们一般总会先调解,调解不成,再治安拘留。

"算了,我不想追究了,就当我吃了个苍蝇,被恶心到了,以后自己多长个心眼儿好了……"姑娘抽抽搭搭地说着。

姑娘是个好姑娘,就是太善良太懦弱太糊涂太缺心眼儿!我在心里叹口气,遇上这样的"小三"可真是做老婆的幸运!

可是,这样的"渣男"为什么还有女人抢呢?他是怎么把这个傻姑娘骗到手的呢?为什么出轨跑偏的"渣男"还能得到老婆们无条件的原谅呢?

还有那些起哄叫骂的人们,多么可怕!幸好我们把那几个路人的手机录像给删除了,不然,这姑娘保不齐得成网红了。

这些站在道德的制高点叫骂别人的卫道士真的那么高尚纯洁吗？我突然想起圣经里的一个故事:"一个妇人因通奸被抓,按摩西律法应当用石头砸死。妇人被带到耶稣殿前,耶稣说道:'你们中间谁没有罪的,谁就可以先拿石头砸她。'所有人都退去,只剩下耶稣一人和那妇人。"

没有一个人是真正干净的,我们却只看见别人的罪,看不见自己的恶。更何况,很多时候,我们用眼睛看见的别人的罪,只是我们以为的罪,未必就是真正的罪。

"劝　　降"

早晨,社区民警老张正在片儿里转悠的时候,手机响了,他掏出手机一看,又是冯经理。

老张心里一紧,下意识地想,难道他们公司又被盗了?

冯经理是英华广告传媒公司的负责人,半年多来曾报过两次被盗。

老张一边想着,一边加快了脚步,朝英华广告传媒公司走去。

"哎呀,老张,你看看!"因为两次被盗的事儿,这半年多来,冯经理和老张俩人打了不少交道,熟络得很。

这次的现场是员工宿舍,被盗物品包括员工的三部手机和一台笔记本电脑。"老张,你说会不会还是那小子干的?"冯经理气得咬牙切齿,"这小子怎么狗改不了吃屎啊?这也太嚣张了吧?!你们难道就没有办法,任他这么为非作歹?他这压根儿就是报复嘛!你说我当时招人时怎么就没看出来他是这么一路货色呢?我真是打了一辈子鹰,反倒被鹰啄了眼!"

老张拍拍冯经理的肩膀,安慰他:"哥们儿,淡定,淡定! 我先看看昨天夜里的监控录像再说。"

老张从中控室把昨天夜里进出公司大门的监控录像调出来,一点点回放,那个熟悉的身影又一次进入了老张的眼帘:黑色上衣,牛仔裤,虽然他戴着大口罩,只露两只眼睛在外面,可是,那闪烁不定的眼神,那外八字的走路姿势,不是杨小飞是谁? 只不过,这次的作案场所从办公区转到了宿舍区。

老张摇头苦笑:杨小飞可真是横扫英华广告传媒公司,不留死角啊,他这是吃定了老东家,隔段时间就回来吃一次"窝边草"。

半年多前,杨小飞来到英华广告传媒公司求职,冯经理看他一脸机灵,脑子转得又快,就录用了他。谁想到,他这是给自己埋了个地雷。

好吃懒做的杨小飞虽然脑子聪明,却迷恋游戏,上班整天抱着手机打游戏,一个月下来,业绩没完成,游戏段位却节节升高。冯经理说了他几次,他都当耳旁风,继续我行我素。冯经理一怒之下把他辞退了:"像你这种游手好闲、不思进取的蠢货,到哪儿都不会有人要你的!"

冯经理的话没能让杨小飞痛改前非,知耻而后勇,倒让他恨上了冯经理。被赶走的第三天,他偷偷潜回公司,把财务室内存放的1万多元现金给偷走了。

案发时段,公司的监控探头正好出了故障,老张调查走访了好几天,也没能追查出嫌疑人的行踪。后来,老张上公安网核录,杨小飞确实有盗窃前科,被山东老家公安机关处理过,老张只能初步将其作为重大嫌疑人上网追逃。

过了两个月,冯经理又给老张打电话报案。老张赶到现场一看,保险柜被锯得跟狗啃的似的,虽然没被撬开,但也彻底不能用了,财务室的3000多元现金没了。这一次,连指纹带影像,全都有,可不就是杨小飞嘛!

肯定是上次偷的钱挥霍完了,又回来找食儿了!这个杨小飞,是死活赖上老东家了!

"老张,你得给我保证,赶紧把这小子给抓进去,这样下去,我这公司还开不开了?"冯经理愁眉苦脸,一筹莫展,只好向老张施压。

"我想想啊,我想想。""我想想"这仨字是老张的口头禅,他每回遇到问题的时候,就说这句话,就像电视剧里的一休哥一样。

老张夜里睡不着觉,一根烟接一根烟地抽。媳妇儿被他熏得受不了,把他赶出了卧室。老张干脆搬了个小板凳,坐到阳台上抽。

老张在网上查了一通,发现杨小飞就只有一个姐姐,推测他跟姐姐应该感情很深,而且肯定经常联系。那么,如果能把他姐姐的工作做通,让他姐姐劝他,说不定他就能来投案。

不管行不行,老张决定试一试,总不能任这个飞贼横行无阻吧!

老张拨通了杨小飞姐姐的电话,把杨小飞的所作所为一五一十告诉了她。杨小飞的姐姐一听,简直不敢相信:"什么,你说的是我弟弟吗?我不相信我弟弟是这种人,你们北京的公安局一定搞错了,请你不要再说了!"

老张的电话被挂断了,好不容易想到的一条路,就这么给堵死了,他真是很不甘心。

躺在派出所宿舍,老张又点燃一支烟,继续思考。听杨小飞姐姐的口气,她对弟弟在外面的所作所为根本就一无所知,压根儿是蒙在鼓里呢。可是,听起来她并不是个不明事理的人,而且,迄今为止,什么住店和乘车信息等别的线索一点儿没有,看来还是得从她这里下手。

老张决定还是从杨小飞的姐姐身上突破,他第二次拨通杨小飞姐姐的电话,这回没急着切入主题,只是闲话家常:"大姐,我知道您是个明白事理的人,小飞跟您的感情一定很好吧?"

"唉,是啊!我父母走得早,我俩相依为命,小飞可以说是我亲手带大的,我十几岁就开始打工,养活我俩,遭了多少白眼,吃了多少苦啊!"杨姐姐被触动了,慢慢吐露真情,"小飞这孩子不是个坏孩子,从小就特别聪明懂事儿……"

老张悄悄摇摇头,慈母多败儿,慈姐亦不例外。"我明白,人情冷暖,世态炎凉,真是不容易,唉,您真是挺了不起的。我们家是我父亲走得早,我母亲既当爹又当娘,把我和我姐俩人拉扯大。说起来真是一把鼻涕一把泪啊!"

老张设身处地、以情动人的话语打动了杨小飞的姐姐,她把自己和弟弟从小到大的苦难一桩桩一件件讲给老张听。一个电话聊了个把小时,聊完俩人竟像是素昧平生的知心好友了。

老张没有利用杨小飞姐姐对自己的信任乘胜追击,他明白火候还不到,刚刚建立起来的友谊如同镜花水月,稍有不慎,可能就是竹篮打水一场空。慢慢来,一定要慢慢来。

从此以后,老张总是隔几天就拨通杨小飞姐姐的电话,家长里短聊上大半个钟头。不知不觉间,老张竟成了杨小飞姐姐的男闺蜜,杨小飞的姐姐有啥想不开的,都愿意跟老张唠一唠,听听老张的开导。

一个多月下来,老张和杨小飞的姐姐通了六次电话,每次通话都在四十分钟以上。最后一次通话中,杨小飞的姐姐在详细了解自首方面的法律规定后,主动说想劝弟弟自首,以免受整日四处流窜躲藏担惊受怕之苦,但她又有许多现实的顾虑。

老张用心倾听杨小飞姐姐的顾虑,逐一帮她分析利弊、认清形势。终于,在一个阳光灿烂的午后,老张在西客站等到了姐弟俩,姐姐是陪同弟弟前来自首的。

杨小飞认真地看着姐姐:"我也死心了,再也不想过这种东躲西藏、担惊受怕的日子了,从此以后彻底痛改前非、金盆洗手,你放心回家吧,姐,以后我保证踏踏实实做人做事,再也不会让你操心了。"

老张默默站在一旁,他明白,这是一个男人的承诺,他完成了一个男人的成长和蜕变。

花开总需要时间,所有用心的付出都是值得的。

好险的 110

电影《萨利机长》的素材来自一次真实的空难。萨利机长驾驶的飞机在升空后不久便遭遇鸟群,导致双侧发动机失去了动力,萨利机长用最短的时间作出判断,根据实际情况迫降在河上,保住了机上 155 人的生命。从发生事故到迫降成功仅用 208 秒。可是,事后舆论发酵,媒体却指责萨利机长为什么不选择空管人员指定的两个备选迫降点。萨利机长说,我只是凭我 42 年来的飞行经验作出最切合当时实际的决定。

实际上,基层派出所民警都是"萨利机长",他们经常要面对和处置各种突发事件和复杂的警情,稍有不慎,就可能酿成大祸。

2018 年 8 月 9 日晚,我和张哥正在出警,接到所里电台部警:"有群众报警,'我爱我家'门前有一名老太太倒地,已联系 999 急救车,请立即赶往现场救助!"

放下手头的事务,我们立即驱车赶到现场。999 急救车也同时到达现场。一名八十岁左右的老太太坐在"我爱我家"门前的塑料凳子上,旁边围着三个穿绿色 T 恤衫的"我爱我家"员工:一个瘦瘦的女员工给老人端着水,一个胖乎乎的男员工给老人扇着扇子,还有一个笑眯眯的男员工弯着腰在跟老人唠嗑。虽然房地产中介员工屡屡受人诟病,风评不佳,但不得不说,这几位见义勇为敢扶倒地老人的员工确实是一股清流。

一见警察,胖员工露出一口白牙,东北话一串一串的:"哎哟,给我扇的胳膊都酸了,您看您看,我这腱鞘炎都犯了!"

老人很瘦,穿着大花短袖衫、花裤子,手中还拿着一把团扇摇着。除了脑门儿上的汗多点儿,别的还真看不出啥不对劲儿的,意识清醒,说话也正常得很。

我打量着老人,问胖员工:"怎么回事儿?"

"那啥,姐,是这样的:我们几个在门前聊天儿呢,就见这个大妈走着走着突然往后一仰,就倒下去了。我们都吓坏了,可咱东北人不是见死不救的人对吧,我们就赶紧跑过去把大妈扶起来。大妈脑子倒还是清醒的,说跟朋友约好去公园遛弯儿,现在去不了了,让我们帮忙给她朋友打电话说一声,可是她朋友的电话却是关机的,于是我们就打了110。"胖员工跟说评书似的,整件事被他说得起伏曲折。

张哥弯腰凑近大妈:"大妈,您叫什么名字,家里还有什么人,有家人的联系方式吗?"

大妈摇摇头:"我叫林兰芝,我儿子叫刘志飞,我记不得他的电话,我没事儿,你们送我回家就行了。"

999急救医生给老人做了初步检查,血压160,又问:"您觉得有什么不舒服?头晕吗?想吐吗?"

"有点儿头晕,不想吐。"

张哥又问:"您家住哪儿? 我们看看能不能查到您儿子的电话。"

胖员工抢着说道:"大妈家就住三环对面那个楼盘南区3号楼5门3号,本来我们想把大妈送回家的,可是我们也没车,只有电动车。"

张哥用电台跟所里指挥平台联系,让所里指挥室上公安网人口系统看看能不能查到并联系上大妈的家人。

我劝大妈:"大妈,您刚晕倒,还是去医院做个全面的检查比较好,万一回到家再有点儿什么事儿,可怎么来得及?"

大妈固执地摇头:"我没事儿,我要回家。"

999急救医生一看大妈执意不肯去医院,说道:"警官,那我们先撤了?"

张哥一听,连忙伸手拦住:"您先别走,等等。"专业人员走了,大妈如果真出了事儿可怎么办?然后,张哥扭头劝大妈:"大妈,咱还是去医院检查检查,保险。"

我想起父亲前段时间脑梗突然晕倒的事儿,现在仍觉得后怕,再看大妈后脑勺慢慢鼓起来的包,心里愈发觉得不踏实:"对呀,大妈,我爸就是在路上走着走着晕倒了,后来送医院一查,脑梗!幸亏送医院及时,现在恢复得还不错,医生说这种脑血管病挺危险的,一定要第一时间去医院!您可不能不当回事儿!"

大妈一听,有点儿动摇了:"可是,我是出来遛弯儿的,身上没带钱。"

张哥赶紧说:"大妈,不要您出钱,您跟我们去医院就行。"

大妈想了想,终于点头答应了。一听指挥室还没联系上大妈的家人,热心的胖员工自告奋勇骑电动车直接去大妈家敲门送信。

两名999急救医生搀扶着大妈上了急救车,我和张哥开着警车直奔最近的海淀医院。五分钟后,我俩刚到医院门诊大厅,999急救医生就抬着担架下来了,大喊着往急诊室跑去:"快快快!这个病人必须马上处理!"

我和张哥紧跟着追上去,急诊科护士跑了过来,几个人将已经陷入昏迷状态的大妈移到滑轮床上,一边插仪器测量生命体征,一边问:"什么情况?"

"老人倒地,黑眼球上翻,血压215,后脑勺鼓起一个大包,怀疑颅内出血!"

急救大夫立刻迎上来:"马上通知放射科,立即做脑CT,通知脑外科专家！通知电梯室，走绿色急救通道！"

张哥留在急救室等家属，我跟着急救大夫推着滑轮床向电梯跑去。

"太险了！幸亏你们没让她回家，大妈一上车脸色就变了，黑眼球往上翻，蛛网膜出血，后脑勺的包越鼓越大，血压215，这可是我见过的极限，太可怕了！"电梯里，999急救医生一边擦脑门儿的汗，一边说。

大妈进了放射科，我在门外等待，这会儿方才觉得后怕：我们要是真听了大妈的话把她往家送，可能路上她就没命了！那派出所可就摊上事儿了，家属指不定怎么闹呢！到时候，我和张哥都得按渎职处分，身上的警服就甭想再穿了！

还没等我回过神儿来，急救大夫推着大妈出来了："快快快，电梯！"

我赶紧跟着他们往电梯跑去。

"颅内出血，脑组织均有挫裂伤，蛛网膜出血，必须立刻准备手术！"

我的心怦怦跳，像打鼓一样。

一出电梯，我们就一路跑着回到急诊室。急救大夫大叫护士："脑外科专家到了没？家属来了吗？要马上手术！"

张哥急得直跺脚："家属怎么还不来？怎么还不来？"

我跑到门口向外张望，外面是黑漆漆的夜，闷热无风。

这时，一个中年男子跑了过来，东张西望。我赶紧叫住他："你是不是林兰芝的家属？"

"是是是。我妈人呢？"

"急诊室等着做手术呢，你快跟我来！"

我领着他一路跑到急诊室，把他交给护士，这会儿才总算松了一口气。

处置完这个警,我和张哥对望一眼,异口同声:"好险!"

张哥从口袋里掏出一支烟:"我得抽根烟放松一下!"

我乐了,从车上摸出一瓶矿泉水拧开:"我得喝口水放松一下!"

这个警出得我俩都是一身冷汗,真的不敢想象当时如果听了老人的话送她回家,那该是多么可怕的后果!所以处警看着好像简单,实际上却很有学问。正如古人说的,世事洞明皆学问,人情练达即文章,这次处警我真是被上了宝贵的一课。

派出所警察的每一次接出警、每一次抓捕,虽然说都有规范可以参照,就像《萨利机长》里的那位副机长拿出的那本厚厚的《飞行手册》一样。可是,现实情况变幻莫测,当萨利机长身处2800米的高空,面对双侧飞机发动机的故障,要想保住机上155人的生命,他不可能按照空管人员不切实际的备选迫降点来迫降,他只能凭借自己多年来积累的飞行经验,根据现实情况,作出最符合当时实际的决定。

派出所警察也是如此,在接出警和抓捕时,面对每分每秒都在变化的现实情况,面对未知的复杂与混乱,根本不可能按照《基层民警执法手册》机械地照搬照用。就像电影里副机长说的,真要按照空中飞行的规范一条一条来,我们早就不会坐在这里了。

每一个妥善处置突发事件的警察,都是"萨利机长",都是英雄。

寻 亲

秋高气爽,社区民警老张在他的一亩三分地儿溜达。时不时有大爷大妈过来跟他聊上几句,"老张,又下片儿呢?""老张,我儿子要出国,还得麻烦你给开个无犯罪证明!""老张,我的身份证丢了,啥时候去派出所补办一个啊?"

老张一一应承着,笑呵呵地,他喜欢这种轻松愉快的氛围,感觉好像又回到了三十年前刚参加工作那会儿:片儿警跟老百姓亲如一家,打成一片,真的就像电视剧《便衣警察》里演的那样。

老张是老社区民警,干了多少年公安,他就干了多少年的社区民警。三十年弹指一挥间,老张从黑发青年到霜染两鬓,公安工作改革了多少轮,警服也换了几个色,连社区民警的称呼都改了好几茬——从最开始的"片儿警"到后来的"社区民警",再到新近的"驻区民警"。这一切都让老张常常忍不住感慨。

念旧的老张总爱怀念从前,甚至连称呼,他也执拗地叫自己"片儿警老张"。他说"驻区民警"这个词儿听起来好像油花儿漂在水上,没有融入老百姓生活里的那种感觉。

片儿警老张正在片儿里溜达,杨大姐走过来了,看见老张停了下来:"老张,我有个事儿,你能帮帮忙吗?"

"啥事儿,你说!"老张说话向来嘎嘣脆,跟他的人一样。

"早些年,我不是在福利院资助了一个孩子嘛,他现在长大参加工作了,一直有个心愿未了,想找他亲生爹妈。可是,你说这都二十多年了,上哪儿找呢?你有没有什么办法?"

杨大姐退休七八年了,老张知道她从退休前就在儿童福利院资助了几个孩子,有空常去送点图书和日用品啥的。"这是好事儿啊,要帮,得帮!有啥线索吗?孩子叫啥名儿?记得爹妈叫啥名儿吗?"

"何大壮,这是福利院给孩子起的名儿,他被送到福利院时才三岁,腿还有残疾,老家四川绵阳的,他爸爸叫何有志。"

"行,我答应你,一定想办法帮孩子找着亲生爹妈。"老张立下宏愿。

从那以后,这件事不仅是杨大姐和何大壮的心愿,也成了片儿警老张的心愿。他只要没事儿就上公安网的人口核录系统查找,把系统里叫何有志的照片挨个打印出来,每打印一批就交给杨大姐,等何大壮来看杨大姐的时候,让他辨认。

可是,辨认了好几百个何有志了,都不是大壮的爸爸。老张又问杨大姐:"爸爸的名儿查不到,大壮还记不记得妈妈叫啥名儿?"

杨大姐去跟大壮问到了妈妈的名字高美玲,老张又从这个线索着手,查了俩月,终于查到一个疑似人员。大壮拿着这个疑似妈妈的照片,反复端详:"看着很亲切。"

"可是,这个高美玲的老公不姓何,不叫何有志,叫向有志啊!"老张皱眉寻思,突然眼前一亮,"会不会是当年办户口的人一时大意,把何写成向了呢?"

不管那么多,先跟当地派出所联系看看。辗转一通,终于把高美玲找着了,她一听有儿子的下落,激动得不敢相信,儿子丢了好多年了,现在真的找着了?

老张把大壮的照片从微信上给高美玲发过去,她怎么看都认不出来,直接买了第二天的车票来到北京。

母子相认,相拥痛哭,泣不成声,看得杨大姐和老张也跟着红了眼眶。世间所有的相遇都是久别重逢,这重逢虽因一字之差来得太晚,却愈加动人。

说起寻亲故事,派出所还有许多,其中最离奇也最感人的当属巡逻民警郭哥前些天遇到的这一桩。

十年前,郭哥是派出所的骨干力量,二警区的警长。有一天清晨,保洁员阿姨在中关村东路的公厕发现一个满身血污的弃婴,送到派出所。郭哥一看,孩子身上的脐带还没剪断呢,躺在襁褓里像个无助的小老鼠一样,有气无力哼唧哼唧地哭。他赶紧拨打120急救电话,然后跟着急救车将孩子送到区妇幼保健院救治,还自己出钱给孩子付了医药费。

从医院出来,郭哥又去分局治安支队办了送养手续,然后将孩子送到专门负责收救弃婴的和平里医院。

光阴荏苒,岁月如梭,转眼间十年过去了,派出所已经没人再提起这件事,郭哥也早已将之抛到脑后。

谁料想,就在这个盛夏的午后,一对美国夫妇带着一个十岁的男孩来到派出所,点名要找郭警官。

老郭看着眼前这对跨国家庭,摸不着头脑。

"It's nice to see you! It's too perfect! Thank you! Thank you too much!"美国爸爸一把抓住老郭的手,激动地哇里哇啦一通感谢。

然后,这个爸爸又扭转头,跟儿子哇里哇啦说了一通,老郭还没听明白他说的什么,只见男孩的泪水一下子从眼眶中涌出来,淌了一脸,热切地望着老郭。

老郭赶紧让所里新分来的大学生小刘当翻译,总算弄明白怎么回事儿。原来,眼前的这个俊朗少年竟然就是十年前那个满身血污、生命岌岌可危的弃婴!

因缘巧合,这个被亲生父母遗弃的孩子在被和平里医院送到儿童福利院后一年多时,就被这对来自美国的夫妇收养了。孩子一天天长大,他们决定带他来中国寻根,从福利院找到和平里医院,又从和平里医院找到派出所,终于找到孩子的恩人老郭。

看到当年躺在襁褓中的小婴儿如今已经长成英气勃勃的俊朗少年,老郭的脸上绽出欣慰的笑容。

这个黄皮肤的美国少年,深深地给老郭鞠躬,用英语深情地一遍遍说"thank you, thank you",泪水掉到值班大厅的地砖上,晶莹透亮如同珍珠,看得每一个人都情不自禁流下眼泪。

人间最美是真情,纵然是万里迢迢,纵然是岁月遥遥,也无法将它阻隔。

谢谢你帮我找回清白

12月20日一大早,派出所治安接待大厅就站满了人,乌泱乌泱的,人头攒动,还全是"白头翁"。

这是什么情况？我有点儿眼晕。这一群大爷们挤在一块儿,所为何来？

"政委来了吗？我们要见政委。"大爷们七嘴八舌,分外激动。

他们这是要干吗？上访？投诉？谁敢招这些大爷们不高兴？现在这年头儿,大爷大妈们可是不好惹啊！可是,看着他们的表情也不像啊,虽然都很激动,可是,此激动却非彼激动,他们的脸上都洋溢着兴奋的光彩,跟遇到什么喜事儿似的！

"我是政委,呃,大爷,你们有啥事儿尽管跟我说好了。"政委走进来,被眼前这壮观的景象吓了一大跳,也不清楚形势,心里不免有点惴惴。

"哎呀,政委,感谢您啊！"大爷们一见到政委更加激动,像见到了亲人,涌了上来,将政委围在中间。

政委被大爷们的热情搞得有点儿吃不消,脸上微笑着应答,心里倒是放下一块大石头："哦,感谢我？咱们这是咋啦？"

一位大爷干脆拉住政委的手："哎呀,感谢您培养了大伟这么好的警察啊！人民警察为人民,这样把老百姓的事儿真当事儿的警察才是真正的好警察啊！"

"锦旗送给咱们的亲人,来,您看好了！"说着话,两位大爷"啪"

地一下将手中的横幅打开,迅速向两旁分开,那动作之麻利、之灵敏,简直不像六七十岁的人,很有点儿街头快闪行为艺术的感觉,大红横幅占满了治安接待大厅,整个屋子成了他们的舞台。

我赶紧瞪大眼睛去看横幅,14个大字赫然在目:忠于职守好警察,为民解忧暖人心。

"大伟真是有责任感的好警察啊,不辞辛苦帮我们张领队找回了清白!"一位大爷拉着政委的手津津乐道,"要不是他,我们张领队还蒙着不白之冤呢,哪有心思为我们服务!"

另一位大爷跟着点头:"可不是嘛!老李,你说,咱这岁数,啥都能受,就是不能受冤枉,是不是?"

那位李大爷拼命点头:"就是,就是!咱一辈子吃的苦受的罪多了去了,那都无所谓,就是不能受冤枉,特别是咱没做过的事儿,不能背黑锅!咱一辈子行得正,走得端,做人就是图个口碑,不蒸馒头争口气,不能让人瞧不起!"

一群大爷跟着点头附和:"没错儿,没错儿,不蒸馒头也得争口气!"

"唉唉,老张,你倒是说句话呀,刚在咱们俱乐部,你那么激动,还说要好好跟政委表扬一下大伟警官的,这会儿咋跟个闷葫芦似的呢?"

我顺着大爷们的目光看过去,只见张领队脸憋得通红,好像很不好意思的样子。

原来,这群老大爷是"夕阳红"健走俱乐部的驴友,六十五岁的张大爷是他们的领队。一个月前,张大爷驾私家车去给健走俱乐部买健走器材,开到西二环时被交警拦了下来:"大爷,您好,您故意遮挡车牌,按照《机动车驾驶证申领和使用规定》,要给您200元的罚款,并扣12分的处罚。"

张大爷懵了:"故意遮挡车牌?我没有啊!"

交警带着张大爷走到车前:"没有?这是怎么回事儿?"

张大爷一看,得,前车牌被一张小广告挡得严严实实。

"还有后面。"

张大爷又跟着交警走到车后面一看,得,后车牌也被一张小广告挡得严严实实,"可是,交警同志,我真的没挡过啊!我今儿一大早就开车出门了,根本都没顾上看!"

交警看看张大爷,瞪着大眼睛,表示不相信,"那它们无缘无故地咋会贴在你的车牌上?还前后都有?还贴得这么严实、这么紧?我撕下来都费劲。"交警一边扯小广告,一边说。

张大爷百口莫辩,脸憋得通红,只能乖乖接受处罚,当了一辈子良民,他也学不会当刁民啊!

罚款倒是好办,重学交规可差点儿要了他的老命了,都这岁数了,哪记得住呢?张大爷又急又气,觉都睡不着,本来不高的血压都开始升高了。

不行,思前想后,张大爷决定报警求助,不能受这冤枉!

大伟接到张大爷的报警电话,先好言好语把老人家的情绪安抚下来:"大爷,您放心,我一定帮您查清真相,还您清白。"

接着,大伟来到张大爷住的小区勘查现场。张大爷的车平时就停在小区路边,被罚那天,已经一个星期没开过。然后,大伟又到社区警务室查看监控录像,录像显示,被罚那天,张大爷从楼上下来直接开门上了车,连看都没看。那就是说,小广告肯定不是张大爷当天贴的!

那到底谁才是真正的罪魁祸首呢?大伟从那天早晨一点一点往前翻,在翻了连续 50 多个小时的录像、眼睛都快瞎了的时候,终于把真正的罪魁祸首给找着了!

原来,有俩吊儿郎当的小伙子手里拿着一大沓子小广告,一边走一边四处贴,路过张大爷的车,就顺手在前后车牌上各贴了一张!

然后,若无其事大模大样就走了!

大伟赶紧把录像截图发给张大爷看,张大爷看了视频,气得哭笑不得,同时也长舒了一口气——终于能洗刷冤屈了!

大伟又拿着视频找到经办交警,交警一看,哟,真把老大爷给冤枉了,不好意思地挠挠头:"嘿,得赶紧给老大爷申冤!"

处罚被撤销了,张大爷终于扬眉吐气了,跟队友们一说,大家全都替他开心:"走,咱去给大伟警官送锦旗去!"

这群老大爷你一言我一语,说得不亦乐乎,把政委也听得哈哈大笑,主角大伟警官倒被他们说得不好意思了!

"警察大侄子,谢谢你帮我找回清白!"张大爷京腔京味儿,抑扬顿挫。

"大爷,您客气!"大伟一字一顿,字正腔圆。

派出所治安接待大厅回荡着一群老大爷爽朗的笑声:"大伟警官,这个周末跟我们这帮老家伙一起去爬百望山!"

大伟抱起双拳,爽朗地说道:"好嘞!"

人间最美夕阳红,温馨又从容,他喜欢这群热爱生活积极向上不服老的大爷们,他们让他想起自己退休的老父亲,老吾老以及人之老嘛!今天晚上,他要回家看看老爷子,让老爷子也加入到这个"夕阳红"健走俱乐部!

"绑匪"打来电话

天蓝得一尘不染,像一匹巨大的水洗布,明亮的阳光和煦又温暖,社区里的树五彩斑斓,金黄的、棕红的,美不胜收。这是北京最美的季节,一切都是自然的恩赐。

社区民警老张戴着装备和电台正在社区溜达,17号楼的孙大爷慌慌张张地走过来,看也不看老张,急匆匆地直直向前走。

这个孙大爷今天这是咋了,平常见面都要拉着自己聊上半天的,今天却好像没看见自己似的。老张皱了皱眉,这么着急忙慌的,肯定是有事儿,得问问他。

老张拦下孙大爷:"孙大爷,您这是要干吗去呀?"

孙大爷看也不看老张,自顾自往前走:"哎呀,老张,出事儿了,我急着呢,不跟你聊了啊!"

孙大爷越着急走,老张越不能让他走,经验告诉他,这事儿不简单,得问问清楚。

"孙大爷,出啥事儿了?您能不能跟我说说,我帮您拿个主意?"老张不急不忙,笑眯眯地说。

孙大爷停住脚步,手还在抖:"唉,我儿子大伟被人绑架了!"

老张一听,吓了一大跳:"什么?大伟被人绑架了?啥时候的事儿?真的假的?"职业习惯总是让老张遇事刨根究底,很多事儿没有表面上那么简单。

"就刚才!我接到一个陌生电话,一个男人跟我说,我儿子大伟被他们绑架了,让我给他们汇 30 万。"老张慌里慌张地说,"张警官,我不跟你聊了,我得赶紧去银行了啊,时间长了我怕儿子有个什么好歹。"

孙大爷说着就要走,老张哪能让他走,这摆明就是遇见骗子了嘛,走了 30 万就没了!"孙大爷,您先别急着走,不差这一时半会儿的,绑匪要的是钱,不会把您儿子怎么着的!"老张一脸淡定。

"哎哟,张警官,您可不知道,那些绑匪可是没人性的,电视上不都演了吗?到时间拿不到钱,没准儿会撕票的!"孙大爷急得出了一脑门子汗,太阳一照亮晶晶的。

"大爷,您别急,先给大伟打个电话确认一下,万一是骗子呢?"

"我本来也不相信,可是,你知道吗?他们给我打电话时,我还听到里面有我儿子的哭声呢!"孙大爷一边说,一边从怀里掏出一本存折,"这个存折还有半年才到期呢,唉,没办法,只有当活期取了,可惜了!"

老张摇摇头:"您把大伟的手机号码告诉我,我给他打个电话看看。"

大伟的电话一直无人接听,老张心里更加确定这是一起电信诈骗,如果人真被绑架了,手机肯定会关机的。"孙大爷,我跟您保证,大伟肯定没事儿,这样,您先跟我到警务室坐会儿,我慢慢给大伟打电话。"

孙大爷将信将疑地跟老张来到社区警务室,老张给他倒了一杯水,然后继续给大伟打电话,约莫打了半个小时,那头终于接了:"您好,我是孙大伟,您哪位?"

老张爽朗地笑起来:"哈哈哈,我是你父亲家这儿的社区民警,你父亲还以为你被人绑架了呢!我让你父亲听电话啊!"

跟儿子说上了话,孙大爷才彻底放下心来,挂完电话,又把存折掏出来看:"唉,好险!老张,今天幸亏遇上你,不然我这棺材本儿钱可就进了骗子的腰包,再也回不来啦!"

"您儿子刚才在外面跟人谈事儿呢,没听到电话响。以后您再遇见这种事儿,可千万多长个心眼儿,别再上当了!这些骗子就专门盯着老年人呢!"

"嗐,大伟说他一会儿回来看我。老张,本来我也不相信,你说我年轻时还当过兵呢,咱不是那种没见过世面的老头儿,对吧?可是,我听到电话里传来大伟的哭声,真是不得不相信啊!"孙大爷一边说一边摇头,"你说,那哭声到底是怎么回事儿呢?"

"现在网络技术那么发达,啥都能做出来,骗子的手段多着呢,从网上找来一段音频处理一下,被骗的人隔着电话,不仔细听根本听不出来!"老张说,"看来我还得继续在社区加大防范电信诈骗宣传力度啊!"

老人是电信诈骗的主要受害者。他们一般文化程度偏低,与社会脱节,学习能力也差,不容易接受新事物,却容易听信别人,以至于骗子把他们当成作案目标,屡屡得手。民警怎么宣传防范也还是防不胜防。

距离孙大爷的儿子被"绑架"没一个星期,社区陈大妈家的女儿又被"绑架"了!这回是银行工作人员打电话到派出所报警的。

为了预防电信诈骗,派出所多次组织辖区的银行营业部开会,要求他们不仅要在醒目位置张贴金融诈骗防范宣传告示,还要给每一个来银行汇钱的群众提示,不能给陌生人转账汇款。如果劝说无效,立即给派出所打电话报警。这是我们给骗子上的最后一道防线。

我和老张赶到银行的时候,陈大妈正在跟银行柜员发火呢:"你们凭什么不给我办?我闺女要是出事儿了,你们负责吗?"

"陈阿姨,您别跟人家生气啦,这钱可是您省吃俭用攒下来的,能随随便便就给人瞎汇嘛!"老张不客气地训了起来。

"老张,你来啦?你说绑匪不会把我闺女给害了吧?你不知道,刚才他们给我打电话的时候,我还听到闺女在电话里哭呢!"

老张明白过来,这跟上次孙大爷那件事儿一模一样,很可能就是同一伙人干的。他拿过陈大妈的手机,翻出骗子电话,拨过去:"我是警察,你们不要太猖狂了!"

没想到,对方简直无法无天:"哼,警察我也不怕,你哄三岁小孩儿呢?老子还是警察呢!快让那老太太汇钱,不然我们马上要她闺女的命!"

老张把电话挂掉,问陈大妈:"把您闺女的手机号码告诉我。"

偏偏陈大妈女儿的手机一直关机,这下陈大妈更加沉不住气了,哭着喊着死活要汇钱。

老张又问了陈大妈女儿的公司,然后从网上查到公司电话,辗转半天,费了老大劲,终于把女儿给陈大妈找着了。

安抚完陈大妈,老张心想,这伙骗子看来不会收手。他赶紧把这两起案子的详细情况汇报给市局110反电信诈骗中心,冻结"绑匪"的银行账号,并且将那两个手机号进行停机操作。

老张在银行等啊等,终于等到陈大妈的女儿,陈大妈看见女儿才算把心放到肚子里,不骂银行柜员了,直骂骗子不得好死。

女儿千恩万谢地谢了老张,然后开始数落老妈:"您呀,怎么老是爱听信陌生人的话?我这么大的人了,又不是小孩儿,怎么会轻易就被人绑架了?首都的治安有这么差吗?到处都是绑匪?这回多亏了人家银行的小姑娘负责任,还有张警官他们赶来得及时,不然,您这钱怕是保不住了,回头又该天天跟我发牢骚了!"

女儿扶着陈大妈回家了,我如释重负地松了一口气,转头看老张,他却仍然愁眉不展:"小牛,你说,这防范电信诈骗还要怎么宣传,我见天儿在社区,每个楼门洞都贴了宣传材料,看见个老年人都得跟人家叨咕两句,隔一阵儿还在小区里搞次宣讲活动,咋还会有人前赴后继地上当受骗呢?"

我笑着说:"哈哈哈,张哥,革命尚未成功,同志仍需努力!"

咱警察都是"活雷锋"

几年前有一首特流行的歌《东北人都是活雷锋》，每回听到雪村那一口搞笑的东北味儿唱腔，我总不禁想起社区民警老张挂在嘴边的一句话："咱警察就是职业雷锋啊！咱们这工作性质，逼得你不当雷锋都不行，天长日久，从工作到生活，雷锋的气质就融到咱的血液里啦，这就完成了辩证唯物主义所说的从自发到自觉的转变，哈哈哈！"

老张每回说到这儿，都要用在电视小品上学的东北腔儿唱起来："老张开车去东北，撞了；肇事司机耍流氓，跑了；多亏一个东北人，送到医院缝五针，好了；老张请他吃顿饭，喝得少了他不干，他说俺们那嘎都是东北人，俺们那嘎盛产高丽参……"胖胖的老张笑眯眯地配上夸张的语调和肢体动作，唱起这一段特别有幽默感。

守株待兔

盛夏 8 月的北京，夜晚并不比白天凉快多少，虽然刚下了一阵雨，闷热却丝毫未减。三环上车水马龙、川流不息，辅路上人流如织，旁边是繁华的中关村商圈，老张在警务站周边巡逻，扛着沉重的装备从外面转一圈回来，他已经汗流浃背，警服湿乎乎的、贴在身上。正要回警务站喝口水歇会儿，却瞥见旁边过街人行道上有一部手机，张哥走过去捡起来："咦，这是谁的手机？肯定是哪个过路的不小心掉的,我给他拿回警务站等着吧。"

回到警务站,辅警看他满头大汗,忍不住说道:"张哥,瞧您热的,衣服都湿透啦,快歇歇吧!"

"刚在过街人行道边上捡了这部手机,我看看能不能跟失主联系上。"张哥检查手机,想与机主联系,却发现这部银色手机因为刚下过雨的缘故,机身进了水,手机根本打不开,没法儿用。

"手机打不开,没法儿跟失主联系,咋办?失主一定着急坏了,我估计他肯定会原路回来找,这样吧,小陈,你在屋里守着,我去原地儿等着。"张哥交代完辅警,就戴着十几斤重的装备继续在马路牙子上戳着了。

老张来回踱着步子,手机上的计步器都数到1万步了,眼看俩钟头过去了,接班的兄弟也来了,愣是没等到失主来找。

"这机主倒真是一点儿不着急,嘿,皇帝不急太监急,我都下班了,看来只能想办法把手机修好,这样才能联系上机主。"老张拿着手机在警务站周边又巡了一大圈,想找个手机维修店,可是都半夜11点了,手机维修店早关门了。

老张干脆拿着手机回到派出所,从宿舍找了一个吹风机,把手机打开,用吹风机对着手机里面吹起来。呼呼吹了半个多钟头,老张再把手机壳装好,打开试试,还真打开了!"哈哈哈,我可真够厉害的,看来退休了去开个手机维修店也绰绰有余啊!"老张得意地哈哈大笑,赶紧用自己的手机给失主手机通讯录里的亲密联系人打电话,辗转了半天,终于与失主联系上了。

第二天一大早,失主王先生来到派出所,拿到手机,拉着老张的手,千恩万谢:"真是太感谢您啦,警官,我真没想到还真能找着!"

找 孙 子

夏天快要过去的时候,我和小飞去颐和园上勤,暑期历来是颐和园的游园高峰,全国各地的游人顶着炎炎烈日,往这里一窝蜂涌来,而且大多数都是带着孩子来的。

我俩从颐和园东宫门到西苑一路走过来,突然看到一个老太太骑着三轮车一边走,一边号啕大哭:"小伟啊,小伟啊,你在哪儿啊,这可怎么办,怎么办,怎么办啊……"

老太太哭得撕心裂肺,路人纷纷侧目,我和小飞停下脚步,朝老太太看过去。老太太安徽口音,六七十岁的样子,穿一件花衬衫,看见警察,哭得更厉害:"我孙子丢了,丢了,咋办? 咋办?"

我赶紧拉住老太太的车头:"别急,别急,您先冷静下来,把话说清楚,孩子叫啥名儿? 在哪儿丢的,多大了,长什么模样,穿什么衣服?"

老太太从三轮车上下来,抹了一把眼泪:"他叫小伟,六岁了,上身穿一件蓝色短袖衫,下身穿一条黑色短裤,我骑车带着他从北宫门那边过来的,走到新建宫门那儿,我回头一看,车里没人了,也不知道他什么时候下来的,呜呜呜,这孩子从来都淘气得很,呜呜呜,我可怎么跟他爸妈交代呀,呜呜呜……"

老太太哭得伤心,索性往地上一蹲,抱着头放声大哭,引得周围的人很快围了过来,七嘴八舌开始议论。

小飞拿起电台开始呼叫:"指挥部,指挥部,我们在西苑地铁站附近接到一名老太太报警,她六岁左右的孙子走失,男孩儿叫小伟,上穿……"

小飞和指挥部联系,我拿水壶倒水给老太太喝:"大妈,您先甭着急,孩子都六岁了,基本懂事儿了,我估摸着丢不了,这一条路上这么多警察,孩子迷路了肯定会找警察叔叔的。"

可是,老太太哪听得进去啊,哭得上气不接下气,推着三轮车非要走,我赶紧拦住她:"您要去哪儿啊?"

"我得去找我孙子啊,我这心慌死了,总不能在这儿干等吧?呜呜呜……"

我哭笑不得,耐心劝她:"您不用跟没头苍蝇似的到处乱撞,一会儿我们要是帮您找着孙子了,上哪儿找您呢?"

老太太一听,停住了脚步,好像在寻思。

小飞赶紧劝她:"您哪儿也甭去,就在这儿等着,我们刚跟指挥部报了,指挥部会发动周边所有执勤警力帮您找的!"

老太太一听,寻思了一下,又蹲在地上,继续哭起来。周围的游人都跟没事儿干似的,围着老太太七嘴八舌地议论:"唉,你说说,这人山人海的,可上哪儿找?""唉,带孩子出来玩,最怕这个,你说闹心不闹心?""这要是找不着,一家子可不就毁了?"

过了半个多钟头,电台响了:"请把老太太送到新建宫门颐和园派出所,她的孙子小伟在那儿等她。"

还没等我们说话,群众就开始噼里啪啦鼓起掌来:"警察同志好样的!好样的!"

老太太反应过来,腾的从地上一跃而起,骑上三轮车:"快,小伙子,快带我去!"

小飞大手一挥:"牛姐,您自个儿盯着哈,我去去就来!"

小飞开着警车在前缓缓而行,老太太骑着三轮车在后使劲猛蹬,群众有的鼓掌,有的竖着大拇指叫好。我红着脸继续巡逻,心里的满足和成就感油然而生,平淡的生活好像也因此而有了些许不同。

砸 车 救 人

警察在工作中当惯了职业雷锋,有时会不由自主地将这习惯带到生活中来。

周末下午,大伟陪媳妇儿去逛商场,刚停好车准备去逛,却发现好多人围在一起,职业习惯驱使他走上前去弄个清楚。原来,一个两岁半的小男孩被困在一辆轿车里。妈妈在外面急得像热锅上的蚂蚁,孩子在里面哇哇大哭,拼命地敲打车窗,满头大汗。

围观的群众都急得不行:"快把车窗砸了吧,天儿这么热,孩子要是有个三长两短可怎么行?""是啊,你没看孩子的头上全是汗嘛?""哎呀,这大人怎么搞的,怎么能把孩子给困在车里呢?"

孩子的妈妈又是搓手又是跺脚:"他爸已经回家拿备用钥匙了,怎么这么半天还不回来呢?"

大伟见状坐不住了:"这位女士,这事儿真不能等,这么热的天儿,车里温度更高,万一孩子缺氧虚脱,可不是闹着玩的,您赶紧给他爸打个电话,问问到哪儿了,还得多久,不行咱就得破窗,救孩子要紧!"

孩子妈妈给爸爸拨了好几遍电话才拨通。一问,还堵在路上,回来且得好一会儿功夫呢!

眼看孩子在里面已经快虚脱了,大伟再次催促:"女士,我是警察,您听我的。我们见过这种情况,真有孩子缺氧窒息而死亡的,不是吓唬您!换个车窗花点儿钱是小事,孩子出事儿可就是大事。咱得分清轻重缓急,这可不是闹着玩的!"

孩子妈妈看看大伟,终于点了点头。

大伟赶紧从自己车上找出应急捶,死劲儿将车窗敲碎,把车门打开,把孩子抱出来交给妈妈。孩子已经快虚脱了,这会儿看到妈妈,紧紧地搂着妈妈的脖子,"哇"地大哭起来。

原来,这一家三口来逛商场,停好车爸爸妈妈先下来,正要抱孩子呢,汽车突然自动落锁,把车钥匙和孩子一起锁在车里面。幸亏大伟及时破窗把孩子救了出来。

大伟跟媳妇儿进商场了,孩子爸爸还没回来,不知道堵在哪旮瘩呢。

就像老张说的,每一个警察都是职业"雷锋",当着当着就习惯了。不仅穿警服的时候,脱下了警服还是"雷锋"。这也是一种职业病吧?

一句话的事儿

古代有一位国王,有天晚上做了一个梦,梦见自己的牙全掉了。他找来两个解梦的人。国王问他们:"为什么我会梦见自己的满口牙都掉了呢?"第一个解梦的人说:"皇上,这个梦的意思是说,在你所有的亲属都死了、一个都不剩以后,你才会死。"国王一听,龙颜大怒,杖打了他一百大棍。第二个解梦的人说:"皇上,这个梦的意思是,您将是您所有亲属当中最长寿的一位呀!"国王听了非常高兴,赏给第二个解梦的人一百金币。

同样的事情,同样的内容,为什么一个会挨打,另一个却得到嘉奖呢?因为挨打的人不会说话,得赏的人会说话而已。

俗话说得好:"一句话说得人一笑,一句话说得人一跳。"正所谓,"一句话能成事,一句话也能坏事。"可见,说话是一门博大精深的艺术。派出所警察天天与群众打交道,有各种矛盾纠纷要处理,"说话"的重要性更甚于常人,可以说,"会说话"是派出所警察的基本功:一句不得体的玩笑话可能会引起尴尬,甚至引发当事人的投诉;一句巧妙的俏皮话却可能化干戈为玉帛,消弭纠纷于无形。一个优秀的派出所警察,必须"会说话":该严厉时严厉、该亲切时亲切,该直接时直接、该婉转时婉转,该谨慎时谨慎、该幽默时幽默……

前些天,所里接到报警,饭馆老板和伙计打起来了。等我们赶到现场时,俩人已被拉开,店老板的脸上已经挂了彩。我们一问才知道,原来店伙计要辞职回家,因结算工钱和老板发生分歧。后来,双方经协商也达成一致了,谁知道,店老板在付工钱时嘟囔了一句:"真是讨债鬼!"伙计一听,气往头上冲,抬手就开打。结局是,店老板受伤被送医,伙计赔了钱还被拘留。店老板的一句话,导致两败俱伤。

还有一次,我们接到一名年轻女子报警,称自己遭到丈夫的家庭暴力。我们到现场一了解,原来是小两口为一瓶酸奶吵架。男人平时喝牛奶,女人平时喝酸奶。结果那天男人出差回来误将女人的酸奶喝了,女人就开始没完没了地抱怨,把从酸奶一直到恋爱期间陈芝麻烂谷子的旧账全翻出来了。男人急了,嘟囔了一句:"你这个娘儿们真是欠揍!"没想到,女人被这句话给惹毛了,梗着脖子叫:"你打啊,不打就不是个男人!"男人被激火了,随手就给了女人一个耳光。

还是一句话的事儿,却话赶话赶出了一个耳光,赶出了一个110警情。我们批评了男人几句,男人也不停地给女人赔礼道歉,可女人就是得理不饶人。后来,我不知哪儿冒出来一句:"别生气别生气,生气有损你的美丽!"说完拍了拍女人的肩膀,还在气头上的女人被我说得扑哧一声乐了,才算没事儿了。我又趁机说男人:"莫冲动莫冲动,冲动是魔鬼。"男人摸摸头,不好意思地咧嘴笑了,连连点头,小两口的家庭战争终于结束。

还有一次,一个女子报警说被楼上的女邻居抓伤,我带一名新警学员去出警。到现场后,我们让报警的女子带我们去楼上找打人的女邻居,开门的是个七十岁左右的老婆婆,我们很意外,还没等我说话呢,学员就冒出一句:"这么大岁数了还打人啊?"老婆婆被气得捶胸顿足,破口大骂:"小警察,你给我说清楚,你哪只眼睛看见我打人了?"紧接着,一个二十多岁的年轻女子从里屋冲出来:"谁说我奶奶打人了? 你们警察怎么红口白牙说瞎话呀! 我奶奶可有高血压,要是气出个好歹来,你们负得了责任吗?"

原来,打人的是这个年轻女子。本来去处理纠纷的警察,却引火上身,差点儿成了纠纷的中心。新警后来费了好大劲才算把自己摘出来了结此事,真是教训深刻。

一对婆媳闹矛盾,闹到家门口的社区警务室,社区民警老张带着新警徒弟正在值班。这个婆婆的难缠是有名的,平时总在街坊邻居面前说儿媳妇的坏话。新警直截了当地批评婆婆:"您作为长辈,怎么能在背后捕风捉影说晚辈的坏话呢?"一句话说得刚刚平息火气的婆婆又炸了,在警务室哭闹起来。老张赶忙好言相劝:"老人家,您是长辈,别和晚辈一般见识,媳妇是咱自个儿家的人,您以后不还得靠她伺候吗?"老张的一番话和风细雨,说得婆婆心悦诚服。

都是一句话,却像荀子说的那样:与人善言,暖于布帛;伤人以言,深于矛戟。都是一句话,说不好,引火上身,让矛盾越来越复杂,工作越来越难做;说得好,却可以顺利解决很多纠纷。作为天天做群众工作的派出所民警,一定要学会说话,掌握语言沟通的艺术。

遭遇"保护伞"

大半夜的,接到辅警的微信:牛姐,16号楼的居民举报,101室是群租房,深夜还噪音不断,干扰居民正常休息。我一听就皱紧了眉头,群租房?去年冬天不是已经集中清理整治完了吗?群租房还真是野火烧不尽春风吹又生啊!

都是高房价闹的!

首都地皮贵,我们所的辖区因为临近中关村,更是寸土寸金。房价高,房租也高,一套50多平方米的老旧两居室,市价要租到约8000元/月,刚毕业的普通工薪阶层,哪里租得起?于是,房产中介就花招百出,将一间15平方米的卧室租给三四个人合住根本不算稀罕事儿。胆子大的,竟然将3平方米见方的厨房和阳台都改造成卧室,分租给不同的客户,丝毫不顾安全隐患。

我刚刚接手社区民警,还不知道这个101室到底是个什么情况,决定第二天一早叫上辅警和流管员去实地看一看。

流管员告诉我说:"这个101着实讨厌,春天时住了十几个快递员,老是深更半夜才一个个回来,闹腾得左邻右舍都不安生,后来所里把他们赶走了。"

我们敲了半天门,里面也没动静,这时来了一个快递员,笑嘻嘻地说:"不用敲门,这个屋住了三拨呢,这个门根本就不锁。"

我打开执法记录仪,使劲推开门,是黑乎乎的过道,我一边大声喊"有人吗?"一边往里走。

对面的门开了,一个穿睡衣的姑娘看见警察,怯生生地问:"什么事儿呀?"

我出示了工作证:"请把身份证给我看一下。"

姑娘扭身去抽屉里翻包。

我走进去打量房间,这是一间厨房改造的卧室,不足3平方米的房间,摆了一张小床和床头柜,就连下脚的地方都没有了。我抬头向上看,一台空调挂在墙上,电线裸露在外。床头则是露在外面的天然气管道。

"这间房一个月多少钱?"

"2000。"

"你自己住?"

"不是,我和我男朋友。"

"合同有没有?"

"有。"

姑娘又扭身去抽屉里翻合同。因为空间逼仄,她转身的时候,一下子撞到了我。

我将合同上的中介电话抄下来,告知姑娘其中的安全利害,让她跟中介要钱,赶紧找地方搬走。然后交代流管员:"起草个通知,贴到门上,限中介三天内拆除隔断,将房屋恢复原状。否则,街道将强行拆除。"

另外两间房门紧锁,敲了半天都没有人应。流管员说:"这两间分别住了几个小姑娘,我已经登记了。这个101室将厨房改成卧室,已经不是头一回了。您刚接手这个社区,可能不知道,前段时间,我们刚给它拆过一回,这才多久啊?总不能这样搭了拆,拆了又搭吧?"

按照市价,这样一套两居室的租金应该在8500元/月左右,可这套房子,中介至少能租1万元/月,真是利欲熏心。

我从黑乎乎的房间走到阳光下,有点儿恍惚。每一个来北京闯荡的北漂,都有着不为人知的辛酸。可像这种情况,谁能保证不出事儿?想到2017年冬天大兴那场大火,我真是心惊胆战。

按照《北京市房屋租赁管理若干规定》的规定,出租的房屋存在治安、消防安全隐患的,由公安机关责令改正,并可处以1000元以上3万元以下罚款。不得将厨房、卫生间、阳台、地下储藏室等作为卧室出租供人员居住,出租人违反出租房屋限制条件的,由建设(房屋)行政部门责令改正,情节严重的,可处5000元以上3万元以下罚款;房地产经纪机构及其经纪人员从事房屋租赁经纪业务违反出租房屋限制条件的,由建设(房屋)行政部门责令改正,处3万元以上10万元以下罚款。

根据上述权限,公安机关只能选择适用前一条规定。

回到所里,我上本地人口库查到房主的信息,是一个四十岁的中年妇女。我打通她的电话,对方态度倒也温和:"这个房子我都交给我弟弟打理的,你跟他联系吧。"

我打了几个电话,终于找到房主的弟弟,人家客气得很:"我是咱分局的同事,你看这事儿是不是就这么算了?"

我瞪了瞪眼睛,算了?大哥,您这可不是头一回了呀!万一哪一天真的一把火烧着了,我这身警服还穿得了吗?直接就从社区民警变成阶下囚了!"大哥,您既然是同事,更应该支持我们的工作是不是?咱房子要想出租,最好交给正规靠谱的中介公司,而且作为房主,您也有义务保证房子的安全,对吧?万一哪天出了事儿,谁能兜得住呢?"

我还在苦口婆心地给对方做思想工作,人家"啪"地就把电话挂了!

这个结果我早已料到:要不是仗着房主是警察,中介恐怕不敢这么胆大妄为,一次次地屡教不改,这次绝不能轻饶了他们!

我决定找所长为我撑腰。所长听完我的汇报,沉吟了一会儿:"这事儿交给我,都是同一分局的同事,面子上别闹僵。"

三天以后,房主带着中介来派出所接受了处罚。所长笑着对我说:"小牛是个较真儿的人。认真点儿好,凡事最怕'认真'二字。"

从那以后,这套房子再没有出过幺蛾子。

警察不是万能的

当了警察以后,经常有朋友问我:"亲爱的,你能帮我查个人吗?"更有甚者,直接问我:"我想查一个人的通话记录,你帮我查一下,行吗?"还有朋友问过我:"你帮我给我老公的手机定位,行吗?"

每次听到这些理直气壮的不情之请,我都很无语。如果派出所可以随便查公民的通话记录、给别人的手机定位,那大家还有安全感吗?更不用说派出所根本没有这样的技术手段和权限。要想给手机定位或查通话记录,需要申请分局相关部门审批,还要立案。《刑事诉讼法》规定,公安机关在立案后,对于危害国家安全犯罪、重大毒品犯罪或者其他严重危害社会的犯罪案件,根据侦查需要,经过严格的批准手续,可以采取技术侦查措施。

有一次值班,凌晨3点左右,我被110报警电话叫起来。一个中年男人说自己前一天晚上喝醉了,将手机落在饭馆,根据手机GPS定位功能追踪到某小区,让警察现在去帮他要手机。

经常有群众报警,称手机落在出租车上或忘在饭店里、公园中,让警察给手机定位,帮忙找回来。实际上,像这种遗失事件,捡手机行为属于不当得利,根本不属于公安机关立案的范围;公安机关无权立案,更无权给手机定位,强迫人家归还。

警察真不是万能的神仙。

常有群众丢了电动车,来派出所报案,我们忙活一大通却没给人家找着,群众就会非常不满。"不是有监控吗?怎么会找不着?"

可是,用常识应该能想到,如果小偷是流窜作案或者没有犯罪记录的新手,警察怎么能够轻易就找得着他的下落? 不是所有的案子都能破,也不是所有的贼都能抓得着。

还有各种买卖纠纷、消费纠纷、债务纠纷等,老百姓反正一有事儿就想到打 110,也不管这事儿到底归不归警察管,警察解决不了可能就落下个不作为的名声,然后在他们的亲朋好友中口口相传……

我师傅从警已经 30 多年了,喜欢跟我唠叨他以前刚当警察时候的事儿。师傅说,20 世纪 90 年代前后,老百姓都以认识派出所民警为荣,家里出了大小事儿,只要找派出所民警,准能摆平。曾经有一次,一个小伙子想退婚,找片儿警(那时的社区民警叫"片儿警")帮忙,想要回彩礼钱。于是,这个民警出面找到小伙子的未婚妻问:"你们发生关系了吗?"姑娘说没有。民警问:"没发生关系,那为什么不把彩礼退给人家?"民警如此这般把姑娘痛斥一通,姑娘乖乖把钱退给了小伙子。

乍一听,这个民警好像主持了公道,结果皆大欢喜,但要搁现在,这事儿绝对是乱作为,是违法的,已经超出了警察的权力范围。这种民事纠纷只能由双方协商解决,协商不成向法院起诉。现如今,警察遇到经济纠纷的警情,只能告知群众不要暴力讨债,要通过法律途径解决云云。然而,在老百姓看来,这一通废话解决不了他们的实际问题,警察就是不作为。

当前,派出所工作任务十分繁重,而五花八门的非警务警情更让民警身心俱疲,好多民警不得不以牺牲健康、消耗生命的代价在坚守,民警学会以法律思维来摆脱那些非警务纠缠乃当务之急。

一名顾客在火锅店吃饭,由于自己的原因被烫伤,却拨打 110 报警。民警到现场后,将其送往医院就医,此人又要求火锅店支付其医药费和务工费、精神损失费。民警让其和火锅店协商解决,如果协商不成向法院起诉。此人的要求未得到满足,遂不停拨打110,民警多次向其解释无效,忍无可忍之下怼了回去:"《110接处警工作规则》第32条规定,对于公安机关职责范围以外的非紧急求助,110报警服务台接警工作人员应当告知求助人向所求助事项的主管部门或单位求助。你坚持拨打110报警,请你拿出我们必须出警的法律依据,法律规定该警察管的,你用不着多说;法律规定不归警察管的,你说啥也没用。"这人终于不再打110了。

我们是人民警察,为人民服务是我们的本职工作,但是,宝贵的警力资源不该被浪费,应该用在该用的地方。曾有一个律师,将本应由其自行调查的问题说成是派出所处警的瑕疵,还要让派出所给他开证明,不过被政委以《民事诉讼法》第61条和第64条规定为依据拒绝了:律师有权调查收集证据。律师因客观原因不能自行收集的证据,人民法院应当调查收集。

警察的权力是法律赋予的,法无授权不可为,警察应作为而不作为是渎职,但不应作为而瞎作为、乱作为,同样是对法律的漠视。面对各种非警务警情甚至无理纠缠,敢于据理力争,有理、有力、有节地说不,才是警察作为执法者应有的姿态。这既展示了警察依法行政的形象,也简化了问题,避免了争议,赢得了主动,更在柔软中彰显了力量。

警察不是万能的,我们更渴望得到群众的理解和支持。

警之于先

警察警察,警之于先,察之于后。意思就是要警于案发之前,努力化解矛盾纠纷;察于案发之后,严厉打击违法犯罪。防范和打击互为两翼,不可偏废,这才是警察工作的本质含义。派出所民警每天与群众打交道,处于维护辖区安全和社会稳定的最前沿,做群众工作是必备技能。一名合格的派出所民警,不仅要会打击破案,更要善于做治安调解工作,善于警之于先。

做好治安调解工作意义重大。首先,治安调解有利于化解社会矛盾纠纷,消除社会不安定因素,并增加公安机关的公信力。大风起于青萍之末,许多违法犯罪活动往往都是由一个个不被重视的小矛盾积累起来的,而治安调解解决了小矛盾,就将部分违法犯罪活动扼杀于萌芽状态。其次,治安调解尊重当事人意愿,程序简单,降低了执法成本。最后,治安调解有利于维护家庭、社区和邻里关系的稳定,能有效防止"民转刑"案件的发生。

从现实看,不少刑事案件都是因治安案件未得到妥善处理导致矛盾激化酿成的。2016年夏天,分局通报了一起因家庭纠纷长期未得到有效地干预和解决而转化成恶性刑事案件的警情。该案嫌疑人某男,六十岁左右,因患癌症被儿子接到北京看病。在日常生活中,某男因生活琐事和儿媳产生矛盾,双方积怨越来越深,经常在家中争吵乃至大打出手。周围群众多次报警,居委会也调解过多次,但是一直未能化解矛盾。最终,在一次争吵中,某男冲进厨房拿起菜刀,对着儿媳连砍十几刀,致使儿媳当场死亡。某男年幼的孙子正好在案发现场,但他未能阻止悲剧的发生,目击了整个行凶过程,身心受到严重伤害。对于这场人间惨剧,如果民警早做、多做一些工作,是否有避免的可能?

做治安调解工作首先得能镇得住场面,要树立权威,让纠纷双方都愿意服你。

2016年平安夜,派出所接到报警:两个小孩家长在某培训机构打起来了!我和大伟顾不上吃饭,立即赶往现场。打架的竟然是两个孩子的妈妈!话说,女人打起架来真的很不优雅!

我们到现场时,俩妈妈情绪仍非常激动,一个瘦瘦的高个妈妈在教室里来回踱步,一边哭一边声泪俱下地指责坐着的矮个妈妈;而那个被指责的妈妈,睁着无辜的大眼睛,语无伦次为自己辩护,脸上还挂着两道血印子,显然是被抓的。在场的年轻男老师眼看场面失控,不知所措,只是讪讪地看着。

大伟一看双方都是女人,对我使了个眼色,那意思很明显,女人间的事儿,还是你这个女将出马好摆平。我会意,走上前去询问情况:"怎么回事?"

高个妈妈先发制人,指着矮个妈妈,声色俱厉:"课间休息时,我儿子和她儿子打了一架。小孩儿家打架那不挺正常的嘛,哪想到老师正在上面讲课呢,她突然冲进教室,跑到我儿子跟前,指着我儿子的脑门大吼大叫,还骂我儿子小混蛋,像个疯女人一样,把我儿子吓哭了,老师也懵了。警官你说,这会给孩子造成多大的心理阴影?我在教室外看见了,就跟了进去,想拉她出来,谁知道她就朝我脸上抓起来……"

矮个妈妈辩解道:"我抓你,那我不也没抓到吗?让警察看看咱俩的脸,到底是谁抓谁?你也太霸道了吧?"

高个妈妈一听,嗓音猛地提高八度:"谁抓谁?你说谁抓谁?你先动手,我还不能还手啊?"

眼看俩人又要吵起来,我必须赶紧制止她们:"停!你俩都别说话,冷静冷静!"我转头看男老师:"她俩谁先动的手?"

年轻的男老师腼腆地一笑:"我没看见。"

"教室里有监控吗?"

"没有。"

这时,高个妈妈突然情绪崩溃,号啕大哭起来。而矮个妈妈只是一个劲儿地嘟囔:"反正我说不过你,随便你怎么说吧。"

我认真地注视着高个妈妈,用严肃却又不乏人情味儿的语调一字一板地说道:"如果你希望我们帮你处理问题,首先要冷静下来,不要哭,好不好?"

高个妈妈还在声泪俱下地哭诉。

我提高了调门,加重了语气:"你要明白,警察不是你的闺蜜,你的情绪要自己消化,你懂吗?"

高个妈妈还在哭,但指责对方的声音明显低了下来。

我趁机抓住有利局面,放缓语气:"我也是个妈妈,我明白你想保护孩子的心情。"说到这里,我停顿了一下,注意看对方的表情。果然,她猛地点头。

我转而加重语气:"可是,你俩这样在教室打起来,对孩子造成什么影响,你们考虑过吗?男孩子的自尊心是很强的,你们做妈妈的这样不理性,会让他们的自尊心很受伤的!他们会觉得妈妈很让自己丢脸!"

两个妈妈都低下头。

"本来,孩子间打打闹闹,脸上挂点彩都不是啥大事儿,不打不相识,打完没准儿还成好哥们儿了呢!可是,你俩这样一闹,让他们以后怎么相处？"我停了停，看着高个妈妈，"你看，虽然她先跑进教室吓你儿子，可是你也把她的脸抓伤了！得饶人处且饶人，你也适可而止，孩子都还没吃完晚饭吧？如果非要没完没了地纠缠，那就得你俩都带上孩子跟我们回派出所，咱们慢慢聊，影响孩子休息不说，还可能对孩子造成心理阴影，你觉得呢？"

高个妈妈不再说话，轻轻点点头。

我又转向矮个妈妈："你也要学会控制自己的情绪，孩子间打闹很正常，让他们自己学着去解决，妈妈不能永远像老母鸡护着小鸡仔一样护着孩子，那样孩子永远长不大！"

矮个妈妈也不再嘟囔，轻轻点点头。

我见她俩都没意见，微笑道："行了，闹了这么半天，都赶紧带孩子回家吧，啊？"

高个妈妈送我和大伟进电梯，一个劲儿地道谢："姐姐，谢谢你啊！"

我笑着挥挥手："快回家吧，带孩子是容易焦虑，放松一点儿。"

走出大楼，大伟朝我竖起了大拇指："行啊，小牛，以后再出警，调解的活儿就交给你了！"

其次，做治安调解工作还得学会审时度势，既能深入到矛盾核心，又能跳出来置身事外，不能引火烧身，让纠纷双方把矛头转移到警察头上来。

纠纷双方往往情绪都极不理性，警察介入时，很容易把火引到警察这里，更有些当事人，想利用警察来实现自己的目的，警察一定不能被他们牵着鼻子走。我就听说过一起民警因处理家暴警情，按照报警人妻子的要求，将施暴人（丈夫）治安拘留，后反被妻子到纪委投诉的事件。

有一次，两个壮汉因停车纠纷发生互殴，互相打了对方头面部十来拳。我和大伟到现场时,俩人还吵得欢着呢!大伟想给他们调解,他们见警察来了却更加来劲,一个叫嚣着:"他打我,给我把他抓起来!"

另一个不甘示弱:"我打你?你没打我?我这叫正当防卫,正当防卫你懂不懂?你才应该被抓起来!"

大伟一看这阵势,决定先带他俩回派出所冷静,然后把监控录像调出来,弄清楚事情的来龙去脉,再看能不能调解解决。谁知道俩人到了派出所的治安大厅骂骂咧咧,一个指着我:"你们为什么不让我走?警察了不起啊?还想拘留我咋的?"

另一个指着大伟:"来啊,揍我啊,照死里打,别让我出去,出去我就告你,告到你脱掉这身警服,你信不信?我认识你们局长,你一个小破派出所警察算什么?!"

大伟眼看调解无望,干脆一边调看监控录像,一边等着他们耍酒疯,等他俩都骂够了骂累了,按《治安管理处罚法》以殴打他人将俩人都拘了。"不识抬举的人就不要抬举!像这种情绪失控的当事人双方,特别容易把矛头对准警察。我们一定要冷静,要控制好情绪,不能被他们带偏了节奏!"

最后,做治安调解工作一定要站在客观公正的立场,不偏不倚,必要时还要舍得"牺牲"。

有一次,我带着新警学员出警,一个骑自行车的中年妇女报警说停车管理员把她的自行车扔到马路边上扔坏了,而停车管理员却不承认扔,说是她的自行车停在机动车的车位上,自己只是把它挪到马路边上了,自行车不是自己弄坏的。

自行车停放的路段没有探头,没法儿查看停车管理员到底是扔还是挪的自行车,自行车本身也就五成新,怎么坏的也无从得知。两个妇女越吵越凶,恨不得要为这辆破自行车打起来。我大声将两人呵斥住,先给车主讲事发地点不能停自行车,再给管理员讲工作要注意态度,我还没把俩人的情绪抻平呢,新警是个小姑娘,她看不下去了,嘟囔道:"为一辆破自行车,吵了快一个小时,真矫情!"

车主听见"矫情"俩字受不了了,直接发飙,指着新警学员鼻子骂起来:"你什么意思啊?你是说我的自行车本来就是坏的是吗?你是说我碰瓷儿讹她是吗?你就这么当警察的吗?你知不知道啥叫公平公正啊?看你肩膀上还是俩拐呢,还是个新警学员吧?就你这样儿,以后也当不好警察!"

车主圆睁双目,嗓门高亢,唾沫横飞,将周围的群众都吸引了过来。我一看,糟了,今儿碰上难缠的主儿了!

新警学员被她骂得脸通红,眼泪直在眼眶里打转儿。我赶紧跟车主道歉并安抚:"我们这个新学员刚刚说话不周,希望你能谅解。你的自行车怎么坏的,咱也没办法查清楚,但是我理解你的心情。你看这样好不好:让这个管理员向你赔礼道歉,毕竟她没文化,工作方法简单粗暴,确实也有不对的地方;至于你的损失,我来赔给你好不好?"说着,我从口袋里掏出100元:"这钱你拿着,找个地儿把自行车修一修,咱也别搁这儿生气了,好不好?"

管理员一看这形势,赶紧道了歉。车主鼻子里"哼"了一声,毫不客气地接过钱,嘴上还不善罢甘休:"哼,我也就是看这位警察大姐的面子!"

管理员脚底抹油溜了,车主一扭屁股推着车走了,围观的群众也散了,学员不甘心地对我说:"师傅,您干吗要自掏腰包赔她钱啊,这不是纵容坏人吗?"

我无奈地摇头:"首先,这个事情,你没有站好客观中立的立场,她看出了你的偏向,抓住了口实,我们的调解工作就没法儿进行下去了。其次,围观的群众越来越多,还有人在录像,车主越吵越来劲,咱们这样僵持下去,肯定会被好事者放到网上抹黑警察。所以,这种情况啊,咱宁可吃点亏,也不能恋战!"

为什么调解工作难做,因为人性太复杂,太变幻莫测,小事儿处理不好极有可能酿成大祸,甚至引发血案,调解工作的重要性不言而喻。派出所警察做好治安调解工作,将社会矛盾化解于无形,就等于消弭犯罪于萌芽,这就是警之于先。

第三篇
你在身旁

麦子和稗子

我有一个高中同学,总爱给我转发一些关于警察的负面新闻,还要不停追问我的看法。如果我与他持不同意见,他势必要跟我辩论半天;如果我的观点有什么漏洞,那简直就成了"小辫子",定要被他揪住不依不饶地盘问个没完。

2017年雷某嫖娼案持续发酵的那些天,我的同学群里每天都像炸开了锅一样热闹,我这个警察更是成了众矢之的,大家都揪着我想要证实关于警察负面形象的各种猜想:

"你们派出所警察都是怎么抓嫖的?"

"一定是钓鱼执法吧?"

"都说警匪一家,警察为了利益姑息养奸,你们派出所警察管歌舞厅等娱乐场所,没少收保护费吧?"

"我们家小区楼下就有一个KTV,那些'小姐'就在小区里租房住,每天晚上打扮得花枝招展的出门,小区里孩子那么多,影响特别恶劣,打110报警多少回都没用!"

"嗐,现在的警察应该叫'警痞',坏着呢!我闺女刚生下来那会儿,我去派出所给她上户口,那个管户籍的副所长管我要10万!得了,我不上还不行吗?幸亏我当时没办,第二年国家就出二胎政策了!"

"这个副所长胆子真大!近朱者赤近墨者黑,警察天天浸在染缸里,跟各种下九流斗智斗勇,想要出淤泥而不染,真的需要不一般的定力！我一个发小，是看守所的管教，前些天因为收钱捞人给关进去了，警察变成了阶下囚！"

…… ……

大家越说越激动，群情激愤。我这个警察，唯有"识时务者为俊杰"，保持沉默。

十年前，我刚到派出所时，听说有个同事因为收钱办假户口被人举报，判了一年。和我说这个事情的同事说："我上半年不是在看守所借调吗？每天都要看到她。我俩都别扭——从前我俩住一个宿舍，每天在户政大厅一起办公。我这心里真不是个滋味儿！"

无独有偶，第二年，我们派出所的一个副所长因酒后驾车被群众举报。纪委调查时，让我们轮流去看着他。看着昔日的领导落到这个份儿上，我的心情复杂得难以言说。人生的境遇，有时真的就在一念之间：一念起，是天堂；一念落，便是地狱。后来没多久，这个领导就被开除了公职。

师傅曾给我讲过几个他警校同学的故事。二十多年前，他刚参加工作的时候，基层警察工资待遇不高。同学甲在狐朋狗友的蛊惑下，穿着警服在公路上拦车要钱，案发后沦为阶下囚。同学乙伙同情妇杀害自己青梅竹马的妻子，从执法者摇身变为杀人凶手。同学丙本是禁毒警察，常年游走在黑与白的边缘，后一不留神被毒贩拉下了水。同学丁的故事最让他惋惜。丁是师傅的好朋友，血气方刚，正直勇猛，参加公安工作没多久便主动要求从机关下到基层派出所。有一天，丁接到女事主报案，称丈夫性侵其女儿。在讯问时，面对顽固抵赖的无良继父，疾恶如仇的丁没能控制住情绪，将他打成重伤。丁为自己的意气用事付出了开除公职、坐牢三年的沉重代价。

师傅说，如果不是那件事，丁现在应该一定是名真正优秀的好警察。可是，岁月不能倒流，人生无法假设，我们的命运都是自己一步一个脚印走出来的。

我想起2003年春天,我和同学们站在学校的大操场上宣誓遵守"五条禁令"。那是公安部为了严格管理这支警察队伍而出台的纪律规定,每一个警察都曾在太阳底下宣誓要遵守"五条禁令"。可是,还是有不少警察从太阳下走进了阴影中。

《圣经》里有个典故:田主将好种撒在田里,在他睡觉时,有仇敌来将稗子撒在那田。到长苗吐穗时,稗子也显出来了。田主的仆人向其报告。田主说:不必!如果薅稗子,恐怕麦子也会被拔出来。容这两样一齐长,等着收割。到收割的时候,我要对收割的人说:先将稗子薅出来,捆成捆,留着烧;唯有麦子,要收在仓里。

俗话说,林子大了,什么鸟都有。全国约有180万警察,就像庄稼地里有麦子也有稗子:是麦子,要收;是稗子,则要烧掉。大爱要无情。

给自己当一回警察

派出所和机关完全是两种氛围：相比机关的严肃沉闷，派出所更加积极活泼，同事之间都是称兄道弟，说话嘻嘻哈哈、百无禁忌；虽然工作比机关要忙得多，一天到晚不得闲，却常常是在插科打诨、轻松愉快的气氛中完成的，人的心情跟在沉闷的机关有天壤之别。在派出所，人跟人之间没有那么多的钩心斗角，反而更见真诚，我也很快交到几个关系倍儿铁的好姐们儿。

小燕是我来这个派出所交到的第一个好姐们儿，开朗活泼的她说话像机关枪，走路像一阵风。我俩住一个宿舍，我每天听她念叨工作中的各种趣事儿，常常忍不住感慨，她真是一个精力过剩、永远不知疲倦的机器战警。

世纪交替之年从警的户籍内勤小燕算是个老警察了，虽然只是个户籍内勤，可身处派出所这汪洋大海之中，她这只小船也跟着经历了许许多多的惊涛骇浪。小燕刚从警不久，一个群众来办身份证，户口簿上并没有任何异常，可是，她登录身份信息核录系统一查，发现这个人竟然是个十几年前抢劫案的红色在逃人员！

负案在逃还敢来派出所办身份证？这个坏蛋的胆子也太大了吧？他难道忘了自己曾经干过什么？小燕激动得手都是抖的，坚决不能让他从我这里溜掉！可是，户籍室只有小燕和辅警两个弱不禁风的女将，距离后面的派出所小楼有几十米远，而十年前的派出所还没安装反恐报警装置。小燕不敢大声喊，那样谁知道这个在逃犯会干出什么丧心病狂的事儿来呢?

时隔多年,我每次看到在逃犯去张学友演唱会被警察抓获的新闻都忍俊不禁,就会想起那个大模大样、若无其事来派出所办身份证的在逃犯——这些犯罪分子果然骨骼清奇,脑回路跟正常人不一样,哪儿人多、哪儿危险往哪儿钻。难道他们真的以为最危险的地方就是最安全的地方?还是他们真的那么健忘,自己做过的事情都已经忘得一干二净?

小燕拿着在逃犯的户口簿,大脑飞快地转,她低着头假装在复印机上摁了半天,然后皱着眉头对逃犯说:"对不起,这个复印机坏了,我得换个复印机把户口本复印一下,请您稍等两分钟。"小燕说着,从饮水机上接了一杯水,端给他,"天儿怪冷的,您先喝点儿热水,马上就好。"

在逃犯点点头,定定心心地坐下来喝水,一边四下打量着派出所,新鲜得好像刘姥姥初进大观园似的。

正在这个家伙怡然自得的时候,郝哥和大磊冲了进来,还没等他反应过来,就已经被按倒在地了。只见他在地上拼命挣扎,嘴里一通乱叫:"干吗呢干吗呢,你们这是干吗呢?光天化日、大庭广众之下,还有没有王法了?这里可是公安局,公安局!"

他还在吱哇乱叫,铐子就已经给戴上了,"哈哈,知道是公安局,你还敢来?这不是自投罗网吗?"大磊哈哈大笑,"送上门来的,不要白不要!"

小燕这才从门外走进来,郝哥朝小燕竖起大拇指:"小燕,干得漂亮!"

逃犯终于明白过来,气得声嘶力竭:"你们也太坏了吧?简直没有底线!以后我再也不能相信警察了!"得,犯罪嫌疑人还指望别人跟他讲江湖道义呢!

小燕大大地露了一回脸,这件事儿被大家议论了好久,派出所还因此上了分局新闻头条,连所长脸上都有光;机灵的小燕因为这个事儿被分局授予嘉奖。

从警多年,户籍内勤小燕都是给老百姓当警察,终于有一天,她给自己当了一回警察,而且,干得像智擒逃犯那次一样漂亮。

2009年12月6日8:30,派出所小喇叭点名的音乐声刚刚停止,小燕一溜烟地跑进宿舍,气喘吁吁地对我说:"快把你手机借我使使!"

这么冷的天儿,小燕的脸红扑扑的,鼻尖儿上冒着汗珠儿。我赶忙把手机从口袋里掏出来递给她:"出啥事儿了,怎么这么着急?"这个小燕,机灵是机灵,就是老风风火火的,一般人还真跟不上她的节奏。

"我的手机丢了。"小燕一边拨号一边跟我交代原委。

"啊?这可是你老公上个月花了5000块大洋才给你买的新手机啊!"5000块的新款手机,才用了不到一个月就弄丢了,我这个"葛朗台"很替她心疼。

小燕顾不上理我,专心致志地拨号,回答她的是电脑话务员冷冰冰的声音:"对不起,您拨打的用户已关机。"

"完了,完了,真找不着了。"她一边念叨,一边还抱着一丝幻想给她老公打电话,"你看看我的手机有没有落在车里?"那天早晨是她老公开车送她来的。

这次回答她的是她老公温柔但却依旧让她失望的声音:"没有啊,宝贝儿,手机找不着了?别着急,再仔细找找,看看包里有没有?"

"哎呀,你真啰嗦,我的书包早就翻了个底儿朝天了!"烦躁的小燕忍不住在电话里朝老公发起火来,看来我们的漂亮警花在家里却是个霹雳娇娃呀。

"算啦,就当破财消灾了!"我想安慰她。心急如焚的小燕根本听不进去,一门心思盘算着怎么把手机找着。"书包里没有,也没落在车里,难道说下车的时候掉在地上了?"突然,她一拍脑门,"我想到了,指挥室的监控录像肯定能看到手机掉哪儿了。"

"你上楼点名,帮我答个到!"小燕说着,也顾不上点名,一路小跑来到一楼指挥室,开始查早晨的监控录像。翻了半天,看得眼睛都花了,也没找到一点蛛丝马迹。原来,她下车的地方是个死角,派出所的摄像头没拍到。

垂头丧气地坐在指挥室,小燕寻思起来:"这咋办?难道就找不回来了?手机丢了是小事,可咱是警察呀,而且还在自己的地界儿把手机丢了,说出去可真够丢人的,这不给咱自个儿脸上抹黑吗?有这么笨的警察吗?"

"肯定还有办法,"小燕不死心,"啊,对了,咱所里的摄像头没拍到,分局的摄像头肯定能拍到,我到分局信通处去调监控录像看看。"这几年,北京市公安局的技防设施搞得不错,大街小巷都安装了"铁帽子",基本可以做到边边角角全方位覆盖。

跟所领导请了假,小燕就开着电动车去分局给自己破案了。等中午我再见到她的时候,她喜滋滋地拿着手机朝我显摆了起来:"牛牛,我厉害吧?咱这警察不是吃素的吧?"

"你牛!快说说怎么找到的?"我急切想知道她是怎么破的案。

"我来到分局,跟信通处的领导说了情况,人家立马就给调出监控录像查了起来。果然,就是在咱所门前下车的时候掉地上了,然后没到五分钟,就被咱所旁边居民小区收废品的老头儿给捡去了。我赶紧回来找他要……"

"哦,那老大爷就立即还给你了吧?"我以为我猜到了结果。

"什么呀?!他才没那么好心!"小燕愤愤地嗤之以鼻。

"啊?他不愿意给你?"我很吃惊,那个收废品的老大爷天天在所门口待着,应该认识派出所的每一个民警,失主警察都要上门了,他还敢不给?"

"你以为呢?老头儿横着呢,就是不给,还管我要什么补偿金!"小燕气哼哼的。

"真是太贪婪了!那老头儿看着那么老实,没想到这么坏!那你不会给他钱了吧?"我听着都生气,对他的称呼也从"老大爷"变成了"老头儿"。

"给他钱?那咱这警察不是当得太窝囊了吗?"小燕得意扬扬,"我给他看了工作证,义正词严地对他说:'我已经去分局调过监控录像,录像证实你确实捡到我的手机,我国《刑法》第270条规定,将他人的遗忘物非法占为己有,数额较大拒不退还的,构成侵占罪。证据确凿,你休想抵赖,你如果拒不退还的话,就等着负法律责任吧!'结果呢,他就害怕了,乖乖地还给我了,还一个劲儿地说开始就想还给我的,没想真要钱,就是开玩笑的。"小燕连比带画、绘声绘色地跟我描述当时的情形,说完忍不住哈哈大笑。

"行啊,果然是智擒逃犯的陀枪师姐,你这警察没白当!"我这个派出所新兵蛋子给小燕竖起了大拇指,由衷地佩服眼前这个泼辣能干的小内勤。怪不得老夫子说"三人行,必有我师",真的是每个人身上都有值得我这个书呆子学习的东西啊!

"嗨,这也不算啥,只不过是给自己当了一回警察罢了。"刚才还口若悬河的小燕这会儿倒有点不好意思了。"唉哟,一直在忙活找手机,这都小半天过去了,我得赶紧干活儿去了。"说着,小燕又一溜烟儿没影了,这回是去户籍登记大厅给老百姓当警察了。

派出所这个接地气的基层单位,充满了人间烟火气;这里的人也像被浪花卷到沙滩上的珠贝,被生活的海水冲刷得亮晶晶的,充满了生动的灵气。

这才是我梦想中的警察,这才是我想要的生活:真实、火热、充满激情,永远都在路上,每一天都有故事发生,每一天都不虚度。

徒手夺刀的"霸王花"

在派出所见到萧萧的时候,我眼前一亮,这个泼辣干练的姑娘我早就认识了呀!只不过,我认识她,她不认识我。

我被机关借调的时候,有一次,和李科长组织一个社区民警先进表彰会,眼看会就开始了,局长们都落座了,一个高挑漂亮的警花气喘吁吁地跑过来:"呀,对不起,对不起,我来晚了!临出门的时候,片儿里有点急事儿,就给耽误了!"

那天的会议要求穿正式的99式春秋常服,这姑娘留齐耳短发,大眼睛,白皮肤,身材高挑匀称,令人过目难忘。特别是她那一口京片子,脆刮爽利,令人印象深刻。在那么多男社区民警中间,她当真是万绿丛中一点红。

"快进去,快进去,从后门悄悄地啊!"李科长右手食指放在唇前,和蔼地叮嘱道。话里话外,神情语态,都能看出李科长对这姑娘的青睐有加。

"她是哪个所的呀?长得挺漂亮的!"我忍不住问李科长。

"嘿,她呀,可是咱分局有名的警花,十佳社区民警,功夫可厉害呢!分局特招进来的,从小练柔道,还拿过北京市女子柔道比赛的季军呢!"李科长神秘地一笑。

"啊?"我吃了一惊。

"哈哈,没想到吧?公安局好多人才呢!有武术冠军,有射击高手,有男高音歌唱家,有诗人,还有书法家,你就慢慢发掘吧!"李科长得意地哈哈大笑,好像这些人才都是他这个伯乐发现、培养的一样。

警察工作因为涉及、涵盖的面比较广,再加上警营文化建设也是警察工作很重要的一个方面,所以公安局很注意招录有五花八门特长的人,各种文艺体育特长生便是最受公安局欢迎的人才之一。不了解派出所警察的人,总会有一种误解,认为派出所警察肯定都是些四肢发达、头脑简单的粗鲁武夫,而事实上,派出所真的是百花齐放、群英荟萃,每一个人都有他独特的闪光点。

李科长从部队转业后,进了公安局,很快就适应了警营生活。大概是部队和警营都是集体归属感和荣誉感很强的地方,在部队就爱舞文弄墨的李科长很快就在公安局找到了用武之地,如鱼得水。

"可是,唉,凡事都有利就有弊……"李科长突然叹了口气。

我不禁好奇起来:"咋了?"

"萧萧这么优秀,就是嫁不出去!现在还待字闺中呢!"

"为啥呀?萧萧长得挺耐看的呀,还是个警花!理应是多少男人都想娶回家当老婆的啊!"我纳闷男人们都在想什么,错过了这么好的姑娘。

"人家一听她是'武林高手',都吓跑了!你想啊,要是俩人吵起架来,挨她一顿揍,那还不得鼻青脸肿啊?哈哈哈!"李科长说着说着哈哈大笑起来,"别人家暴都是老公打老婆,萧萧家以后肯定是老婆打老公,最不济,也得俩人对打,反正我们萧萧肯定吃不了亏!"

得,李科长这是以娘家人自居呢!

"可是,萝卜白菜,各有所爱,有人喜欢温柔体贴娇滴滴的依人小鸟,就有人喜欢英姿飒爽秀外慧中的霸王花。如果人家真心爱萧萧,俩人夫妻恩爱琴瑟和鸣,干吗要打架呢?"我不服气地争辩,男人也不一定都是一种品味嘛!

没想到这之后没多久,萧萧的大名就随着她的英勇事迹传遍了全分局。

那天早晨,萧萧像往常一样从所里去社区,骑着自行车刚走到赵登禹路路口,就听到电台里部警:"赵登禹路附近,有群众报警称,有一名中年男子持剪刀追赶一名女子,请附近的巡逻车组立即赶赴现场,发现情况立即报B12!"

赵登禹路附近?萧萧一听,立马进入临战状态,一路从南向北找寻过去。刚走50米,萧萧就发现一名中年女子捂着胸口躺在地上呻吟,外套上全是血。萧萧顾不得多想,赶紧拨打120,又俯身查问女子情况,女子指着前面方向:"往,往那边,跑,跑了!"

萧萧一看女子没有生命危险,一边向电台报情况,一边往前面追过去。刚追了200米,萧萧就发现了那名男子,手里还拿着剪刀呢!

"站住!你给我站住!"萧萧大喊。路边的行人本来被手拿着血淋淋剪刀的男子吓得纷纷避之不及,但在听到这个女警察大叫后,又吓得都愣在了原地。

男子一看是个赤手空拳的女警察,转过身来,恶狠狠地冲萧萧喊:"你别过来啊!"

男子满身酒气,目露凶光,手上全是血,拿着剪刀朝自己肚子上一通比画:"你别过来,听到没有?"

"把剪刀放下,跟我去派出所!"萧萧异常冷静。

"不要逼我,你别逼我!"男子拿着剪刀朝空中挥舞了一通,然后,突然朝萧萧冲过来。

"啊!"围观的群众发出尖叫。

眼看男子拿着剪刀朝自己扎过来,萧萧灵巧地一个侧闪,躲开了剪刀,然后,像变魔术一样,一把抓住了男子的那只手腕,反剪过去,男子还没反应过来,就被摔倒在地,手一松,剪刀"哐啷"一声掉到地上。

围观的群众鼓起掌来,有人喊起来:"警花,好样儿的!"

就在这时,巡逻车也鸣着警笛开过来了,是同事郝哥和力哥。他俩利落地从身上的警用装备里掏出手铐,"啪"的一声,男子就被铐了起来。

郝哥朝萧萧竖起了大拇指:"萧萧,不错啊,干得漂亮!"

力哥也夸萧萧:"不愧是咱们的柔道高手,危难之际显身手。你等着瞧吧,分局这回肯定得给你一个三等功,你信不信?"

萧萧摆摆手:"嘻,什么三等功不三等功的,我可不是为这个!"

很快,男子因涉嫌故意伤害罪被分局刑事拘留。原来,他跟老婆感情不和,长期吵架;这次因为琐事爆发争吵,加上喝了酒,就拿剪刀伤害老婆。

当然,萧萧没多久就被分局授予了三等功!她这个三等功可是实至名归,所有人都心服口服!徒手夺刀的霸王花,这在全分局可是头一个啊!

那天晚上,我看见李科长又埋头加班写表彰通报,这次他写得可带劲了:"小牛,怎么样?我说的没错吧?咱公安局是不是人才济济?嗯,不输给我原来的部队!可是,咱萧萧这威名远播,恐怕以后更嫁不出去了!哈哈哈!"

萧萧可是比《重案六组》里的女警察还酷呢!没想到居然能和崇拜的霹雳娇娃朝夕相处,我激动地跑到萧萧跟前,热情地跟她攀谈:"萧萧,你真厉害!我要是能有你那两下子就好了!"

三十出头的我还常常像个小孩儿一样。萧萧被我逗乐了:"你这分局机关下来的大研究生就别嘲笑我啦!"

"你是不是真的还没男朋友呢?"我想起李科长的话,忍不住八卦起来。

萧萧看看我,扑哧笑了:"我这个女汉子呀,可真成了剩女啦,嫁不出去喽!"

我赶紧拍起胸脯,向萧萧保证:"萧萧,你可是我的偶像,你的婚姻大事就包在我身上吧!放心,我一定帮你找到十全十美的如意郎君!"

从那时开始,我秉着全面撒网、重点捕鱼的原则,逢人就推销我的偶像。谁知道,还没等我开始收网,萧萧就遇到了她的真命天子啦!也是,这么优秀的霹雳娇娃,难道还能嫁不出去?

我的警花闺蜜们

每个女人都会有那么几个闺蜜。开心时,跟闺蜜分享喜悦;难过时,向闺蜜倾诉牢骚。闺蜜之间没有隐私,好多不能和老公说的悄悄话,闺蜜之间都可以无所顾忌地聊。

作为一名派出所警花的我也不例外,只是我的三个闺蜜——燕姐、荔荔和小树,也都是警花,而且都是在派出所工作多年的警花。我们隔三岔五就要聚在一块儿,海阔天空地瞎聊一通,工作、家庭,感情、八卦,五花八门,无所不谈,既释放了压力,也纾解了情绪。俗话说,三个女人一台戏,我们四个女人到了一起,那可真叫一个热闹,我老公戏称我们是"四人帮"。

闺蜜一号:知心大姐燕姐

燕姐今年已经五十五岁了,多年的从警岁月不仅没有带走她的美,反而带给她更多的从容和豁达。

从警三十余年的燕姐干过很多警种,在机关干过政工,在派出所干过巡逻和户籍民警;现在派出所管后勤,食堂、采购等后勤保障一把抓,是名副其实的大内总管。

燕姐是我们"四人帮"的老大,多年的基层警察职业生涯使她比同龄人有着更加丰富的人生阅历,也锤炼了她坚强的性格,造就了她豁达的胸怀。燕姐年轻时曾经生过一场大病,折腾了好几年,遭了很多罪。那时候,她儿子还不到两岁,爱人正忙着创业、天天加班,根本顾不上照顾她。

坚强的燕姐从来没跟身边的任何人说过她的病,更没为此耽误过工作。家里的事儿也料理得妥妥当当,一如既往地保持着开朗乐观、积极向上的状态,不了解内情的人根本看不出她是如何跟病魔做斗争并且战胜了病魔的。

有时候,我看着总是未曾开言笑先闻的燕姐,觉得她简直就是八点档电视剧里演的那种高大上女神,真的怀疑她怎么就没有负能量。燕姐说,人生苦多乐少,谁能没有过不去的坎儿啊,我只不过是自己一个人把那些负能量都默默消化了而已!

燕姐爱练书法,爱弹钢琴,业余时间总是安排得满满的,精神文化生活很充实。燕姐的老公是一家大公司的老总,家里经济条件很优越,她即便不工作,也可以衣食无忧。可她对自己的人生定位很明确:做一个自立自强的职业女性。她常跟我们三个小姐妹说:"女人必须得有自己的事业和追求,不能让男人看不起。生活不会辜负每一个努力的人,你越努力就越可爱,也就越来越被爱。"

我们都把燕姐当成知心大姐,有啥心事都爱跟燕姐说,不管是工作上的困惑,还是家里的烦心事,只要跟燕姐聊聊,听一听燕姐的开导,所有的烦恼都会烟消云散。有一段时间,荔荔感情上经历了小波折,常常为此掉眼泪,我们的燕姐就责无旁贷地担负起"老大"的使命,经常把荔荔约出来,听她倾诉、开导她,陪她走出了感情的低谷。

燕姐和老公结婚三十多年,风雨同舟、相濡以沫,是让大家羡慕的模范夫妻。这样充满智慧的女人谁能不爱呢?!

闺蜜二号：美警花荔荔

三十多岁的荔荔是个名副其实的警花——警营一朵怒放的花，部队文工团小号手转业的她，皮肤白皙胜雪，巴掌大的瓜子儿小脸，一双美丽的大眼睛顾盼生辉，任谁见了都得夸这姑娘长得俊。

从部队转业到派出所的荔荔，脱下了军装穿上了警服。她说自己"爱红装也爱武装"：休息时的她，总是打扮得时尚靓丽、光彩照人；可只要一换上警服，她就进入了工作状态，认真而严肃。

荔荔现在派出所做指挥平台内勤，接警和部警是她的主要工作。军人出身的她说："警情十万火急，有时甚至人命关天，一点儿马虎不得，只要穿上了警服，就要像战士一样时刻保持临战状态。"

穿警服的荔荔是个认真敬业的美警花，穿便装的荔荔是个漂亮时尚的大美女。她说："警察也是人，也要热爱生活。追求美是每个女人的权利，咱们女警察要对得起警花的称号，可不能给老百姓一个只会工作不懂生活的刻板形象。"热爱生活的她喜欢自己DIY小首饰，她曾骄傲地告诉我们，她设计的手串都被某知名首饰公司的主管看上了。荔荔还热爱书法，专门拜书法名师去学习和钻研，现在她已是北京市公安局小有名气的警营书法家了，还是北京市书法家协会会员呢。

每次我们夸荔荔人靓字美有生活情调时，她总是笑呵呵地自我调侃："咱干警察的，工作累压力大，休息时间没保证，不能像那些文艺女青年那样动不动就来一次说走就走的旅行、把生活过成诗和远方，咱就只能在忙碌的日子里加点油盐酱醋调调味儿呗！"

闺蜜三号:"女汉子"小树

干过十年刑警的小树性格豪爽泼辣,大大咧咧,没心没肺,四十岁的她工作起来那个拼命劲儿绝对不输任何一个男警察,用"女汉子"形容她再合适不过了。

小树现在是派出所的治安民警,跟着警区里的男同事一起摸爬滚打、熬夜、抓人、办案、审人,她从不叫苦叫累。出差更是家常便饭,别的女人出个远门光收拾行李可能就得收拾个几天,她却是前脚接了领导的出差指示,后脚十五分钟就收拾停当,行李箱清清爽爽,提溜起来就能出门。

能干泼辣的小树是领导特别中意的上专案好手,案子的法律手续总是办得干净利落、一丝不苟,从不留后遗症,是全所在法制处那儿过案率最高的选手。接了案子常常白天黑夜连轴转,有时候一个案子办完,她才想起来自己已经好几顿没吃饭了。

可是,你绝对想不到,在单位,小树是"女汉子";回到家,小树就变成了小女人。小树的老公比她大十几岁,特别心疼她,把她当小女孩儿一样宠,是个非常理解警察和支持小树工作的家属。

小树特别知足,在我们面前总是一副幸福小女人的状态,她说:"警察这个职业很有意思,每天都要跟形形色色、各行各业的人打交道,永远不知道下一分钟会有什么事儿在等着你去处理。我喜欢这份工作,它适合我爱挑战的性格。警察这份工作很苦也很累,很多女人不适应,家人也不理解;但我很幸运,找到一个理解我、支持我的另一半,不会后院起火,嘿嘿,让我能够无后顾之忧专心工作。"

警察日记

我和我的闺蜜们都是警察,相同的职业背景让我们有很多共同的话题,使我们的友谊更加牢固。我们也都是女人,在家里扮演着女儿、妻子和母亲的角色,担负着生活的重担。我们热爱这份工作,也热爱美好的生活。把工作干得出色,把生活过得精彩,是我们一致的追求。

派出所里的爱情故事

我曾经工作过五年的派出所,除了是多年的先进集体之外,还是培养爱情的温床,所里先后有三对民警情侣喜结连理,步入幸福婚姻的殿堂。

陈哥和他的"灰姑娘"

"你并不美丽,但是你可爱至极,哎呀灰姑娘,我的灰姑娘……"在所里一年一度的迎新年联欢晚会上,陈哥终于壮起胆子,对心仪已久的赵姐唱出了他的心声。台下顿时一片哗然,大家都跟着起哄。赵姐的脸红得像火烧云,头深深地低着,摆弄着衣襟,完全没有了平日里面对老百姓时的落落大方。

陈哥是内勤警长,赵姐是主管户口登记和居民身份证的内勤民警。两个人都在户政登记大厅工作,天天朝夕相对,竟然日久生情。只是,陈哥是个内向腼腆的人,始终未向赵姐表达爱意,害怕万一自己表错了情,破坏了两人的和谐气氛,以后还怎么共事呢。赵姐呢,是一个害羞腼腆的姑娘,脸皮儿薄。结果呢,俩人"郎有情妹有意",就是一直没有捅破那层窗户纸。

没想到,所里的新年联欢晚会倒给陈哥提供了一个好机会。在几个好哥们儿的撺掇下,陈哥借着歌声,向赵姐表露了真情。对的时间遇到对的人,时机恰好,水到渠成,这对办公室情侣修成正果。

不久,大家就吃到了他俩的喜糖。

只是,没过多久,按照公务员关于回避的管理规定,赵姐就被调到别的派出所,他俩就开始了聚少离多的警察式婚姻生活了,不是你值班就是我上勤,想像以前那样天天见面简直比登天还难。我们都笑他们,结婚以后反倒成了牛郎织女,还不如不结婚,谈一辈子恋爱呢。

陈哥自嘲道,距离产生美嘛!难道你们没听说过,一日不见如隔三秋吗?

他俩的恋情从巡逻车上开始

王姐和张哥的恋情从巡逻车上开始。王姐虽然是所里的内勤民警,但派出所的民警全都是一专多能、一个萝卜 N 个坑,哪个坑需要就填哪个坑儿。所里的女民警也得服从警区的安排,跟着执勤巡逻。张哥负责巡逻办案,每天不分白天黑夜地忙,一直无暇顾及婚姻大事,再加上人又木讷憨厚,不善表达,一天天下来,就把自个儿熬成了大龄剩男。

起初,内向寡言的张哥并没有令王姐青眼相加,她只是把他当成踏实可靠的大哥。后来,通过长期的搭档,王姐一次次目睹张哥冷静细致的盘查、机智沉稳的抓捕,才渐渐地对其貌不扬的张哥刮目相看。而张哥也在一次次的合作中,对这个吃苦耐劳的姑娘暗生情愫。

有一回,俩人在南长街巡逻,一名中年男子找他们问路,细心的张哥一边不动声色地打量他,一边轻描淡写地跟他聊天儿,家住哪儿啊?来北京玩儿呢?身份证拿出来看看吧?然后,张哥用眼神暗示王姐记下男子的身份证号,悄悄到旁边用核录仪核查。王姐不查不要紧,一查吓一跳——这名男子竟然是个在逃犯!

王姐远远地朝张哥比了个手势,只说了一个字:"红!"正跟男子聊得热闹的张哥,立马变身雷霆战警,以迅雷不及掩耳之势,一个擒拿手将男子反剪在地。王姐赶紧从装备包里掏出手铐,"啪"的给男子铐上!巡逻二人组配合得天衣无缝!

男子一下子懵了,拼命挣扎,一个劲儿地嚷嚷:"啥情况?啥情况?你们这是要干什么?"

张哥冷冷地说:"我们要干什么,你心里难道就没一点儿数吗?"然后扯着他上了巡逻车,让王姐看好,油门一踩,就给押回了派出所。

王姐激动地想,这可是我这个内勤民警从警十余年来第一次抓获在逃犯啊!怎么跟做梦一样?简直是天上掉馅儿饼!可是,天上掉馅儿饼,砸到的也得是有准备的人!她崇拜地看着张哥,心想他怎么就能一眼看出这个问路的男子不对劲呢?看不出这个蔫不出溜的糙汉子,原来竟是个心细如发的人儿啊,真是人不可貌相!

从那天开始,王姐看张哥的眼神儿跟原来就不一样了,内容丰富了起来,多了点欣赏,多了点爱慕。王姐问张哥咋看出那人不对劲儿的,张哥不好意思地挠挠脑袋:"他看我的眼神儿很复杂,你见过搞恶作剧的小孩儿吧?就是那种有点儿闪躲、有点儿得意、有点儿玩味又有点儿怕家长没发现的眼神儿!我就觉着这人肯定有事儿!干警察十几年了,各种各样的人见得多了,也练出了第六感,跟女人似的!"

他俩的喜宴上,警长李哥笑着说:"真没想到,我安排他俩搭档巡逻,还成全了一对有情人呢!真是磨刀不误砍柴工,革命生产两成功啊!"大家顿时笑翻。

郊游促成一段好姻缘

内勤民警媛媛是个活泼开朗的小姑娘,是所里的"开心果",各种幽默诙谐的小段子张口就来,随时随地能让人笑得前仰后合。社区民警小马其貌不扬,戴着一副大眼镜,走路连头都不抬,话也不多,女同事跟他开个玩笑,他都会脸红。媛媛一直没怎么注意小马,要不是那年春天所里组织的那次郊游,他俩根本不可能走到一起。

2011年全国两会安保工作结束后,所里组织民警郊游爬山,调整精神状态。登山比赛的时候,媛媛不小心扭到了脚,倔强的小丫头也不吭声,硬是咬牙坚持着往上爬,不肯输给任何人。

烦琐的社区警务工作使小马养成了细心的性格,他敏锐地发现媛媛的不对劲,也不说什么,只是一路照顾她、不离左右。回去以后,小马又给媛媛发短信,问她脚还疼不疼,还买了膏药,送到她宿舍去。

从此之后,他俩的交往就越来越多,感情也日益加深。爱情女神又一次光顾了派出所,两人不久便携手走入婚姻的殿堂。当然,很快他俩也被分局"棒打鸳鸯分隔两地",过起了牛郎织女式的生活!

当我们问起这三对曾是一个派出所里警察的情侣对婚姻生活有何感受时,他们异口同声:"理解万岁!"是啊,警察才是最理解警察的人吧,志同则道合,步调一致才能心心相印,他们彼此之间因为职业的共性而形成无形的默契,因为共同的理想和追求而形成心灵感应,成就了他们的夫妻警缘。

最美的祝福

2011年10月1日清晨,何所跟往年一样在执勤岗位上迎来了共和国的生日。没有任何怨言,从警二十一年了,年年如此,他早已习惯。对警察来说,除了劳动节,什么春节、端午节、国庆节、中秋节,统统都是劳动节。国庆节这天,他基本都是凌晨三点钟起床。

6:10,清晨第一缕阳光照耀着聚集了十几万群众的天安门广场,伴着庄严雄壮的国歌声,五星红旗缓缓升起,嘈杂的人群瞬间安静下来,每个人都神色肃穆,庄严地行注目礼,跟着国歌低声唱。这雄浑悲壮的国歌,在每个中国人的心中激起的全是一样深沉的情感。

刚刚升旗完毕,何所的手机就响了,他打开一看,摇着头对我说:"哎,是我爱人。我今儿起得太早,吵得她也睡不着了。她本来身体挺好的,我当警察这些年成天早出晚归,时常加班,作息太不规律了,愣是把她给弄得神经衰弱,经常失眠。警察的媳妇儿不好当啊!"

何所边叹气边看短信,语气中满是对妻子的疼爱和歉疚。可是,看着看着,他的嘴边绽出了笑容,眼睛却闪闪发亮,好似有泪光。我不由得纳闷:"何所,嫂子在短信里说啥了?家里没事儿吧?"

"哦,没事儿,没事儿。"何所声音微微颤抖,饱含着深深的感动。

那难道是肉麻的情话?何所虽然结婚很多年了,夫妻感情却一直都特别好。有时候他值班,何嫂还专门带着孩子来看他,而且每次总是带许多好吃的来,有时是小点心,有时是她亲手煲的汤。2009年,何所生了一场大病住院,何嫂衣不解带在病床前精心伺候一个多月。患难见真情,我们都说,要不是何嫂,何所的病咋能好这么快呢!

有一次,何所和几个同事去外地出差,刚好赶上过生日,何所自己都忙忘了。谁知道,他们回到旅店,竟然有快递员给他送来生日蛋糕!真是一个超级大的惊喜啊,大家这才知道那天是他的生日!大家都开心坏了,忙着吃蛋糕,只有何所自己不吃蛋糕,却拿着蛋糕上的小卡片品味,有人偷偷凑过头一看,"两情若是久长时,又岂在朝朝暮暮?但愿人长久,千里共婵娟。"落款是"永远爱你的青青"。

"啊哟,还永远爱你的青青呢!都老夫老妻了,还这么肉麻!"几个小伙子阴阳怪气地拿何所逗闷子,搞得他一个大男人脸红脖子粗,"去去去,吃你们的蛋糕去,瞎起什么哄!"

何所是个文艺青年,曾经是分局的团委副书记,英俊挺拔,能说会唱;何嫂虽然是医生,却也是个多才多艺的文艺青年。你别说,这两人还真是珠联璧合,相得益彰。要不人家老话儿说,不是一家人,不进一家门呢!

"嫂子跟您说啥甜言蜜语了,把您激动成这样,我看看行吗?"我又想起蛋糕那件事,一脸坏笑。

"给,看吧。"何所虽然有点儿舍不得,但还是大大方方地把手机递给了我,自己好像还没看够似的,犹在回味着短信的内容。我打量着他那亮晶晶的眼睛和那满含感动的神情,这一回倒不像是啥两情久长、朝朝暮暮之类的肉麻情话儿!那何嫂这个文艺青年这回整的,又会是啥呢?

我一边揣度着,一边接过手机,映入我眼帘的是一首小诗:

菊花飘香,红叶满地,国庆佳节,相伴重阳。

人民卫士,挺起胸膛,铜墙铁壁,钢铁脊梁。
披星戴月,从未言苦,风吹日晒,别样阳光。
祖国心脏,你们驻守,第一长街,长久安详。
娇妻爱子,拨起柔情,警卫守护,更是荣光。
父母妻儿,以你为豪,花好月圆,来日方长。

这是我即兴写的诗,以此祝我的老公和派出所所有民警及家属节日快乐,合家幸福!

合上手机,我脸上的坏笑消失了,眼圈也跟着红了。这些年很流行"真爱"这个词,到底什么是真爱,是轰轰烈烈的海誓山盟吗?是浪漫动人的甜言蜜语吗?不,都不是!真爱,是一颗真心、满腔柔情,是心心相印、默默支持,是相守时的珍惜,是分开时的牵挂。

我望着天安门广场上飘扬招展的五星红旗,久久没有说话,跟何所一起细细品味着这首特别的情诗。这是一个柔情似水的警嫂的真爱和关心,也是一个人民群众的理解和支持,这是最美的节日祝福!

猛哥二三事

猛哥刚刚三十岁出头,派出所的同事,无论年纪轻的还是年纪大的,却都叫他"猛哥"。原因无他,猛哥不仅名字里有一个"猛"字,人也生得高大威猛。猛哥身板黑铁塔似的,往那儿一站,就能把违法犯罪分子唬得一愣一愣的,非常有震慑力。

猛哥虽然看着像个粗人,但其实是个粗中有细、勇而有谋的细致人儿,总是关心呵护着身边的每一个人,是个地道的侠骨柔情的真汉子。

2011年8月一个热得人喘不过气来的下午,我和猛哥在天安门广场西侧路巡逻。午后两点钟的似火骄阳几乎要把光秃秃的马路烤化了,我俩佩戴着沉甸甸的警用装备,刚走了两圈,就已经汗流浃背,警服湿乎乎地贴在身上,很不舒服。

看着广场上来来往往的游人,猛哥忍不住替他们叫苦:"你说这样的天气,这些老百姓干吗不在家待着凉快,非得跑出来受这份罪呢?"猛哥一边说话,一边用他那炯炯有神的大眼睛来回打量着过往行人。

"咦,好像有情况?小牛,你看那个老大爷,好像不对劲!"机警细心的猛哥总是能在第一时间发现敏感情况。

我顺着猛哥的眼神看过去,一位六七十岁的老人坐在广场路地铁西北出口的台阶边上,面色潮红,一只手按在台阶上,另一只手颤颤巍巍地伸出去,想拽住身边路过的行人,但是行人被他吓得匆匆侧身而逃。

还没等我反应过来,猛哥已经跑到他跟前,关切地问老人:"大爷,您怎么了?"

"我,药,药,药……"老人吃力地一个字一个字往外吐,仿佛用尽了全身的力气。老人左手按着胸口,右手指着自己的裤子口袋,眉头紧锁,脸色非常难看,额头上全是汗,黄豆大的汗珠从脸上滚落下来,那样子看着很是痛苦。

细心的猛哥一下子就明白过来:"您是不是有心脏病?"猛哥参加过分局举办的初级急救员培训,这回倒派上了用场。老人已经说不出话来了,只是用力点了一下头。

"明白,您不用怕,没事的。小牛,赶紧打120,让救护车过来。"猛哥一边说话,一边从老人的裤子口袋里掏出一个小药瓶,按照瓶上的服用说明,从里面倒出几粒给老人吞下,又拿过随身携带的警用水壶,倒出一杯水给老人喝了。大约过了三分钟,老人缓过劲来,长长地吐出一口气:"唉,我还以为这条老命今天要撂在这儿了呢。"

看到老人的脸色慢慢好转,没那么难看了,猛哥也长吁了口气:"您现在觉得好点了吗?"

"好多了,刚才简直太痛苦了,心脏绞痛得我一句话都说不出来,动也动不了,自己口袋里有药,就是够不着。"顿了顿,老人又说,"我是天津人,退休了在家闲着没事,今天来北京看看老朋友,可能是中午喝了点酒,血压升高,心脏病又犯了。"老人身上确实有一股酒味儿。

"您看您,血压高不能喝酒,您咋这么不注意呢?"猛哥嗔怪着老人,那语气倒像跟自己的父亲说话一样亲切自然。"您有家人的电话吗?我让他们来接您。"

"我闺女的电话是136××××3157,麻烦您给她打个电话。"老人看猛哥的眼神充满了感激。我连忙掏出手机给老人的闺女打电话,那边一听老爸心脏病犯了,吓坏了,说她有一个大学同学在北京工作,她立刻联系请他先过来,她自己再坐最快的城际动车赶过来。

正说话间,救护车呼啸而来,急救医生跳下车来,拿出急救箱,询问了老人发病前后的基本情况,给老人量了血压,做了几项基础检查,然后对老人说道:"您是突发心肌梗死,幸亏服药及时,不然有生命危险的。现在已经没大碍了,您跟我们去医院再观察一下吧。"

"不用啦,我自己心里有数,没事儿了。"老人这时精神头儿明显好多了,坚决不跟医生走。

半个小时后,老人闺女的同学到了,陪着老人坐在那儿等,我和猛哥跟他交代好要注意的事项之后,整整沉甸甸的警用装备,继续巡逻。

要说猛哥干的漂亮事儿,那可不止这一桩。

2011年9月20日,政委收到浙江游客任某夫妇送来的一面表扬猛哥的锦旗,上面印着"出警神速,尽职尽责"八个大字。夫妇俩操着宁波味儿的普通话说道:"政委啊,你们真是培养了一个能为老百姓办事的好警察啊,我们的背包里有1万多块现金,还有一台摄像机和一部手机,更要命的是,还有好多证件和银行卡,丢了很麻烦的。本来以为找不着的,就想着报个案得了,也没抱啥希望。谁知道,你们竟然第二天就给找回来了,东西一样都不少!首都的警察水平就是高哇!"

猛哥这人吧,别看长得一副大男人样,其实脸皮儿特薄,尤其受不了表扬,听到老百姓这么表扬他,他的脸简直红得像西红柿了。我追着他问办案过程,他却只是轻描淡写地说了两句:"也没啥,就是反复仔细地看监控录像,锁定了俩怀疑目标,然后连夜开车赶到昌平找他们要了回来。"

"那你一找他们,他们就承认了?"我还是不罢休,想挖点料出来。

"他们开始不承认,后来我就虚虚实实,连敲打带吓唬,他们就乖乖地交了出来呗。你猛哥是谁呀,这两把刷子都没有,还怎么当警察啊?"猛哥晃了晃脑袋,有点得意起来。

猛哥就是这么一个人,看着五大三粗,像个猛张飞,其实遇事临危不乱、冷静沉着,而且耐心细致、机警聪明,天生是块当警察的好材料。

我们的"党代表"

他是派出所户籍内勤警长,也是派出所党支部组织委员。他是万红丛中的一点绿,一个大男人置身于女同胞们的包围中,整天埋首于枯燥琐碎的户籍内勤工作,应付形形色色的人和事,却从不抱怨,永远笑容可掬。他就是派出所户籍内勤警长宋哥,我们亲切地称他为"党代表"。

户籍内勤几个女同胞曾经给她们的头儿做过总结,发现他最大的特点就是耐心,即便是天大的事儿,他也照样不着急,永远好脾气。风风火火的我每次和宋哥在楼道里擦肩而过,他总是笑眯眯地瞅着我:"小牛啊,这么着急是要干吗去啊?"而我总是一溜小跑,将他拖着长音的"小牛啊"抛在风中。

有时候,老百姓明明带着满腔的怒气和不耐烦来到派出所办事,在数番扑腾后却会被他不厌其烦的好脾气给征服了。来的时候满脸不高兴,跟警察欠他们几斤黄豆似的,嘴里嘟嘟囔囔地发牢骚:"现在这衙门,都是脸难看,事难办!特别是公安局,很多警察素质太差!"走的时候却都是笑眯眯的,不住口地夸:"派出所的民警同志服务态度就是好!"我们都由衷地感叹,原来好脾气真是会传染的啊!

2006年7月,派出所接待了一名叫赵某的居民。他反映去驾校学车时,发现自己身份证和别人重号,因此无法报名学车,于是到派出所来要求解决问题。

"哦？有这种事？""党代表"还是一脸招牌笑容，不慌不忙，上网一查，果然，我所管界另一居民周某的一代身份证和赵某的重号。赵某和周某同年同月不同日生，赵某2月9日生，周某2月19日生。编码本编号无误，但在办理一代身份证时由于书写错误造成二人重号。周某先学车领驾照，造成赵某无法学车。而赵某自己通过关系找到周某交涉时脾气冲、说话难听，所以周某对其极为反感，扬言坚决不改身份证号。

"你们说怎么办吧？啊？！我头一回碰到这种事情！今天不管怎么说，你们也得让他改！"赵某怒气冲冲。

"这架势，跟活阎王有什么区别嘛。"内勤女民警颜颜小声嘀咕了一句。

"您先别急，咱消消气，我来想办法，一定会解决的。""党代表"递给赵某一杯酸梅汤（酸梅汤是派出所食堂自制的，供给来办事的群众饮用），笑眯眯地温言劝慰。

赵某一杯酸梅汤下肚，火气消了不少，坐在椅子上，等着"党代表"给他解决问题。

"党代表"认真查询派出所综合信息系统和核对身份证编码表，并未发现重号问题。按照他以往纠错的经验，感觉这应该是车管所录入有误造成的，因为无论是在派综系统还是原始编码中赵某的身份证号都没有任何问题，在纠正重证号的记录中也没有赵某的信息。

于是，"党代表"又仔细询问赵某，这才得知他通过关系了解到和自己重号的人叫周某，并且和对方联系过，对方态度恶劣等情况，但他绝口不提自己说话难听。

掌握这个情况以后，"党代表"又去核实周某的情况，发现周某与赵某生日差10天，在编码本上反映得很清楚，户籍登记也没问题。但是，他仔细观察编码本，发现赵某的位置是用涂改液修改过的。为了慎重起见,"党代表"又查阅了身份证底卡,发现周某的生日在第一次领证时被错写为2月9日,虽然后来抄录编码本时作了修正,但错证已发放。而当时身份证使用率很低,几乎没用。同时,周某认为生日差几天也没什么,就一直使用下来。由于之前没有完全使用计算机管理,重号并不影响使用,于是一直相安无事。

查明情况后,宋哥主动和周某取得了联系。由于赵某已和周某有过接触,周某对赵某极为反感,并且认为是派出所把自己的个人信息告诉赵某的,因此周某态度很恶劣,称坚决不改号。

"这怎么办呢?又不能强迫人家改。"颜颜又替"党代表"发愁了。不过,这可难不倒我们的"党代表"。"党代表"照旧是一点儿不着急,耐心地向周某解释关于身份证的相关政策和法律,说明一人一号的重要性,并提醒他:"你要坚持不改号,说不清什么时候也会遇到像赵某一样的问题呢。"

功夫不负有心人,经过"党代表"的动之以情、晓之以理,周某终于同意到车管所更正号码。这时,宋哥又特意请示了所领导,专门安排了车子送周某到车管所办理相关手续。赵某和周某两人的那个感动呀,就不用说了。

"终于皆大欢喜了。"宋哥松了一口气。

"还是'党代表'有办法呀!"颜颜由衷地佩服她们的头儿。

这就是我们的"党代表",永远好脾气,从来不着急,却用真诚征服了男男女女老老少少。

狡猾的"猎人"

　　四十岁的波波已经是个从警二十年的老警察了,人生差不多一半的岁月都是在警营中度过的,从初出茅庐的毛头小子到智勇双全的"猎人",经历了数不清的摸爬滚打,才练就一副火眼金睛。

　　我最爱听波波聊他办过的案子,千奇百怪五花八门,很多事情如果不做警察这一行,可能一辈子都不会碰到。波波也特爱聊案子,每次一聊起案子总是眉飞色舞,一双小眼睛睁得溜圆,激情四射。

　　十几年前的一天,波波和小陈巡逻,在辖区那 2.3 平方公里的土地上转悠了好几圈,也没发现啥可疑情况,就把车停在马路边。俩人虽然在车里休息,眼睛却没闲着,时刻盯着来来往往的人们。

　　夏天的夜晚,凉风吹散白天的暑热,附近的街心公园里,有年轻妈妈带着孩子嬉戏,有貌似早恋的中学生闹别扭,有两个老大爷在下棋、旁边围观的人指手画脚、比他俩还激动,还有大妈们在跳广场舞……

　　生活真美好!波波将目光从远处收回来,突然,一个鬼鬼祟祟的年轻女人引起他的注意,女人留着波浪长发、化浓妆、穿着低胸连衣裙,刚从小区一栋居民楼里走出来,四下打量,看见警车之后,神色慌张,加快脚步小跑起来。

　　这个女人不对劲,肯定有情况!波波和小陈迅速交换眼神后,俩人拉开车门,快步朝女人走过去:"这位女士,请等一下!"

谁想,女人一看警察走过来,突然从包里掏出一个什么东西,就往嘴巴里塞。

波波一个箭步冲上去,抓住她的手,却见女人嘴巴里鼓鼓囊囊的。波波厉声说:"什么东西,吐出来!"

女人无奈,一张嘴,一个没开封的避孕套掉了出来!

波波心里猜了个八九不离十,应该是个"小姐",刚做完生意:"从哪家出来的?带我们去吧!"

女人情知无法抵赖,只好乖乖带着警察去找刚才的客人,三个人乘电梯来到1205房间,波波示意女人敲门。

门开了,居然是个妇女,难道搞错了?波波纳闷,不应该呀!

开门的妇女一看是俩警察,马上要关门,却被波波用身体抵住了。这时,一个男人从里屋走了出来:"谁又来了呀?"

波波歪头问"小姐":"是他吗?"

"小姐"点点头:"是。"

男人低下头不说话,妇女说:"警官,能不能通融通融,是这样的,我身体不好,不能那啥,所以我才帮老公找的小姐,其实,我老公是个好人,平常根本不干这种事。"

小陈瞪大了双眼,三观碎了一地:什么?居然还有老婆帮老公找小姐的?这是穿越回到大清朝了吗?这老婆"贤惠"得也太过了吧?

波波也差点儿乐了:这是多么伟大的爱情啊,已经超越了小我,谁说女人都是醋坛子?"对不起,请这位先生跟我们回派出所慢慢说,我们会依法处理的。"

波波跟我讲这个案子的时候,笑得小眼睛亮晶晶的:"当时门一开,竟然是个妇女,我还寻思难道我判断错了?男人从里屋出来的时候,我才松了一口气,谁知道原来是这么一回事儿!你说,居然还有这样的老婆,自个儿身体不好,就帮老公找小姐!"

我说:"真是林子大了,什么鸟都有!"

"可不嘛!你别说,这夫妻俩感情真的挺好的,我们带这个男人走的时候,他老婆还依依不舍地帮他整衬衣领子呢!"

"波波,你一眼就能看出那是个'小姐',眼神儿够厉害的!"我还是很佩服波波。

"嗐,咱干警察靠的啥?不就是这个嘛!不过有时候搞案子,光靠眼力见可不够,还得靠这儿!"波波说着,指了指他的大脑门儿,得意地一笑,狡黠的小眼睛眨了眨,像个狡猾的"猎人"。

前年冬天,一个女事主来派出所报案:"警官,警官,我刚刚被人打了,包也被抢走了!"

啊?恶性案件?波波严肃起来:"怎么回事儿?您别急,说清楚。"

这位张女士离婚后一直单身,前些天通过手机交友软件认识了一个男网友,俩人聊得很投机,于是就约好今天到L餐厅吃饭。吃完饭,走出餐厅,男网友意犹未尽,提出开房。张女士一听就反感起来,原来是打着交友名义来"约炮"啊!张女士当即拒绝。没想到,男网友居然恼羞成怒,挥起拳头朝张女士脸上就是一拳,张女士还没反应过来呢,男网友就把她怀里的包给抢走了!

张女士坐在值班大厅,鼻青脸肿,直抽凉气:"警官,你们一定要把这个'渣男'给抓住,不然他以后肯定还会祸害别人!"

波波沉吟半晌,小眼睛一转,计上心来:"当然,我们肯定要把他给抓住,但这需要您配合!"

"你说吧,要怎么配合?"张女士大义凛然,一副舍我其谁的架势。

"您呢,给他发信息,就说包里有身份证等很重要的材料,他如果愿意还给你,你可以跟他去开房。"

"那,我会不会有什么危险?"张女士有点犹豫。

"您放心吧,我们会保证您的安全。"波波一拍胸脯。

第二天下午,波波和李哥带着两名保安,提前埋伏在约定的酒店308房间。毫无悬念,这个色狼一出现,就被逮住了!

"哈哈哈,没想到吧?"给色狼戴上了铐子,波波得意地笑起来,"这叫魔高一尺,道高一丈!看你以后还敢不敢再色胆包天!"

有一回,他为了抓一个制售假户口团伙,假装成毕业想留京的硕士研究生,打入了人家的微信群里,顺利将他们一窝端掉!

"敌人有时候很狡猾,要想抓住他们,'猎人'就只能比他们更狡猾!"波波说着,小眼睛一眨,亮晶晶的。波波这个狡猾的"猎人"抓捕猎物的故事还多着哩!

打 毒 探 长

蒙探长是我们派出所负责打毒的探长,专门抓吸毒贩毒的违法犯罪嫌疑人。

说起打毒这活儿,那可真是不好干,不仅压力大,而且风险高,抓捕现场千变万化,普通民警根本无法胜任。

首先,毒贩的警惕性都很高,交易特别隐秘,只要有一点儿风吹草动,就按兵不动了。我们常常好不容易搞到一个线索,心里时时刻刻都悬着,跟了好多天,可能线索却突然断了,弄得警察白忙活许多天。而且,长期吸毒贩毒的嫌疑人,都难免有各种隐形传染病,严重的像艾滋啥的也不罕见,抓捕时一不留神就可能弄出个伤口,那可真不是闹着玩的。

我们平常给来历不明的嫌疑人搜身时,还得戴上一次性手套以防万一呢,可抓捕毒贩那都是千钧一发的事儿,各种料想不到的意外可能性都有,却连任何防护措施都来不及考虑。

这天吃完晚饭,蒙探长神秘兮兮地找到我:"小牛啊,晚上帮我个忙行不?"

"啥事儿?您说!"蒙探长跟我这么客气,让我有点儿受宠若惊。

"我们得到一个情报,今天晚上育新花园小区边上的公交车站那里会有白货交易。卖货的应该是个孕妇,我们跟踪她有一段时间了,怀疑她背后还有主谋,她只是个枪,你能辛苦跟我们跑一趟不?"白货就是毒品,我们有时候会开玩笑说,跟毒贩打交道久了,警察说话也跟毒贩似的。

"没问题,我义不容辞!"贩毒这么重要的案子,我还从来没参与抓捕过,一般都是他们抓回来嫌疑人,让我帮着看一看,或者让我跟着讯问。这回能有机会去第一线全程参与,我还挺兴奋的。

"你呢,也不用动手,只要帮我们打个掩护就行,毕竟嫌疑人是个女的,没个女警察不方便。"蒙探长怕我紧张,给我宽心,"而且还是个孕妇,放心吧,基本没啥危险。"

我忙不迭点头。

"要注意的是,咱既不能把嫌疑人跟丢,又不能打草惊蛇。你明白我的意思吧?"蒙探长生怕我这个新手坏了他的大计,"到时候见机行事,你看我眼神儿,配合好我就行!"

"哦,知道,知道,唯您蒙探长马首是瞻。"我摩拳擦掌,跃跃欲试。

天刚擦黑,我就跟蒙探长、彪子和小飞带着仨保安到了目的地。冬天的傍晚,虽然没风,却也冷得瘆骨头。车站稀稀拉拉站着几个等车的人,没有孕妇,看来目标不会这么早出现。买卖毒品的交易过程特别快,常常不到几秒钟就完事儿,普通老百姓根本看不出来,就连我们,如果不是成天跟他们打交道的老警察,也很容易让他们从眼皮子底下溜走,成为漏网之鱼,还不知不觉。

"毒贩在交易的时候跟小偷有点儿像,都是几秒钟就完事儿,我们要站在他旁边,但又不能让他们发现咱。"蒙探长这么说。他一从警就干治安警,最开始就在刑警支队便衣打扒队,专门抓小偷。

时间一分一秒地流逝,我和蒙探长虽然穿着羽绒服,却已经从里到外冻透了。我俩在公交车站来回走动,我不停地搓手跺脚,蒙探长则一根接一根抽烟。看蒙探长眉头紧锁,我心想难道情报有误、今天又泡汤了?听他说,这种无用功已不知做过多少回!

就在我们望眼欲穿时,一个孕妇挺着大肚子蹒跚而来,我俩眼前一亮,莫非是她?孕妇不紧不慢地走过来,边走还边四下瞅,蒙探长赶紧走到我身边,搂着我肩膀,假装亲密的样子,跟我聊起天儿来,眼角的余光却瞥着孕妇。

没过几分钟,一个中年男子开着一辆小中巴车过来,在孕妇身边停下来,孕妇走上前去,驾驶座右侧窗户摇了下来,孕妇把手伸进车里,然后很快抽出手来,小中巴车就开走了。买家就这么跑掉了,整个过程快得只有不到半分钟。我看看蒙探长,用眼神询问,要不要动手。蒙探长微微摇头,看来他今天不把这个孕妇背后的主谋抓到,誓不罢休。

孕妇又四下瞅了瞅,慢慢悠悠往前走了,蒙探长低声对我说:"走!"

我把手机的GPS打开,赶紧和蒙探长往前跟过去。又不敢离那孕妇太近,万一被她发现可就前功尽弃了。彪子他们开着车远远地跟在我俩后面。

孕妇往前走了不到100米,就拐进一个居民小区,进了临街的一栋楼。这是一栋老式住宅楼,楼道四通八达,从哪一个楼门进都能走到任意一层。蒙探长生怕一不注意把人跟丢,赶紧跟了上去,我也紧跟着他往上走。

黑暗的楼道里,脚步声清清楚楚。孕妇大概是听到了我们的脚步声,在上楼梯的拐角处停下来,往下看。蒙探长见机,赶紧拍了一下我的胳膊:"哎呀,宝贝儿,别闹了,到家再说!"我立刻配合入戏,嗲声嗲气地说:"讨厌!"

孕妇一听,打消了疑虑,又接着往上走。我和蒙探长相视一笑,继续跟上。听到她的脚步声从楼梯拐进楼道,蒙探长赶紧冲了上去,就在孕妇打开房门进屋正要转身关门的一刹那,门被蒙探长用身体抵住了,紧接着,我也跟着挤了进去。

屋里的沙发上躺着一个女人,蒙探长大叫一声:"别动,警察!"

随即掏出铐子将女人铐上,我则轻轻松松地把先前那个大肚子孕妇给抓住了。

这时,有人拿钥匙开门,进来一个穿保安服的男子。他打开门一看屋里这么多人,转身就跑。蒙探长一看这阵势,就明白他肯定是同伙。蒙探长大叫一声:"你看好这俩人!"一下子就冲出楼道追了过去。刚好,彪子和小飞俩人带着保安从下面上来,大家前后夹击,轻松拿下这个男人。

大获全胜,一网打尽!原来,这对男女是两口子,都没工作,就靠卖毒品,居然过得还挺富裕。为了掩人耳目,两口子雇了个孕妇专门给他们联系好的买家送货。

罗马建成非一日之功,机智神勇的打毒探长也不是一天造就的。

十年前,在一次抓捕毒贩时,蒙探长将嫌疑人堵在一个胡同里,嫌疑人虽然跑不脱,但仍拒不投降,开始跟警察死磕,蒙探长趁他不留神将他绊倒。嫌疑人在倒地的一瞬间,叫出了蒙探长的名字,蒙探长定睛一看,原来这个人竟是个"老相识"!几年前就因小零包贩毒被蒙探长给抓过。那一次,他竟然吞下了一把水果刀,还拒绝去医院取出来。

当时,蒙探长和毒贩都倒在地上,从胡同这头撕打到那头,捡起砖垛的板砖对打对抡,身上的衣服全扯破了,手表、手机、打火机、香烟盒,乱七八糟掉了一地。胡同口有一个煤堆,上面堆满了玻璃碴子,毒贩抓起一大块玻璃碴子就朝蒙探长砍,真是你死我活的拼斗:毒贩的手被玻璃碴子割破了,一直留血;蒙探长的胳膊不知道何时也破了。

正在难解难分之际,同事赶到支援,制服毒贩,将蒙探长从地上扶起来。只见他胳膊上全是血,脸色苍白,神情恍惚,几近虚脱。同事都吓坏了:"小蒙,这也太危险了!你俩都流了血,像他们这种长期吸毒的人,谁能保证没有艾滋啥的?!你明天一定要去医院检查一下!"

真是初生牛犊不怕虎啊,回想起十多年前的那件事,蒙探长至今心有余悸:"那会儿还是太年轻了,缺少战斗经验,搁现在,我肯定会选择更好的时机和地点实施抓捕,不会这么蛮!小牛,你记住,遇到危险情况,一定要机智灵活,要多动脑子,不能太愣,好汉不吃愣头亏嘛!"

我伸伸舌头,抓毒贩这种高难度的活儿,我怕是挑战不了。

我们师徒俩

俗话说,念念不忘,必有回响。在跟所领导提了三次做社区民警的想法后,我终于如愿以偿了!

去年5月,在老家休探亲假、伺候脑梗卧病在床的父亲时,我突然接到内勤警长的电话:"牛姐,领导让您跟黄哥去管社区。您休完假回来,把手里治安内勤的活儿整理整理,移交给新来的李姐吧!"

乍听之下,我竟有点儿不敢相信,这是真的吗?从三年前我开始跟所领导申请干社区民警到现在,所长和政委都换完一茬了,我也早已不抱这个念想了,现在居然如愿以偿了?

关于为什么不同意我干社区民警,领导其实也有苦衷:首先,社区民警事儿多且杂,事无巨细,老百姓只要有麻烦找了你,你就得管;一个女同志,家里孩子又小,丈夫工作也忙,能把精力全放在工作上吗?所里就曾有一个社区民警因为老百姓不分白天黑夜给他打电话,后来受不了,申请去做巡逻民警了。其次,社区民警别看工作不起眼,不像那些搞案子的治安警似的那么重要,可是责任大啊,万一你这片儿里有个啥差池,比如社区哪里着火了之类的,追责下来,你就吃不了兜着走。前一阵儿朝阳区就有一个副所长和社区民警因为辖区消防出了问题被追责,副所长被免职,社区民警被判刑。最后,我这毛毛躁躁、风风火火的急脾气,到底能不能处理好警民关系、解决好各种矛盾纠纷,也让领导放心不下。如果被人投诉,那可就麻烦了,领导还得跟在后面给我"擦屁股"。

因为这些顾虑,每次我申请干社区民警,所领导总是委婉地对我说:"小牛啊,你有这个工作热情很好,社区民警事儿多、责任大,别人都躲,你却往上赶。但是,领导班子安排工作要统揽全局、通盘考虑,牵一发而动全身呀!"

碰了几次钉子,我早已经死心了,怎么这次领导又回心转意了?难道真是我精诚所至,金石为开?

我正在老家瞎琢磨呢,同事兼闺蜜欣欣给我发微信了:"小牛,你爸病情怎么样了?所领导安排你做社区民警了,你知道不?"

我赶紧回:"刚跟我说。咦,领导怎么突然开眼了?"

欣欣告诉了我原委:"嘿,是黄哥。他跟领导说,小牛的热情那么高,为什么不能好好利用起来呢?兴趣才是最好的老师,你们把她交给我好了,我保证给你们带教出一个合格的社区民警!"

原来如此啊!我终于解开了心头疑惑,黄哥可是所里资历最老的社区民警。我们有时候开玩笑说,所里恐怕将近一半的人都是黄哥的徒弟!

黄哥今年已经五十二岁了,从警校一毕业,就分到我们所,干的第一个警种就是社区民警,这一干就是三十年。黄哥管的社区,是我们所治安最好的社区,黄哥自己也年年被分局评为"优秀社区民警"。所里新分来大学生,领导都要交给机智沉稳的黄哥带教,就连我们的一个副所长都曾经是黄哥的徒弟呢!前年,黄哥和他带的徒弟小严还被市局政治部评为"优秀师徒",市局政治部都在公众号上广为宣传呢!

我跟黄哥一起出过几次警,目睹过他处理矛盾纠纷,真是举重若轻、有理有据、有节有度,总能让矛盾双方心服口服。黄哥曾夸我工作有热情:"小牛,你其实是个好苗子,干内勤可惜了,干社区说不定更适合你!"我听了黄哥这位老片儿警的表扬,当时就觉得有知遇之恩。

有这样的师傅主动带我,简直是我的福分!我激动得摩拳擦掌、跃跃欲试,恨不得赶紧插上翅膀飞回北京,立刻奔赴社区民警的新岗位。

内勤民警和社区民警虽然都是派出所民警,工作内容却有着天壤之别。最初的激动过后,我心里更多的是忐忑。从警十几年,在机关和派出所,我干的都是内勤,天天与各种报表和文字打交道,现在要与各种各样的人打交道,单纯直爽的我能胜任吗?

师傅看出了我的不自信,鼓励我:"小牛,相信自己,也要相信师傅,我带了那么多徒弟,一定能把你教出来!"

传帮带,一直是公安派出所的优良传统,多少优秀人才都是师傅手把手带出来的,所以派出所同事之间感情更深。

很快,师傅就带我下社区了。我俩先来到警务室,师傅教我看录像:"你看,咱这社区一共有26个探头,每条路都有相对的2个探头,一个从这头往那头照,一个从那头往这头照,这样,车辆和行人的来去踪迹就可以看得一清二楚。这26个探头的位置全是我亲自选定的,确保了整个社区无安全死角,你还记得去年咱们班破的那个抢劫案吧?"

师傅停下来,看着我。

"哦,您是说那个在中国银行自动取款机那儿抢劫的案子吗?"我想起去年冬天的那个抢劫案,发案不到24小时就告破了,真得归功于师傅选定的这些探头。

嫌疑人当时因为借高利贷被贷款公司逼债,走投无路,就在羽绒服里揣了把刀,等在知春里社区边上的中国银行自动取款机那儿。抢了一个大叔后,就往社区里边跑,路上把刀和羽绒服扔在了灌木丛里。然后一路跑到社区美发店,理完发改头换面后,用手机叫了个网约车跑了。

为了破这个案子,师傅当时守着监控屏幕一点一点往前倒录像,抽丝剥茧、顺藤摸瓜,终于在理发师那儿找到突破口,通过网约车司机把嫌疑人找着了,案子破得漂亮又利索。

看完录像,师傅又带着我走遍社区的各个角落。"小牛,社区的详细情况,你要在脑子里有一个地图,这个地图要和监控录像里的地图重合,这样一旦有发案,你可以迅速将脑子里的地图调出来,去监控录像里找。以现在咱们的技防手段,只要工作够细,没有破不了的案!"师傅讲得头头是道,成竹在胸,自信满满。

正走着,一个大妈跟师傅打招呼:"黄警官,又下片儿来啦?"

"唉,来啦!您最近身体怎么样?"师傅对社区家家户户的情况了如指掌。

大妈渐渐走远,师傅对我说:"小牛,社区工作,你就把握好人、地、物、事这几条,你得首先熟悉人和地,然后再慢慢熟悉物和事。手勤、腿勤,这两条最重要,以前我刚参加工作的时候,还没电脑,社区一本账全靠小本本……"

我将师傅说的话一一记在心中:"嗯,师傅,我这些天晚上散步遛弯儿的地儿改到社区啦!"

师傅对我谦虚好学的态度很满意:"好,好好熟悉环境,过几天我要考考你。"

这天晚上,我正在家吃晚饭,接到师傅的电话:"小牛,这几天居民反映 23 号楼 1 门 102 室有男女混住,租房人好像是送外卖的,半夜才陆陆续续回来,严重扰民。我查了一下,租房人不仅没有办房屋出租登记手续,还把房子转租给男同事住。我昨晚已经去现场勘查过了,让她今天晚上拿着租房合同到警务室来,你带上执法记录仪去一趟,跟她谈一谈。我准备按《北京市出租房屋管理规定》进行处罚,你别打草惊蛇,只要让她注意安全,你注意留存好证据就行。"

我按照师傅的指示,赶紧跑到巡逻警务站拿了个执法记录仪,匆匆跑到社区警务室。果然,租房人没有办理租房登记手续,转租给同事也没有办登记手续。第二天,师傅将租房人约到所里,严肃地对她说:"按照《北京市房屋出租管理规定》第12条第2款,在房屋租赁合同有效期内,居住人员发生变更的,承租人应当自变更之日起2日内告知基层管理服务站,办理变更登记手续。否则,应处以200元以上500元以下罚款,鉴于你系初犯,我们决定从轻处以200元的罚款。"师傅顿了顿,又说:"本来,我们也可以处罚房屋中介公司,但他们肯定会将后果加倍转嫁给你,相比之下,可能这样反倒是对你最有利的。你觉得呢?"

师傅处理得有理有据,租房人哑口无言,只好乖乖认罚。我按照师傅的指导制作处罚卷,对师傅佩服得五体投地——处理问题圆通而不僵化,力求效果的最佳化,这不正是儒家所追求的外圆内方的境界吗?

一转眼,跟着师傅管片儿已经半个月了,突然有一天,师傅在微信上问我:"小牛,你把社区的周边环境、五小门店给我描述一下。"

师傅果然来考我了!我赶紧在脑海里回忆师傅说的那两张无形的地图……

师傅姓黄,我姓牛,我和师傅被警区的小李警长戏称为"黄牛门"。一天上午,我通过查看监控录像,查到刮断电缆逃跑的肇事车辆,配合交警将肇事车主成功抓获,被所领导在工作群里表扬。师傅高兴地说:"小牛干得不错,真给师傅长脸!"

小李警长也跟着叫好:"黄牛门开张啦!"我都不好意思说话了,心里却是美滋滋的。

师傅还是个热爱生活的大帅哥呢,作为派出所的足球队员,一次次和兄弟们出征、跟别的派出所比赛,为我们所争得很多荣誉,政委都佩服五十四岁仍然活力满满的他:"黄哥,行啊,老当益壮,威风不减当年啊!"

师傅一听,摇头晃脑赋起诗来:"老当益壮,宁移白首之心;穷且弥坚,不坠青云之志。"对,你没猜错,师傅不仅爱踢球,还是个文艺老青年呢!有一回,小李警长在警区微信群里"拽"了一句诗,里面有俩生僻字,看得我晕晕乎乎的,还没搞清楚啥意思呢,师傅就说:"徒弟,快替师傅怼他!"

我一听,心里真是压力山大呀,赶紧打开手机浏览器求救……

我有一个警察妈妈

我是一名警察,也是一个妈妈,回首生活中和儿子相处的点点滴滴,我以儿子的口吻写下了这篇文章。这是我儿子眼中的警察妈妈:

我有一个警察妈妈,小朋友们都很羡慕。

有一天,我妈妈穿着警服来幼儿园接我,同学们看见了都问我:"迟迟,你妈妈是警察呀?"那个我最喜欢的女同学陈以娟拉着我的手说:"迟迟,原来你有一个警察妈妈呀!真羡慕你,你妈妈穿警服真好看!"要知道,陈以娟平常都不怎么和我玩的。那天以后,她就成了我的好朋友啦。

还有好几个小朋友都围着我妈妈问这问那:"阿姨,你在哪个公安局当警察呀?"

"阿姨,你抓过坏人吗?"

"阿姨,你有真枪吗?"

他们缠着我妈妈,她都没办法走路了。

王老师对我妈妈说,"迟迟妈妈,今天又上勤了?"

我妈妈脑门儿亮晶晶的,脸蛋儿红扑扑的,真好看。她一边擦脑门的汗一边气喘吁吁地说:"是啊,同事都还在岗上呢,这是领导照顾,让我早回来一会儿接孩子。"

王老师说:"你们真辛苦,这段时间又好久没休息了吧?真不容易。"

我最喜欢妈妈牵着我的手回家,她的手暖暖的,我最喜欢牵着她的手了。有一回在路上,一个不认识的阿姨逗我玩:"小朋友,有一个警察妈妈是不是特别有安全感呀?"

她说的安全感是什么,我不知道。可是,跟妈妈在一起,我从来都不知道什么叫害怕。有一回,妈妈给我讲坏人绑架小孩儿的故事,我说,你就是警察,你可以把坏人都抓起来。

我的警察妈妈好忙,经常周末还要值班执勤,过年过节也不能陪我。每次爸爸带我去公园玩,我看见别的小朋友都是爸爸妈妈一起陪着,心里就很难过。

有一次放假,妈妈说好了要陪我一天,和爸爸一起带我去植物园玩,我特别开心。我们仨在公交车上说说笑笑,妈妈还给我讲了好多故事。

谁知道,刚到门头馨村,妈妈接了一个电话,就跟我说:"儿子,对不起,领导找我加班,我得赶紧回去。"我一听,又生气又伤心,妈妈又不能陪我玩了,这是什么领导呀,怎么老是不让我妈妈陪我玩呢?我就拽着妈妈的衣服大哭大叫,不让她下车。爸爸一看没办法,只好抱着我下车,然后把妈妈赶走了:"你快点到对面坐车,别磨叽。"

妈妈急匆匆穿过马路去坐返程的车,爸爸拽着我往前走,我不住地回头看妈妈,发现妈妈也在抹眼睛,妈妈是哭了吗?她也不想离开我,对吧?

妈妈的领导总是随时随地给妈妈打电话,好多次半夜把妈妈叫走,妈妈告诉我说是要去抓了坏蛋送进看守所。我问妈妈看守所是什么地方,妈妈说就是关坏蛋的地方,围墙很高,还有铁丝网呢,这样坏蛋就不会跑掉了。我让妈妈带我去,可妈妈说小孩子不能去。

妈妈有一套警服挂在家里的衣帽架上,她说这样方便,领导叫随时就能走。有一天晚上睡觉前,我偷偷把妈妈的警服藏了起来,这样她就没法儿走了吧?后来,妈妈打了我屁股,她说工作一定要负责任。

妈妈总是天还没亮就去上勤,虽说每次她都轻手轻脚地起床,可我总能发现,因为我睡觉的时候要抓着她的头发呀,她一动我就知道了,我大哭着叫妈妈,妈妈只好抱抱我,跟我说对不起宝贝,宝贝再见。为了不让妈妈偷偷溜走,我跟妈妈说好了,不管多早还是多晚,她都得跟我说再见。

我最讨厌的人就是妈妈的领导,有一次派出所聚餐,妈妈带我去了,那个老给妈妈打电话的领导笑眯眯地对我说:"叫我好叔叔,不然我还得喊你妈妈加班。"我好生气呀,腮帮子鼓得像青蛙似的,可是,我想了半天,还是叫了他,这样,他以后就不会再半夜给我妈妈打电话了吧?

我有一个警察妈妈,虽然她总是上勤加班,不能陪我出去玩,可我还是爱我的警察妈妈。

那 一 天

2014年10月19日,是个非常特别的日子,这一天是我儿子的两周岁生日。

为了给儿子过生日,我计划了好久。

我很早就看了值班表,这一天虽然是周日,可是我值班的日子,白天不能陪他过。我计划白天让老公带他去海洋馆玩——他非常喜欢鱼,每次看到大玻璃鱼缸里的鱼,都要趴到鱼缸上亲亲,我想他去海洋馆肯定会玩得很开心。晚上,我下了班(我们所领导很人性化,孩子小的女民警值班只到晚8点,如果当天没抓女嫌疑人的话,就可以回家了),我们仨再去吃一顿大餐。有一次带他去逛商场,他看别人吃回转寿司,感到很新鲜,问我是啥,我告诉他是一种日本料理,等他生日时带他去吃。

早晨7:30,儿子还在酣睡,我亲了亲儿子粉嘟嘟肉乎乎的小脸蛋,低声跟他说:"宝贝儿,生日快乐,妈妈爱你。"睡梦中的儿子好像感受到我的气息,皱了皱鼻子,用他的小胖手抓了抓我的头发。

我拿了个烧饼边走边吃,8点整,我穿着警服、带着单警装备和警用电台,准时出现在巡逻警务站。我要在这里度过从早晨8点到晚上8点的12个小时,负责周边400米范围的治安巡逻、接处警等工作。

这个巡逻警务站位于北三环旁边的繁华商业地带,旁边有一个大超市、一个电影院,两个大商场,还有几十家小饭馆和两条商业街,人流量很大,矛盾纠纷很多,各种警情不断。

8:30,电台开始叫我:"5821,5821,1658叫!"5821是我的呼号,1658是所里的呼号。

"5821收到,请讲!"我连忙应答。

"电影院门口的过街天桥底下有一个行人被摩托车撞倒,你先过去看一看。"

我立即赶过去,一个二十多岁的姑娘扶着腿坐在地上,头发凌乱,衣服上还有土。我询问后得知,姑娘从过街天桥上走下来时,被天桥底下三环辅路上逆行的摩托车给撞晕了,肇事司机已逃逸,地上还扔着一副摩托车牌,不知是否是套牌。我赶紧联系上交警,8:50左右,交警赶到,移交完警情,我回到岗亭。

刚坐下喝口水,电台又叫:"5821,5821,永和大王的一名女顾客报警,两个小时前用餐的时候将笔记本电脑遗失在店里。"

我立即赶过去,带着女事主找到大堂值班经理,帮她查看监控录像,寻找蛛丝马迹。我盯着屏幕看了一个多小时,看得头晕眼花。原来,女事主带孩子吃饭时,将笔记本电脑放在旁边的座位上,走的时候匆匆忙忙忘记了拿,后来被邻座的一个年轻小伙子给顺手牵羊了。于是,我呼叫所里的巡逻车将她接回所里登记,以便以后有线索时将其找回。

处理完这个警情,我拿着318核录仪,带着保安去巡逻。核查了几个行人,有积极配合的,也有磨磨唧唧不肯配合的:"凭什么查我呀?我像坏人吗?""你怎么不查别人呀,是不是对我有歧视啊?""我是北京人,不是外地人!"

甚至还有故意跟警察较劲的,明明看了我的工作证,还故意没完没了:"你诚心吧?我得先打110核查你的警号,看你是不是冒牌警察!"

没办法,碰到这样的情况,我只能一遍遍地耐心解释:"随机检查,请您配合!"

我正在核查行人呢,电台又叫了:"5821,5821,'时尚前沿'美发店,一名女顾客和店员发生纠纷,请过去处理!"

"5821,5821,1658 叫,永辉超市一名顾客报警钱包被盗⋯⋯"

电台牵动着我的心跳,牵引着我的脚步,12 个小时很快就过去了,我收拾收拾准备下班回家。都晚上 8 点了,老公和儿子肯定已经饿坏了,还等着我去吃大餐呢。

"牛姐有吗?我是小李,咱们班刚抓了俩女嫌疑人,您回所问个笔录好吗?我让小严开车去接您。"

"收到!"我虽然打起精神答电台,却忍不住叹了口气,儿子的生日大餐又泡汤了!他指不定心里多失望,肯定又得骂我是个爱骗人的坏妈妈吧!我赶紧给老公打电话,让他给儿子做碗面条吃。

⋯⋯⋯⋯⋯⋯

问完嫌疑人,我回到家已经快 11 点了,儿子早已睡着,眼角却还挂着泪珠儿。这一天,我竟没跟他说上一句话。

我亲了亲儿子的小脸蛋,轻轻对他说:"对不起,宝贝儿,生日快乐,妈妈爱你,永远爱你!"

这个警察很有爱

送人玫瑰之手,历久犹有余香,心中有爱的人是幸福的,是快乐的。因为心中有爱,生命就会时时充满诗意,生活就会处处洒满阳光。社区民警小李就是一个心中有爱的人。

小李是一名普通的社区民警,胖乎乎的小伙子,总是笑眯眯的,好像永远没有烦心事儿。

现代社会,大城市的快节奏生活把人们折磨得疲于奔命,走在大街上,每个人看起来都愁眉苦脸,发自内心的笑容好像只能从孩童脸上寻到了。而小李就像一个永远没有烦恼的孩子那样,脸上总是洋溢着发自内心的快乐。

时间一久,我发现了小李爱笑的秘密:因为心中有爱。因为心中有爱,多少人都嫌烦嫌累的社区民警工作他却能干得津津有味;因为心中有爱,他也得到了老百姓的爱,一面面锦旗和一封封感谢信无声地诉说着他和老百姓之间的故事。

"这200块您一定要收下!"

2014年10月19日夜,小李在巡逻警务站值班。次日凌晨2点多,他接到群众报警,称在四通桥东公交车站有一名十岁左右的智障女孩。"这大半夜的,一个小姑娘家家的,可别有什么事儿啊!"小李寻思着,快速赶到公交车站,将女孩带回警务站。秋天的深夜很凉,小姑娘流着清鼻涕。小李让她坐下,给她倒了杯热水,问她叫什么名字,家住哪儿。女孩儿好像受了惊吓,只是傻愣愣地发呆,一句话也不说。

小李看了看女孩随身携带的背包,里面有手机,但已经没电了。小李立即帮她充了电、开机,一下子就看到很多未接来电,赶紧回拨过去。接电话的人是女孩的父亲,还没等小李说话,就一连串地说:"闺女,你跑哪儿去了,你妈都快急死了……"原来,女孩已经走失两天了,家里人到处找不着,都快急疯了,正准备去派出所报案呢。

两个小时后,女孩的父母开车从延庆赶过来。见到父母,小姑娘咧开嘴乐了,女孩的妈妈却揉起了眼睛,眼圈红红的。可怜天下父母心!女孩的父亲对小李千恩万谢,从口袋里掏出 200 块钱:"真不知道该怎么谢您才好,我们一家人都快急死了,这 200 块钱您一定要收下,是我们的一点心意。"

"这哪行啊!"小李笑呵呵地说,"帮孩子找到爸妈我就放心了。你们以后一定要看好她,别再让她走丢了。钱我可不能收,你们快回家吧!"

"我可是看在李警官的面子上!"

小李的管片儿是 19 世纪 80 年代建成的老旧小区,没有配套的物业管理服务,邻里之间经常因为个人利益问题产生矛盾,引发纠纷。

2017 年 11 月的一天,小李正在值班,居民张先生报警称被楼下住户李阿姨给打了。原来,张先生和女朋友住在李阿姨楼上,年轻人喜欢熬夜,而李阿姨长期神经衰弱、经常失眠,老旧小区的房子又不隔音,楼上一有动静楼下就能听见,双方经常因此吵架。这天,张先生从李阿姨门前经过,二人一言不合吵了起来,气愤之下,李阿姨踢了张先生两脚。小李见张先生伤势不重,只是一点皮外伤,双方又是邻居,准备调解解决,冤家宜解不宜结嘛。

谁知小李这边说说、那边劝劝,做了半天调解工作,二人火气却还那么大,而且矛头一致对外,都冲小李嚷嚷起来。小李呢,始终笑眯眯的样子:"是是是,我明白我明白……"对双方的心情,他表示感同身受的理解。

终于,双方的火气都出完了,张先生慢慢平静下来,接受了小李的调解方案。"我可是看在李警官的面子上!"张先生来了这么一句。"李警官,我愿意照您说的做!"李阿姨也表示心悦诚服。

一场纠纷得以圆满解决,小李又转身笑眯眯地处理下一个警情去了。

"人民好警察,为人民服务"

2014年的最后一天,派出所收到一面锦旗和一封感谢信,锦旗上绣着十个金色的大字:"人民好警察,为人民服务"。

锦旗和感谢信是居民刘女士送来的。11月中旬的一天,刘女士家里的自来水总闸坏了,家中停水,多次与自来水公司联系,都没有得到回应。万分焦急之下,刘女士突然想起楼下公示牌上的社区民警联系电话,就抱着试试看的想法给小李打了个电话。没想到,十分钟之后,小李就赶到了,积极帮刘女士联系维修,楼上楼下一趟趟地跑,忙活了大半个钟头,终于修好了自来水总闸。

谁知,半个月之后刘女士家里又出状况了。12月1日凌晨约四点钟,小李接到了刘女士家楼下住户的电话,说楼上跑水把自己家屋顶泡坏了,楼上住户家中无人,也联系不上。"这咋回事?上回没修好?不可能呀?"

接到电话后,睡得迷迷糊糊的小李一骨碌从床上爬起来,气喘吁吁地赶到现场,立即与刘女士、居委会、开锁公司等多方联系,进入刘女士家中查看后发现,刘女士家中暖气管闸门崩裂跑水了。小李连忙联系供暖公司上门维修,修好后大家都走了,小李又帮忙把刘女士家一屋子的积水打扫干净。

三天后,刘女士从外地出差回到家中。她看到暖气修好了、屋子也收拾得干净整洁,再想起上回的事儿,心里简直说不出的感动。她专门带着一家老小来到派出所,送上锦旗和热情洋溢的感谢信。

心中有爱不觉苦。警察工作苦,派出所民警工作更苦,可小李从没觉得苦,他乐呵呵地过着每一天,认认真真地做着每一件事儿,用爱收获了一片属于自己的蓝天。

他叫自己"孙猴儿"

俗语有云:"一招鲜,吃遍天。"老百姓的俗语能流传千百年,自然有它的道理。派出所打扒民警晖哥正是靠自己抓盗窃非机动车的"一招鲜",仅2016年8月的半个月就破获盗窃非机动车现案9起,抓获违法犯罪嫌疑人9人!

这样辉煌的战绩,不仅在所内赢得领导同事上上下下的一致叫好,大家戏称晖哥是"神探亨特晖";而且在派出所外赢得辖区群众的称赞和感谢,在老百姓中间打响了派出所破案神速的名头。

转业军人出身的晖哥中等身材、长相普通,由于常年熬夜、作息不规律,黑不溜秋的脸庞比同龄人显得苍老,刚刚不惑之年的他看着倒跟即将奔天命之年似的,一双不大的眼睛透着股机灵劲儿,闪烁着与犯罪分子斗智斗勇的光芒。

2016年年初,我们辖区盗窃非机动车案件高发,所领导急得不行,天天琢磨怎么把贼抓住,想着必须得选一个机灵踏实的民警专门打击这种高发案件。后来,所长和政委决定起用老将晖哥,把他从社区民警的岗位调整到便衣打击探组的岗位上。用所长的话说,"他那一双狡猾的小眼睛,不去盯贼多可惜呀!"

只是,晖哥这一盯,常常就是整宿整宿地瞪眼盯,瞪了大半年,脑袋上的头发白了一小半。我看到他抓人的光辉战绩,向他取经的时候,他长叹一声:"哪有啥独门绝技?不过就是瞪眼盯!小牛你没看到,我这天天熬夜,熬得头发都白了吗?人不寐,将军白发征夫泪呀！"

领导重托，临危受命，老将晖哥也感到压力山大，经常晚上睡不着觉，总是琢磨怎么抓贼。他挑了四个机灵可靠的保安，组成便衣探组，还到处找老神探们取经。

心里有谱之后，晖哥把派出所几个月以来发生的辖区盗窃非机动车案警情全部调出来，做了个图，分析了高发案点位、时间段；将探组分成两小组，轮流在高发案点位、时间段蹲守，警力跟着警情走；又调出大量的监控录像，琢磨比对偷车贼的作案手法和行动轨迹。"知己知彼，方能百战百胜，你得把贼的作案规律摸清钻透，才能抓住贼呀！"晖哥总是这么感叹。

摸清钻透贼的作案规律和习性后，晖哥建了一个微信群，将辖区内的物业、保安、视频监控等人员拉进来，及时将监控录像中锁定的嫌疑人图像、案情信息等发送到群里，要求大家关注、注意发现线索。

你别说，晖哥这一套办法还真管用。2016年7月，晖哥将通过调取监控录像锁定的嫌疑人陈某的图像发到群里，征寻线索。不久，一名群成员在日常工作中就发现一个与嫌疑人陈某很像的人，立即通知了晖哥。

晖哥一听大喜，连着跟踪这个人两天，终于在陈某又一次深夜作案的时候将其抓获，当场起获压力钳等作案工具。人赃并获，晖哥信心满满。"这手法儿，可是老手了呀！全交代吧，给你一条出路。"在晖哥强大的心理攻势下，嫌疑人撑不住了，供认出自己曾实施4起盗窃电动车电瓶的犯罪事实。

心眼儿灵活的晖哥干活儿也灵活，他总是根据近期案发情况调整蹲守点位和时间段，没事儿就去各个小区查看非机动车停放情况，并将自己的蹲守位置及时通告派出所指挥平台视频巡控民警和辅警，实时沟通。这样一来，如果平台通过视频巡控发现不法情况，就能立即通知晖哥,他就能第一时间赶到现场抓获现行。

抓贼是个苦活儿、累活儿,也是个危险活儿。2017年春节前,晖哥在知春大厦过街天桥下发现一名男子正在偷车,顾不得通知其他人,自己一人赤手空拳上前抓捕,嫌疑人反抗逃跑。

眼看到手的贼,哪能让他跑了! 晖哥二话不说就追,却一不留神摔倒,左腿血流得哗哗的,晖哥也顾不了那么多,咬着牙愣是追上了嫌疑人,连贼带车人赃并获! 贼都被他这不要命的愣劲儿给吓傻了,没见过这么不要命的警察呀!

香港电影《门徒》中吴彦祖饰演的卧底警察被毒贩怀疑,为了不暴露身份,他舍命从高楼窗台上往下跳。从那以后,毒贩全都对他深信不疑:"敢拿命来搏的人只有毒贩,怎么可能是警察?!"最终,残酷的现实让毒贩大跌眼镜、后悔莫及。而事实证明,这个世界就是有为了信仰不要命的警察!

"金猴奋起千钧棒,玉宇澄清万里埃。"这是晖哥的微信签名,也是他作为警察的梦想。他的微信头像是孙猴儿,他说,每个警察心里都住着一个降妖除魔的"孙猴儿",终极理想是"天下无贼"。

警花不是"女人花"

闺蜜每次来看我,总要把我的警服穿在身上,对着镜子左照右照,"孤芳自赏"一番才肯脱下来。有时还意犹未尽地说:"警服穿起来真的好帅啊!"

也许很多女人都有制服情结,但警花不是普通的"女人花",警察这个职业其实是属于男性的职业。女警察在这个队伍中就像红花点缀着绿叶,女警察也因此被人称作"警花"。她们想要干出成绩,得付出比普通女性艰辛数倍的努力——不仅要拼专业水平,还要拼身体,更要在事业和家庭间平衡和取舍。

我认识一位女派出所所长,可以说是女警察中的佼佼者。她真的是巾帼不让须眉,说话、做事泼辣干练,打击、破案都冲在第一线,事事亲力亲为。可是,由于长期睡眠不足,刚刚四十岁出头的她已经一脸沧桑、白发丛生,还落下腰椎间盘突出等慢性病。更兼长期忙于工作,家里什么事儿都指不上她。孩子中考完了她都不知道,丈夫也为了支持她的工作而放弃了事业上的追求,甘当女强人背后的男人,默默为家庭奉献。

2008年奥运会安保期间,我在市局借调,机缘巧合,认识了几位非常优秀的女刑警。她们都曾参与破获过大案要案,获得过许多荣誉。她们全都是那种泼辣干练、雷厉风行的性格,看问题一针见血,走路风风火火,性别特征在她们的身上已经很淡,淡到几乎可以让人忽略,可以说个个都是名副其实的"女汉子"。其中两位婚姻破裂,原因都是丈夫无法接受她们成天加班、出差、熬夜、抓人,以及常年不着家的工作性质。找个警花做老婆,真的只是听起来很美。

女性做警察想要取得一点成绩,比在别的领域更加艰难:它不眠不休的工作性质要求女性必须牺牲部分个人和婚姻家庭的利益;它的工作强度和危险性要求女性必须收敛起温柔和娇弱的性别特征,从内到外强大而坚韧。

当然,如果只是把这个职业当作一份普通的工作,不想有什么建树,也不想追求什么成就感,那它也可以让你衣食无忧,现世安稳。女警察在单位还是受到相当程度的照顾的。很多女警察刚入警时豪情万丈,发誓要干出一番事业,可经过几年现实的磨砺,就改做相对轻松安稳的内勤工作了。岗位无所谓高下,人生的选择不同,沿途的风景各异。

英国女作家弗吉尼亚·伍尔夫说过,人不应该是插在花瓶里供人观赏的静物,而是蔓延在草原上随风起舞的韵律。生命不是安排,而是追求,人生的意义也许永远没有答案,但也要尽情感受这种没有答案的人生。

梅艳芳唱过:女人花摇曳在红尘中,女人花随风轻轻摆动。警花不是"女人花"。

我那些辞职的警察朋友们

如果不是因为要咨询一个案子,我肯定不会给陈宇打电话,而如果不给陈宇打电话,我肯定不会知道他已经辞职两年多了。

陈宇是我的研究生同学,十多年前,我俩一起从公安大学毕业,一起留京进同一分局工作。和我们一起报到的,还有一个公安大学的男同学、一个地方院校的研究生。两年后,这个男同学考去了公安部,那个地方院校的研究生也托人调到别的单位了。现在,连陈宇也走了,剩下我独自一人还坚守在基层公安岗位。

陈宇说,他曾经满怀一腔热血、满腹赤诚,想要在基层建功立业,干些实实在在的事情,做出一番事业,不枉此生。哪想到,理想很丰满,现实太骨感,成天加班搞案子,有家不能回,有妻不能陪,有子不能看,自己成了孤家寡人。这些都还能忍受,可是,眼看自己的种种努力屡屡在现实面前碰壁,也看不到上升空间,感觉梦想永远都无法照进现实,这些才是他最终选择离开的理由。

"小牛,脱下这身藏蓝,我的内心也有许多不舍,要知道,从大学毕业穿上警服,到后来考到公安大学念研究生,再到留京重新回到公安岗位,我可是穿了十六年警服啊!而且,我爸我妈我哥我们一家子都是警察,现在我却成了逃跑的叛徒,唉!"

陈宇没和我聊上几句,就有人找在银行做部门主管的他请示审计报告了,我只得匆匆挂断电话。虽然相约改日共饮茶、一起话桑麻,却也深知在这偌大的京城,以我们如此忙碌的生活节奏,恐怕是个奢望,真要付诸行动还不知猴年马月。要知道,研究生毕业十周年聚会,我都在外地出差没能赶得上参加!

古诗有云:"侯门一入深似海,从此萧郎是故人。"搁我们这儿,可以说,警界一入深似海,从此同学是故人。上个周日,闺蜜从京路过,约我小聚,我说正在看守所提审嫌疑人,回城恐怕得等到晚上了。闺蜜怒斥道:"你真烦人!每回我来北京,你都在值班执勤搞案子,大周末的还要去提审嫌疑人,你们到底有没有生活?"

我只能叹气,谁让我是警察呢?警察的作息本来就无法跟社会人同频共振嘛!

分局搞外宣的同事小卢说,大学毕业十来年,原来的同学大部分都成陌生人了。警察的世界跟社会人的世界压根儿不在一个频道,人家约你一次你执勤来不了,约你两次你加班来不了,往后谁还约你?他是地方院校毕业的,同学各行各业的都有,只是都不像警察这行这么没规律。

我当年毕业一起留京进公安局的研究生同学,如今还在基层岗位坚守的只剩下我和另一个女同学了。当年的我们曾经豪情万丈,要抱成团,撒豆成兵,一起在首都公安战线上干出一番事业,却终究如石榴籽一样,没能紧紧抱在一起,各自散落在了天涯。

小学弟陈默,上个月我还在帮他张罗介绍女朋友,这个月却告诉我他辞职去外企了。面对我愕然的目光,他深深叹息:"姐,十年了,我干公安十年了,交了好多生死弟兄,这一行跟别的行业不一样,执勤、备勤、加班、熬夜,我们跟同事待在一起的时间比跟家人还多,同事就是战友,在一起朝夕相处摸爬滚打,说枪林弹雨虽有一点儿夸张,但好多兄弟也都是共过生死的患难之交,我真舍不得这份情谊。可是,我要成家立业,要在帝都扎根,长安居大不易啊,警察这份职业真的太难太难了,靠一个月6000块的工资,加上累死累活不眠不休连轴转挣到手的1000块值(加)班费,我就是干到退休也还是买不起房啊!对象都是谈了几个月就分手了,不光嫌我穷,还嫌我忙,说跟我在一起看不到生活的希望。我今年三十一,再耽误下去,真的就成'剩男'了!我妈每个礼拜都从老家给我打电话,催我给他找儿媳妇,嚷着要抱孙子,唉!"

我无言以对,唯有沉默。

从前在西城区的一个小同事,也在拿到北京户口之后不久辞职加入时下最赚钱的金融领域了。90后的年轻人越来越现实,知道自己要什么。说到底,那些情怀啊梦想啊,有时只能感动自己,在残酷的现实面前,简直脆弱得不堪一击。

水往低处流,人往高处走。市局的一个大姐说,市局政治部每年都收到各分县局报来的好多辞职报告。因为警察工作忙、待遇差、地位低、上升空间狭窄,辞职的人前赴后继,堵不住。

然而,希望总在绝望中产生,市局当下正在推进警察职业化改革,基层警察的工资待遇这几年也提高了不少,相较于普通公务员来说,还是偏高的。也许改革的路不会一帆风顺,但明天一定会比今天更好。

祝愿那些离开的朋友,早日实现梦想、得偿所愿,过上自己想要的生活;也祝福仍在坚守的战友和自己,永远不忘初心、砥砺前行,认真过好每一天。

我那些殉职负伤的战友们

2016年3月5日,惊蛰。

太阳到达黄经345°时,万物出乎震,震为雷,故曰惊蛰,是蛰虫惊而出走矣。

早起点开微信,朋友圈里一条刺眼的消息迎面而来:海淀分局某派出所民警陈某某昨晚执法时,违法行为人拒不服从,且暴力抗法,持菜刀砍向陈某某颈部。陈某某猝不及防,被砍中四刀,伤势严重,刚刚抢救过来,尚未脱离生命危险。

真是一声惊雷!从警十多年,目睹和耳闻身边多少战友殉职或负伤,我早已记不清,只记得每次总是时隔不久,心情刚刚平静下来,就会再次有这样的消息传来。

我哆嗦着手,刷着朋友圈,一段段感人肺腑、战友情深的文字和一张张血淋淋的图片,看得我的心不停地颤抖,久久无法平静下来。大家都在为ICU里的战友祈福,祈祷他平安度过这一劫难,早日回到朝夕相伴的亲密战友中,回到他挚爱的公安事业上,回到他日夜牵挂的妻子女儿旁。

警察因为职业的特殊性和危险性,殉职负伤屡见不鲜。近几年,全国每年有四百多名警察牺牲,这其中基层派出所警察占很大比例。2014年,全国有393名警察因公牺牲,5624名警察负伤。2015年,全国有438名警察因公牺牲。

警察在打击刑事犯罪的时候,要与犯罪分子面对面地做斗争、搏斗,这种情况司空见惯;在执勤、巡逻、盘查、治安检查时,也会碰到一些突然的袭击;公安机关与其他行政机关不一样,由于违法犯罪在时间上、空间上的不确定性,公安民警的工作时间也是不确定的,常年加班加点、昼夜工作,工作、生活没有规律,以致积劳成疾,健康状态堪忧;民警由于连续工作、过度劳累,猝死在工作岗位上的情形也不罕见。

2006年秋天,我还在分局机关借调,领导让我作为民警代表去八宝山参加某分局民警唐某某烈士的葬礼。那是我第一次参加战友的葬礼,当时我刚刚参加公安工作一年多,还是新警,对现实的了解还很肤浅。

深秋的天空辽阔高远,白云悠闲地从蓝天上飘过,大自然充满庄重的宁静,而这美好的一切,这个刚刚四十二岁的战友却再也看不到了。他在夜间设卡盘查时发现犯罪嫌疑人,英勇与其搏斗,却被狂怒的犯罪分子连扎数刀,流血过多,当场牺牲。

我跟着送行的战友走近静静躺在鲜花中沉睡的战友,脱帽致敬,送他最后一程。他的妻子伤心欲绝、泣不成声,在儿子的搀扶下,几欲站立不稳,让人不忍卒睹。逝者长已矣,人生的种种艰难,统统留给生者去面对和承担。

年轻的我,眼泪在眼眶里打转儿,在心里悄悄地发誓,以后千万别再让我参加民警的葬礼了,我脆弱的心脏真的受不了这样生死离别的场面。

可是,只要我还身穿这一身庄重肃穆的藏蓝,我就无法逃避这样残酷决绝的告别。北京警察学院的英烈纪念碑上,名字每年都在增加,那一个个陌生名字的背后,该有着多少撕心裂肺的故事和伤痛?!

2007年夏天,一个闷热的夜晚,在机关工作的我,根据组织的安排,夜间支援某派出所巡逻。我的搭档是一位文质彬彬、寡言少语的王姓大哥,目测年纪四十岁左右、瘦小精干,笑起来有点腼腆,不太像警察,倒像个白面书生。

路灯下,王哥夏季执勤服的领口附近,一个拇指大小的疤痕醒目可见,凭着职业敏感性,我一眼看出来那是子弹穿过的疤痕。我小心翼翼地问:"王哥,这疤痕是子弹穿过的吧?"

王哥伸手摸摸,长长地叹口气,淡淡地说:"是啊!好几年了,当时和几个同事去抓一个在逃犯,没想到他竟然私藏枪支、持有武器,好险,我差一点儿就没命了!不过,我们也没让他跑掉,我这子弹总算没白吃。"

那次抓捕行动后,王哥荣立二等功。只是,这二等功却是王哥以惨痛的代价换来的。

王哥在 ICU 躺了半个月,好歹捡回一条命,又休养了大半年。只是枪伤的部位太危险,到底留下了后遗症,他的身体一直不太好,特别是遇到阴雨天,老毛病就犯,锁骨周围隐隐作痛,连觉都睡不踏实。所里考虑到王哥的身体状况,将他转到内勤岗位,再也不能参加重大抓捕行动。他自嘲道:"废了,以后只能当半个人使了。"

疤痕是奋斗的见证,是光荣的勋章,也是触目惊心的磨难,提醒着后来者步步小心。

2014 年夏天,我在警察学院参加司晋督培训时,认识了顺义区一个派出所副所长,他高大威猛、豪爽开朗,长得跟铁塔似的,一开口总伴着爽朗的笑声。但是,有一次闲聊起来,他很伤感地说:"有一年我和所里一个快退休的老大哥带了两个保安去抓一个偷电动车的贼,在胡同里拐来拐去,眼看就要抓着了,哪想到那个贼不知道从哪儿摸出一把长砍刀,挥舞着就朝我们砍过来。我动作快闪了过去,旁边的老哥就没那么幸运了,一下子被砍中,胸口的血很快流得衣服都湿透了!嫌疑人砍完丫子就跑,我眼睛都红了,要是让这家伙跑了,我怎么对得起老哥挨的刀!我一边喊保安打 120,一边用电台请求所里支援,一边拼命地追。还好最后把那丫给抓住了,不然我可怎么对得起老哥!"

他一连说了两遍"怎么对得起那老哥",眼圈都红了,我赶紧问:"那个老哥没事儿吧?"

副所长不说话,用双手搓脸,半晌,眼睛茫然地看着远方:"动脉失血过多没救过来……还,还有一年,他就该退休了呀!"

看着他泪光闪烁的双眼,我也禁不住黯然神伤。还有一年,这位老哥就能光荣退休、颐养晚年,可是,他终究没有等到那一天。

何止是他,这些年,我听过多少战友的最大心愿就是能够平平安安退休。可是,他们中的一些人却倒在了工作岗位上,将生命的最后一刻都献给了自己奋斗一生的公安事业。而我们,总是在他们离开这个世界后,才知道默默无闻的他们有着怎样平平淡淡却又惊心动魄的人生。真希望这样的悲剧能少一点,再少一点?

警察职业固然危险,但与世界其他国家和地区相比,我国公安民警的伤亡人数仍然是明显偏高的,这其中首当其冲的便是身处社会各类矛盾最前沿的基层派出所民警。当前,我国正处于各类矛盾凸显、刑事犯罪高发时期,基层公安工作难度大,基层公安民警的安全问题更加突出,一次不经意的轻微闪失,一个常人看来再正常不过的失误,对派出所民警来说,都有可能是致命的危险,都有可能要付出血的代价。

我国派出所民警高伤亡率的主要原因,除了客观危险不容忽视之外,也与武器装备落后、实战训练不足、民警安全意识薄弱、缺乏应对突发事件的灵活处置能力等多种因素有关。

纵观发达国家,警察在行使执法抓捕任务、处置各种危险突发事件时,把握的首要原则是其自身安全,必须要制造的是距离,各种非致命性武器配备齐全,泰瑟枪、电击枪、网枪……无一不是为了这个目标。而我们的一线警察拿什么来面对持刀歹徒呢?盾牌、钢叉、警棍、辣椒水……当对方拿着刀枪剑戟像绞肉机一样朝人群挥舞时,警察手中的盾牌、钢叉和警棍简直不堪一击!我们的战友必须要这样用自己的人肉盾牌来保护人民群众的生命安全吗?

每一滴泪水,都向你流淌去,倒流进天空的海底,海浪无声地将夜幕深深淹没,漫过天空尽头的角落……

2018年2月11日,西单女警和保安在人群中逆行的照片感动了无数网友。西单大悦城突发持刀砍人事件,在所有人都惊恐四散逃命之时,一名女警却甩出警棍向持刀狂徒奔去……

为有牺牲多壮志,这世上哪有什么岁月静好,不过是因为有人在替你负重前行。

第四篇
负重前行

她用吸毒表达爱

女子低着头坐在那儿，一言不发，表情麻木。散落下来的凌乱长发遮住了她的眼睛，好像是她与外界隔开的一道屏障。她的周身散发着一种漫不经心的气质，让人无法不感觉到她与这世界的疏离。

二十八岁的年纪该是正当盛开的花吧？只是这花未及盛放却已衰败，像暗夜里的妖娆花朵，带着不见天光的腐败气息。

讯问中，她时而抬起头，眼神却一直在闪躲，刻意避免跟我们遭遇。清秀的脸庞、精致的五官，如果不是那颓废憔悴的神色、掩饰不住的黑眼圈，她应该是个美女。

我们是在小旅馆抓到她的，没有任何意外，尿检阳性。毒品这东西，沾上一次就是一辈子，比任何海誓山盟都牢靠，绝对让人从一而终。

"沾上这玩意儿多久了？"

"两年多了吧。"女子支支吾吾，反应明显迟钝，毒品会伤害人的神经，而且这伤害是不可逆的过程。她清秀的脸在刺眼的灯光下显得惨白，没有一丝血色，看起来那么颓败。

讯问进行得很顺利，吸毒的案子问起来总是比较容易，因为尿样试纸摆在那儿，铁证如山不容抵赖，也因为吸毒的人几乎没有意志力。

见过太多吸毒的人，形形色色、各行各业的都有，无论人前多光鲜亮丽,背地里却都像鬼一样。

看过太多人不人鬼不鬼的"瘾君子",我已很难再动悲悯恻隐之心。是不是警察当久了,我的心也变得越来越坚硬粗粝,不再柔软如初?

只是,看着眼前这个女子的笔录,我却心生波澜,无法平静。

为什么吸毒?

因为爱情。

爱情,多么美好的词汇,多么令人向往的字眼。可是,什么样的爱情会让女子走上吸毒这条路?

她说她要证明给他看,毒品不是戒不了;她说她要用自己感动他,拉他回头。

她和他,青梅竹马,两小无猜。初中时最好的玩伴,玩着玩着暗生情愫;高中时互相表白,背着父母私订终身;高考双双落榜后,他来北京打工,她在四川守候。

他让她等他,说挣到钱回去娶她,给她一个家,生两个孩子、一儿一女,他俩一起将他们养大。她信了,从十四岁到十八岁,她一直都信他,没有怀疑过,没有犹豫过。他就是她的信仰,爱情就是她的梦想,她为爱而活。

他们每天晚上聊QQ,什么都聊,见了什么人,做了什么事儿,吃的什么、玩的什么,点滴的开心、微小的烦恼,爱一个人到深处,事无巨细都要与对方分享,眼前的全世界都是他,他就是自己的全世界。

从十九岁到二十五岁,他从建筑工人到小饭馆老板,换了很多行当,也慢慢挣了些钱,不再是当初一无所有的穷小子,腰杆儿也慢慢挺了起来。手头阔绰了,他渐渐地开始出入花花世界,人也不再是当年那个眼睛里只有爱情与梦想的纯洁少年了。

有时候,这奇妙的花花世界就像个光怪陆离的游乐场,只是,这花花世界却在暗处藏着许许多多深不见底的黑洞,像怪兽一样张着大嘴,等着将人吞噬。

她和他的世界却越来越远。他对她逐渐疏远、冷淡,他们从无话不谈的少时知己渐渐变得无话可说。她伤心难过得无以复加,他们之间为什么会变成这样?一定是异地惹的祸。谁说距离就是美?谁说两情若是久长时,又岂在朝朝暮暮?

她不甘心,她要找回迷失的他,找回迷路的爱情。她果断辞了家乡的工作,买了车票,千里迢迢来北京找他。

她一步步地走近自己的爱人,也一步步地走近自己的命运。

他见到她,大吃一惊。没想到,这个傻妞竟然真的会视爱情如生命,真的千里寻夫来了,他还以为她只是说着玩玩。

他虽然吃惊,却并没有太多感动,毕竟,这么多年过去,他和她早已身处两个平行时空,不在同一个世界了。他小心翼翼,将毒品东躲西藏;总是趁她不在家时吞云吐雾似神仙;和人联系货时,也躲躲闪闪,说些隐晦的行话,生怕被她发现。然而,两个人在一个屋檐下朝夕相处,哪有什么秘密?她还是发现了真相。

面对她的逼问,他告诉她自己沾上了毒品,早已不再是当年那个纯良的阳光少年。他让她远离自己,越远越好。因为他的生活已经见不得天日,他不想把她也拉进黑暗里。

她劝他戒,他说他试过很多次,就是戒不掉。他说自己的人生就这样了,滑进了深渊,再也爬不上去了。

她不信,她不甘,那个曾立誓不向命运低头的少年,哪儿去了?她死死地抱着他,像要把他嵌到骨头里。怎么可能戒不掉?她要拯救他,用无敌的爱情拯救自己的爱人。

她开始吸毒,心中还充满自我感动的悲壮,觉得自己像个为爱冒险的英雄。她要让他看到,毒品是能戒掉的,黑暗中也能看见光明,没有爱情战胜不了的魔鬼。

她以为,爱就应当是一团火焰,包含着生命的不安、痛苦与追求;她以为,她脚踩的地狱就是天堂的倒影,却没想到,她心中的故事只不过是时间的灰烬。

她过高估计了自己的意志和爱情的力量。毒品就像嗜血的魔鬼,会终生缠住迷上它的灵魂。她不仅没能拯救自己的爱人,连自己也越陷越深。

当你凝视深渊时,深渊也在凝视着你。

她一点点地下滑,一天天地沉沦。她走进黑暗,却想带给爱人光明;她把自己沉入深渊,却想救起溺毙的爱人。到最后,她没救得了爱人,却牺牲了自己。

她想度他成佛,却被他害成了魔。她成了暗夜里散发着腐败气息的花朵,还没盛开就已衰萎。

她松松垮垮地坐在那儿,像没有骨头的藤蔓,像没有灵魂的行尸走肉。为了吸毒,她开始一次次地出卖肉体,彻底堕入了深渊。他和她,也早已分道扬镳,形同陌路。

她的人生,她的信仰,统统被摧毁。那原本,只是建立在沙土上的童话城堡,一遇到残酷的现实,即刻灰飞烟灭。

我不知道她在想什么,她还相信爱情无敌吗?她还会时常想起她和他的青春吗?还是,她也后悔,后悔自己的无知无畏,后悔自己的痴傻疯癫?

第 三 只 眼

1

我已经老了。

人间每天都在上演各种剧情,爱恨离别悲欢聚散,而我,一个老警察,看到的却是太阳的背面。我见过丈夫雇凶杀妻,见过父子反目成仇,见过原配砍死"小三",可是,没有哪个故事比这个更悲伤。

男人叫张驰,来给三岁的儿子上户口。孩子的出生证明上,母亲那栏是乔俏俏,而户口簿上,男人的配偶叫孙玉娟。他是离异再娶了小媳妇儿,还是坐享原配和"小三"齐人之福,不好说。很多夫妻离婚以后也不到派出所来更新户口簿的婚姻状况一栏,这并不是法定程序,公安机关没有权力干预。

放开二孩政策以后,上户口已不再需要提供结婚证。陆陆续续有很多中年男人来给孩子上户口,以前隐形的孩子现在一下子如雨后春笋般冒了出来,多大的都有。

当然,这些男人大部分都是有钱人,开着豪车,衣冠楚楚。最夸张的是一个知名学者,上过新闻联播,一下子给两个儿子上了户口,而他的户口本上已经有一个十七岁的女儿。当然,女儿的母亲并不知他这两个儿子的存在。她曾和男人一起来派出所办事,挎着丈夫的胳膊,笑靥如花,甜如蜜糖,高贵得如同第一夫人。

办完户口,张驰掏出手机打电话:"上好啦,咱儿子的户口。放心吧,晚上回去给你看户口本。"然后又觍着脸笑道,"晚上怎么奖励我?"贱兮兮的样子跟他之前的趾高气扬反差极大。电话那头不知说了句什么,他在这边哈哈大笑。

我冷眼旁观,面无表情。这世界人人都戴着面具,谁也不知道他们什么时候会摘下。

半个月后,张驰又来了,这次还带着一个女人,蛇精脸,蜂腰翘臀长腿大胸。女人撅着嘴,小脸冷若冰霜,伸手去理头发,长指甲五彩缤纷。她那么年轻,胶原蛋白满满的脸如同汁液饱满的果实,吹弹得破。

张驰说户口簿丢了,要补办。民警从电脑里调出他的户口档案,照原样给他打印出一套新的,只要3块钱工本费。

张弛得意扬扬地把户口簿交给女人,觍着脸说:"宝贝儿,我没骗你吧?"女人转嗔为喜,往他身上一靠,垂杨袅袅腰肢软:"这还差不多,那天把我气死了。"

张驰搂着女人,大剌剌地说:"嘻,多大点儿事儿啊,我哪儿想到她会突然要用户口本?"说着,捏了捏女人的脸,又道:"你给我生了儿子,这么大功劳,我怎么会亏待你?"

女人偎着张驰离开,细细的腰肢在他的手掌下摇摆,浑圆的屁股在紧身裙里滚动。

我长长地叹息,她应该就是乔俏俏吧。

我想起二十年前的自己,也是这么如花似玉。那时的我总是嫌时间过得太慢,却从没想过岁月赠予我的东西——窈窕的腰身、丰挺的双峰、乌润的头发早晚有一天会被不动声色地全部收回去。曾经的黑水晶现在已经变成了死鱼眼睛,饱满的青苹果也皱缩成了风干的金橘。

皮囊再好看,怎能胜得了强大的地心引力?

2

我已经老了。

人一老,记性就会变差。这件事情过去半年,我已经差不多将它忘掉了。派出所每天都上演着各种狗血剧情,我这双浑浊的死鱼眼睛看得太多,早已漠然。

一天,派出所里来了一个中年女人,四十岁左右,穿着深灰色羊绒大衣,苍白的手指抓着黑色名牌坤包,大钻戒在无名指上熠熠生辉。她重重地将手包往户政大厅的大理石柜台上一掼,手腕上的翡翠镯子发出清脆的撞击声,吓得办户籍的小女警一个愣怔。

她拿出结婚证:"我要查张驰的户口档案。"

我们看了她的结婚证,没错,她是孙玉娟。没有理由不给她看。

我忍不住在心底叹息,该来的终究会来,张驰以为自己机关算尽、高人一等,却没想到纸里包不住火,是雷早晚会炸。

"你们凭什么给乔俏俏的孩子上户口?"她声音凌厉,气势汹汹,在户政大厅走来走去,脊背挺得笔直,高跟鞋在水磨地面上敲得铛铛响。

我告诉孙玉娟,按照规定,我们只看户口簿和医院的出生证明,户主张驰手续齐全,我们没有理由不给他办。我没有说,非婚生子女和婚生子女有相同的权利,他们的法律地位和其母亲身份的尊卑贵贱没有任何关系。

我怕刺激她。有时候,你想象不到女人一旦陷入疯狂,会做出什么事来。

然而,她还是发疯一样歇斯底里地在派出所大厅指着我的鼻子骂:"枉你一把年纪,怎么能是非不分?'小三'的孩子也能光明正大地上户口,这世界还有没有天理?"

我任她闹,不理她。我明白她的心太苦,需要发泄。身为女人,我知道,女人这辈子,太不容易。

她骂了一通之后,给督察打电话,举报我违规给"小三"的孩子上户口。

我无奈地摇头,这样偏执的女人,怎么可能幸福?

督察很快就来了,问明真相,晓之以理,然后离开了。

孙玉娟突然蹲在地上呜呜地哭起来:"我早猜到他外面有女人,可是我没想到竟然连孩子都有了。"

我将她扶起来,劝她想开点儿。人生在这世上,还不就是那么一回事,归根到底,什么是真,什么是假?睁一只眼闭一只眼也就过去了。

"如果不是我们家,他能有今天?不,我不能让他好过。我要告诉闺女,让她知道她最崇拜的爸爸到底是个什么样的人。我要让闺女恨她一辈子。"孙玉娟咬牙切齿,涕泪交流。

她絮絮叨叨跟我倾诉,义愤填膺地痛斥张驰这个当代陈世美的狼心狗肺。我知道了她的女儿张小雅从小跟爸爸多么亲,五岁的时候说长大以后要嫁给爸爸;我知道了张驰曾经多么疼闺女,跪在地上给闺女当马骑,挨了闺女的白眼还要拿胡子茬蹭闺女的脸;我知道了曾经一无所有的穷小子张驰怎样通过她们家发达的,她当年是怎样跟父母闹翻嫁给他的。

女人就是这样,总爱守着回忆过日子。殊不知,回忆对于男人来说是最没有意义的,尤其是靠女人起家的男人,那是他们最不愿面对的伤疤。

而回忆一旦变成笑话,她们曾经有多爱,现在就有多恨。

3

我已经老了。

我的目光早已踏遍千山,阅尽悲欢。我深知,深情若是一桩悲剧,必定以死来句读。

小年夜,派出所接到报警,临江花园6号楼2103室扰民。我和同事赶到2103室,隔着厚厚的防盗门都能听到里面震耳欲聋的叫骂声,声音高亢尖利的是孙玉娟,声音粗哑夹着脏话的是张驰。除了叫骂声,还有少女的嘤嘤哭泣声。

我敲开门,又一次见到孙玉娟和张驰。还有他们的女儿张小雅。

那是一个特别漂亮的女孩儿,身形像春天刚抽出条儿的柳枝,早熟的大眼睛像梅花鹿一样忧郁,微鼓的胸脯像两只小小的鸟。

她的眼睛里闪着倔强而仇恨的火焰,脸颊因羞愤变得绯红,她朝父亲的小腿上狠狠地踹了一脚。那一脚她肯定用尽了全身的力气和全部的愤怒,我看见张驰的眉毛拧成一团,弯下腰去揉腿。

她的母亲孙玉娟,恶狠狠地瞪着她的父亲,眼睛里倔强而仇恨的火焰跟女儿的一模一样。

这个男人的"人设"已经崩塌,不管是作为丈夫,还是作为父亲。

看惯了浮世悲欢,我早已波澜不惊,可是,这母女两个刀锋一样的眼神还是让我不寒而栗。

我望着孙玉娟叹气。"退一步海阔天空啊,你知不知道?"

她只是咬牙切齿,眼底恨意凛凛,似有不共戴天的深仇。

那是我第一次见到张小雅,也是最后一次。

一周后,除夕夜,迟到的雪花纷纷扬扬地飘洒着,孩子们笑着在雪地里放烟花。子夜一点,派出所的报警电话响了,是临江花园小区的保安,他巡逻时在楼下的灌木丛里发现一具女尸。

我们立即赶到现场,女孩儿脸朝下,地上一摊液体,有血有脑浆。洁白的雪花无声地飘落在她冰凉的身体上,苍绿的灌木丛上,血迹斑斑。

我抬头往上看,这座楼是6号楼,一扇扇窗户像蜂窝格子一样,有的黑有的亮,2103室是哪一格,眼睛昏花的我数不清。

有几个围观的群众手里还拿着未燃的烟花,嘴里不住地感叹:"谁家的孩子,这么年轻?""哎哟,这都摔成肉酱了,哪儿还看得出来?"

她是父亲前世的小情人,曾急切地盼望着长大,嫁给像父亲一样的男人。然而,这梦想被父亲和母亲合力摧毁,她的世界在一夜间崩塌。

雪花纷纷扬扬地飘洒,烟花在夜空中璀璨绽放,我的心揪成一团,机械地往楼门口走去。

大红灯笼在风中轻轻摇曳。

自那以后,我以为我再也不会见到孙玉娟,她太偏执,由爱生恨,将整个故事推向了万箭穿心的高潮,她真的就能得其所哉吗?

转眼间,正月已经过完,世界恢复了它既有的秩序。人们各忙其忙,都已将这个故事淡忘,除了故事中的人。

二月初五夜,我们接到群众报警,临江花园6号楼2103室失火。

刹那间,我浑身冰凉,立即发动警车,呼啸着警笛狂奔而至。火已扑灭,浓烟未散,消防员背着一个烧得面目全非的女人出来,我赶紧走上前去:"怎样,还有救吗?"

消防员检查完,摇摇头:"太迟了,已经没有呼吸了。"

"里面还有人吗?"

"没有了。"

我推开门,呛得直咳嗽。35天前,我曾第二次进这个门,那天我是死者的信使。今天我再一次踏进这个门,门内几成废墟。

抬眼看去,阳台上翻倒的铁烛台烧得乌漆麻黑,祭祀台上的供品烧得看不出原形,镜框已经烧炸裂,玻璃碴洒满了台子。

今天,是小雅的"五七"。

那个如早春柳条一样的少女,回她的家来了吗?

深情若是一桩悲剧,必定以死来句读。

一大颗泪珠从我的眼眶里滚落下来。

我已经老了。

幸运的老张

（一）

老张带着两个辅警走在青龙河边。

今天晚上，他巡逻。

腰间十几斤重的装备捂得他一身汗，却不敢卸下来。多年的基层老警察了，这点儿警惕性还是有的，以前好几个战友就因为麻痹大意负伤的负伤，送命的送命。

谁知道下一分钟会碰上什么事呢？小心驶得万年船。人到中年，上有老下有小，自己没有出事儿的资格。

老张今年四十一了，从警整整二十年。二十年是什么概念？是从青春少年熬成了沉重中年，是从凌云壮志不言愁到人过中年万事休。青春已逝，来日几何？往事既不可追，来日亦无可期。

仲夏夜的河边，一丝丝风也无，倒是蚊虫活跃的大好时候。老张慢慢悠悠地走着，只听得河里不时地传来几声蛙鸣，河边草丛中蛐蛐蝈蝈争相斗嘴、此起彼伏。

老张有点落寞。

上周参加警校同学聚会。

同学少年都不贱。当年最不起眼的萝卜头儿现在都成了刑警队长，就连那个整天吊儿郎当嬉皮笑脸的二艮子，都当上了派出所所长。再看看自己,肩膀上还扛着两杠两星,拿着副主任科员的工资,心里就有点不是滋味儿。

大家都去找那几个春风得意的同学敬酒去了,言谈间满是亲切热络的同学情谊。老张在那觥筹交错间,显得有点落落寡合。

他原本是个不善言辞不善交际的老实人,又木讷得很,于人情世故上总不太圆熟,在现今这个社会,总显得与周围的环境格格不入。

不自觉地,老张就自斟自饮,多喝了几杯,闷闷地回了家,听着老婆陈大春絮絮叨叨的数落,迷迷糊糊睡着了。

(二)

"都给我穿好衣服!面向墙,蹲好喽!"

包房里,灯光是昏暗暧昧的粉红色,衣不蔽体的小姐看见从天而降的警察,慌乱地去捡拾地上的衣服,两片像刚吃完小孩的大红唇张得能吞下一只鸭蛋。

那个嫖客竟然那么年轻,年轻得像刚从地里冒出来的青葱,也就二十来岁吧?警察张建民上下打量着他。

他可能是张建民这几年来抓过的最年轻的嫖客。

高高的,瘦瘦的,浑身上下只有一只裤头儿,很清秀的模样,并不猥琐,倒像个大学生。

大学生嫖客在警察张建民炯炯的注视下,更加狼狈,一双惊恐的大眼睛四下环顾,东张西望。

"还是大学生吧?小小年纪不学好,学人家来嫖娼,你妈知道了得多伤心?学校知道了会不会开除你?你不嫌丢人啊?!"

张建民本来不是个话多的人,只是,对眼前这个年轻的嫖客,他实在是有一种恨铁不成钢的心情。

他还在絮絮叨叨,却没发现那男孩儿都快哭了,他张张嘴,想说什么,却哆嗦得说不出一个字,连两腮的肌肉都在跟着抖。

猝不及防地,男孩儿从沙发上抓了外套,一个箭步就绕到张建民身后,打开房门,窜了出去。

张建民没想到他来这一招,赶紧喊了同事,追出去:"你站住!往哪儿跑?外面都是我们的人,你跑不掉的!"

男孩儿跑到过道,娱乐城是 U 型的,包房在九楼,外面站满了警察。

男孩儿傻眼了,急得团团转:"你们别过来啊,别过来……"

"小伙子,你老实点儿,跟我们回去,不就是嫖娼吗,多大点事儿啊?……"张建民一边说着,一边往前走。

说时迟那时快,他还没反应过来呢,只见男孩儿像兔子一样跳了起来,越过了栏杆,在空中划了一道弧线……

"啊!快,快拿垫子来……"

(三)

"叫什么叫?灌多了黄汤了吧?肝不好还爱喝,说你多少回都当耳旁风……"

老张一睁眼,老婆陈大春端了一杯蜂蜜水递给他:"喝了!"两只圆鼓鼓的金鱼眼瞪得溜圆。

老张吞了口唾沫,惊魂甫定,仰起脖子一咕咚将蜂蜜水喝干,方才觉得嗓子眼儿里不那么干了。

他点起一支烟,靠在床头,陷入了沉思。

男孩儿父亲本来要告公安局,后来看了现场录像,不再说话,拿了公安局赔的 20 万,走了。

老张大名张建民,十年前的那次扫黄行动前,他是派出所副所长,之后他就被免职,并被调到一个郊区偏远的派出所。

张建民从小张变成了老张,肩膀上的"豆豆"一年年增加,两鬓也冒出了零星的白发,却一直都是普通民警。

他的仕途随着男孩儿那纵身一跃戛然而止。

虽然,他心里有着老大的委屈,可是每每想到局长的厉声训斥:"这次也就是当事人家属好说话,不然,如果事情捅出去,你想想会有什么后果?舆论对我们多么不利!"他竟无言以对。

该怪谁呢?老张不知道。他只知道自己命不好,干了十年的警察,立了无数次功,抓捕了多少嫌疑人,如今,都随风而逝了。

老张灰心了。

他工作再没有像从前那样拼命过,他成了自己以前最鄙视的老油条,吊儿郎当混日子。不求有功但求无过,他总是这么安慰自己。

有一次单位聚餐,新来的所长敬他酒:"听说你以前干活儿特卖命,但你现在这个状态,我真是不敢恭维。"

老张默默地喝酒,不说话。这世道,出了事儿能指望谁呢?他得对没工作的家庭妇女陈大春负责,得对还没考大学的亲生儿子负责,得对卧病在床的爹娘负责。

张建民的骨头被抽走了,他变成了油条张,日复一日地巡逻、值班,像机器人一样。

(四)

山野寂寂,夏虫唧唧,夜色正浓,张建民带着两个辅警信步走来,不时地拿着手电筒这里那里照照。

"师傅,前边草丛里好像有动静……"一个辅警说道。

"是吗?走,过去看看。"

最近,所里天天议论那个雷某嫖娼案,这让张建民又想起自己当年抓嫖的事儿。尽管事过这么多年,他还是又一次感到后怕。

这些年,看过听过经历过的事儿多了,张建民当年从警校毕业时的满腔热血也凉了,只求平平安安熬到退休养老。有时,看见所里新分来的大学生满怀豪情壮志,说什么"十年饮冰,不凉热血",他竟觉得有点可笑,再热的血也会被残酷的现实凉透的,这些毛头小孩,真是不知天高地厚,不知江湖险恶。

三人走了大约50米,隐隐约约听到有女人呜呜呀呀的哭声,草丛也哗啦啦地响。

张建民拿手电筒照了照,大吼一声:"什么人?"紧接着,箭一样跑起来。

黑暗中,一个人影窜出来,往河边跑去,女人的哭声还在继续。

半米长的草丛中,躺着一个容貌秀丽的年轻女人,双手被反绑在身后,嘴巴里被塞了一只袜子,两只大眼睛还在往外流眼泪。

"小李,你留下照顾姑娘;小冯,你跟我去追那个嫌疑人!"张建民果断地下命令,没有一丝犹豫,那一瞬间,他觉得自己的血又热了。

张建民越跑越快,越跑越猛:"站住!给我站住!"

嫌疑人边跑边回头看,眼看警察越来越近,跑不脱了,干脆扭过身吼道:"别过来啊!再追我就捅死你们!"手里挥舞着一把明晃晃的水果刀,约有十多厘米长。

张建民在他面前停下来,气喘吁吁:"小伙子,你老实点儿,跟我回去,我给你算自首,怎么样?争取给你从宽几年。"

"去你的!警察的话我才不信呢!"眼前的人目露凶光,不是个善茬儿。

张建民掏出警棍,对方却拿着刀一步步地往后退:"你别过来啊!我有心脏病,我死了你可得负责!"

有那么短暂的一刹那,张建民又想起了当年那次抓嫖行动、那个跳楼的大学生,他有点不寒而栗。

可是,也就是短暂的一刹那,他又回过神来,朝地上吐了口唾沫,寒光从他的眼睛里闪过:"别想吓唬我!老子当警察这么多年了,不是被人吓大的!"说着,张建民抡起了警棍,可是,还没等警棍抡起来,对方就一个猛子扎进了河里。

张建民看了看汹涌奔腾的河水,来不及多想,赶紧把身上的警服连带装备剥掉,踢掉鞋子,解开皮带,脱了警裤,跟着就扎进了河里。

(五)

嫌疑人得救了。

张建民在去医院的警车上累昏过去了。他醒来的第一句话是:"嫌疑人还活着吗?"

听到肯定的答案时,张建民感到由衷的开心,他长长地舒了一口气:"还好!这次还比较幸运!"

"河那么深,水那么急,你不要命了!"陈大春眼圈红了,照老公大腿上拧了一下子。

所长使劲拍了拍张建民的肩膀:"好样的!干得漂亮!回头我请你好好喝几杯!"

张建民得了一个三等功,还被全局通报表彰。

在家休养的那几天,张建民想了很多。

他想,幸亏我没有犹豫,跳下去救起那个嫌疑人,不然,他要是真淹死了,我可就又说不清了。

他想,警察的人生真是充满了不确定性,谁也说不清楚下一分钟自己会面对什么,是别人的意外还是自己的意外。可是,正是这谁也不可预知的不确定性,才是警察职业的迷人之处。

他想,我没有被当年那个大学生嫖客的死给压倒,那个阴影我终究还是走出来,我赢了我自己。这次我要是被吓住,没有跳下去,可能一辈子都跨不过去那个坎儿了。

张建民还是那个老张,该巡逻巡逻,该值班值班,老实木讷,不多说一句话。

张建民好像又不是那个老张了,虽然还是巡逻值班,却有着那么一股子劲儿,至于到底是什么劲儿,谁也说不上来。

四十一岁的老张好像又焕发了第二春。

他常常回想那天晚上,他觉得青龙河真美。

身处泥沼，仰望星空
（代后记）

王尔德说：我们都身处泥沼之中，但是依然有人仰望星空。

我很喜欢王国维在《人间词话》里对人生三境界的比喻：古今之成大事业、大学问者，必经过三重境界。其实，这不仅仅是做事业和做学问必经的境界，也是人生必经的境界。

第一重是"立"。"昨夜西风凋碧树。独上高楼，望尽天涯路。"这里有凭高望远的苍茫之感，更有不见所思的空虚怅惘，这是对人生的迷茫，孤独而不知前路几何。

每个人年轻的时候，大抵都曾经迷茫过。面对前方的未知和脚下的泥泞，我们深深地困惑，不停地发问，不甘于现状却找不到方向。二十八岁时我方才追到儿时的梦，却在短暂的欢欣雀跃后，重新陷入迷茫。现实和我的梦想差若云泥，我错了吗？我该往哪里去？在分局机关借调三年期间，我就像一粒飘浮在空气中的尘埃，心总也沉不下来，我甚至考了一次司法考试，两次中央国家机关公务员招录考试，当然，均以失败告终。

第二重是"守"。"衣带渐宽终不悔，为伊消得人憔悴。"这是迷茫之后的追寻有了目标，为了目标锲而不舍、执着奋斗，虽形容憔悴却无怨无悔，这是清醒后的坚持。或许每个人年轻的时候都曾经迷茫，却不是每个迷茫的人都能幸运地找到方向。当三十一岁的我终于肯面对现实、正视自己时，我放弃了自己儿时以来痴迷于警察之梦的玫瑰色幻想,决定从头开始,主动投身基层。然而,我心中始终有梦,只不过这个梦,不再是原来那个玫瑰色的幻梦,这个梦更从容、更真实。我胸膛里那颗热爱故事的心,就像一面生活的镜子,忠实地记录下我走过的每一个日子,让生命的每一天都不虚度。

第三重是"得"。"众里寻他千百度。蓦然回首,那人却在,灯火阑珊处。"这是矢志不渝地追寻后,在日复一日的坚持中,不知何时,量变已达到了质变,你要追寻的人生目标,已于不经意间抵达。这是功到自然成,是用血汗浇灌出来的生命花朵,是用毕生精力铸造的大厦。生活的理想状态,其实是——不醉也不醒,醉是逃避,醒是麻烦,而真正难得的是陶然其中。

经历了迷茫和追寻,我对警察的看法更加真实,对生活的态度更加平和。我曾认为,当警察就应该去破大案,整天做这些婆婆妈妈、鸡毛蒜皮的小事有什么意义?如今,我渐渐明白,"警察"这两个简单的字眼包含着深刻的含义。这其中或许没有轰轰烈烈,或许始终是鸡毛蒜皮,但只要能实实在在为老百姓解决问题,就是警察的价值之所在。我这个女警察只是一个平凡的普通人,做着一份平凡而普通的工作,只不过这份工作比别的工作多了些艰辛、多了点危险,需要更多的付出,但也会有更多实实在在的收获。我享受这份工作带给我的些微的温暖和感动,虽然也为它的琐碎烦累而偶生倦怠,然而,这就是生活本身,真实、朴素又不乏激情。当你认识到自己的局限,认识到生活的真相,就可以做到与自己和解,与生活和解,就可以坦然接受命运的安排,又能不完全屈服于命运的安排。

就像即使我们生活在泥沼之中,但是依然有人仰望星空。

我永远都会仰望星空。

(本书所有故事均为真实案例。为保护当事人隐私,书中除我以外,其他人名均为化名。)